Anja Sophie Meyer

Das Jugendstrafrecht in Deutschland

Beiträge zu

Kriminologie und Strafrecht

Band 4

Anja Sophie Meyer

Das Jugendstrafrecht in Deutschland

Eine Betrachtung der Angemessenheit bestehender
und der Notwendigkeit neuer Reaktionsweisen
auf straffälliges Verhalten Jugendlicher

Centaurus Verlag & Media UG

Anja Sophie Meyer ist Richterin im Land Brandenburg.

Bibliografische Informationen der Deutschen Nationalbibliothek
Die Deutsche Nationalbibliothek verzeichnet diese Publikation in der Deutschen Nationalbibliografie; detaillierte bibliografische Daten sind im Internet über http://dnb.d-nb.de abrufbar.

ISBN 978-3-86226-139-0   ISBN 978-3-86226-931-0 (eBook)
DOI 10.1007/978-3-86226-931-0
ISSN 1610-9538

Gedruckt auf säurefreiem und chlorfrei gebleichtem Papier.

© *CENTAURUS Verlag & Media KG, Freiburg 2012*
www.centaurus-verlag.de

Umschlaggestaltung: Jasmin Morgenthaler, Visuelle Kommunikation
Satz: Vorlage der Autorin

Meinen geliebten Eltern, denen ich alles und noch
viel mehr zu verdanken habe.

In Memoriam Apa, Max und Dota, die größtenteils
die Anfänge dieser Arbeit mitbekommen haben, aber leider
nicht ihre Fertigstellung.

Ein besonderer Dank gebührt Prof. Dr. Karl-Ludwig Kunz, der
mich während dieser Arbeit betreute und Juliane Manteuffel, die
mir eine unverzichtbare Stütze war, sowie Burghard Meyer und
Friedrich Bauer für ihre konstruktiven Korrekturvorschläge.

Bedanken möchte ich mich auch bei der Curt Rommel-Stiftung
und der Rechtswissenschaftlichen Fakultät der
Universität Bern für die finanzielle Beteiligung an den
Druckkosten dieser Veröffentlichung.

Inhaltsverzeichnis

Abkürzungsverzeichnis

Abs.	Absatz
AEUV	Vertrag über die Arbeitsweise der Europäischen Union
Alt.	Alternative
ARB 1/80	Beschlusses 1/80 des Assoziationsrats EWG-Türkei über die Entwicklung der Assoziation
Art.	Artikel (Singular)
Artt.	Artikel (Plural)
AufenthG	Gesetzes über den Aufenthalt, die Erwerbstätigkeit und die Integration von Ausländern im Bundesgebiet (Aufenthaltsgesetz)
AuslG	Ausländergesetz
Az.	Aktenzeichen
BRD	Bundesrepublik Deutschland
bspw.	beispielsweise
Bst.	Buchstabe
BVG	Berliner Verkehrsbetriebe
bezgl.	bezüglich
bzw.	beziehungsweise
CDU	Christliche Demokratische Union Deutschlands
CSU	Christlich-Soziale Union in Bayern
d.h.	das heißt
EG	Europäische Gemeinschaft
EGV	Vertrages zur Gründung der Europäischen Gemeinschaft
EJF-Lazarus	Evangelisches Jugend- und Fürsorgewerk
EMRK	Europäische Menschenrechtskonvention
etc.	et cetera
EWG	Europäische Wirtschaftsgemeinschaft
f.	folgende
ff.	fortfolgende
FreizügG/ EU	Gesetz über die allgemeine Freizügigkeit von Unionsbürgern (Freizügigkeitsgesetz/ EU)
GE Ident	Gemeinsame Ermittlungsgruppe Identität
geb.	Geboren
GG	Grundgesetz
ggf.	gegebenenfalls
Hs	Halbsatz

i.R.d.	im Rahmen der/s
i.S.d.	im Sinne der/s
i.S.e.	im Sinne einer/s
i.S.v.	im Sinne von
i.V.m.	in Verbindung mit
Inc.	Incorporated
inkl.	inklusive
JGG	Jugendgerichtsgesetz
JStG (CH)	Schweizer Jugendstrafgesetz
Km	Kilometer
Nr.	Nummer
o.Ä.	oder ähnliches
PKS	Polizeiliche Kriminalstatistik
resp.	respektive
Rn.	Randnummer
S.	- im Zusammenhang mit § oder Art.: Satz
	- im Übrigen: Seite, sofern nicht in Verbindung mit dem Namen einer natürlichen Person
SGB VIII	achtes Sozialgesetzbuch
StAG	Staatsangehörigkeitsgesetz
StGB	Strafgesetzbuch (Deutschland)
StGB (CH)	Schweizer Strafgesetzbuch
StPO	Strafprozessordnung
TVBZ	Tatverdächtigenbelastungszahl
u.a.	unter anderem
US	United States
USA	United States of Amerika
VBZ	Verurteilungsbelastungszahl
vgl.	vergleiche
VW	Volkswagen
z.B.	zum Beispiel
z.T.	zum Teil

A. Einleitung

In Deutschland, wie auch in nahezu allen anderen Ländern, wird in regelmäßigen Abständen die Forderung nach einem repressiver ausgestalteten Jugendstrafrecht laut. Auslöser hierfür ist vielfach eine mediale Ausschöpfung empörender Einzelfälle oder die monoperspektivische Darstellung einzelner Statistiken.

Die Medien in Deutschland sind aktuell wieder voll von Forderungen hinsichtlich einer Verschärfung und Umstrukturierung des Jugendstrafrechts. Nicht, dass diese Thematik zwischenzeitlich vollends aus der Diskussion verschwunden gewesen wäre, aber es gibt auch hier Hochphasen, in denen entsprechende Diskussionen hinausgehen über den Kreis derer, die beruflich tagein tagaus mit dem Thema konfrontiert sind. Hochphasen, in denen diese Thematik und Problematik raus an die breite Masse getragen wird und sie aufheizt. Vorzugsweise geschieht dies in Wahlkampfzeiten.

Brutale gewalttätige Einzelfälle wie die Folgenden sind erschreckend und lösen dabei immer wieder die Debatte über ein härteres Jugendstrafrecht aus.
Am 12. September 2009 wurde Dominik Brunner in München/ Solln von zwei Jugendlichen (Sebastian L., 17 Jahre und Markus S., 18 Jahre) massiv körperlich misshandelt, nachdem er gegen diese eingeschritten war, als sie in der S-Bahn vier Kinder bedroht hatten. Beim Aussteigen aus der S-Bahn war es zwischen den Jugendlichen und Dominik Brunner, der die zuvor eingeschüchterten Kinder weiterhin begleitete, erneut zu einer Auseinandersetzung gekommen, in deren Folge die beiden Jugendlichen auf den 50 jährigen Brunner einschlugen und auch nicht abließen, als dieser schon wehrlos am Boden lag, sondern diesen weiterhin mit Tritten gegen Kopf und Oberkörper traktierten. Dominik Brunner starb noch am selben Tag. Todesursache waren jedoch nicht die multiplen, teils schweren, Verletzungen, sondern ein Herzstillstand aufgrund eines angeborenen Herzfehlers, ausgelöst durch den tätlichen Angriff.

Der gewaltsame Angriff auf einen 76-jährigen Rentner in der Münchener U-Bahn durch zwei junge Männer (ein 17 jähriger Grieche, Spyridon L., und ein 20 Jahre alter Türke, Serkan A.) hat ebenfalls bundesweit für Betroffenheit gesorgt. Das Opfer hatte die beiden Täter in der U-Bahn gebeten, die Zigaretten auszumachen. Daraufhin traten und schlugen diese derart auf den Rentner ein, dass dieser einen dreifachen Schädelbruch und eine Gehirnblutung erlitt. Der Vorfall ereignete sich am 20.12.2007.

Die unionsgeführten Länder fordern bereits seit Jahren eine Verschärfung des Jugendstrafrechts. Ein entsprechender Gesetzesentwurf wurde im Jahre 2006 in den Bundestag eingebracht. Aufgrund der Vereinbarungen im Koalitionsvertrag liegt dieser jedoch bislang auf Eis. Die bayrische CSU hatte die Videoaufzeichnung des Münchner U-Bahnvorfalls sogar für ihr Wahlplakat anlässlich der Kommunalwahl Anfang März 2008 genutzt. Unter dem Titel „Keine Nachsicht mit Gewalttätern" zeigt die dort festgehaltene Szene, wie einer der Täter auf die Silhouette des am Boden kauernden 76-Jährigen eintritt. In dem ausgesparten Umriss steht geschrieben „… damit Sie nicht der Nächste sind". Deutlicher kann die Politisierung des Brennpunkts Jugendstrafrecht nicht geschehen.

Abbildung 1: Wahlplakat der CSU zur Kommunalwahl am 02.März 2008[1]

Die Medienberichte verzerren die Realität. Die Bevölkerung scheint immer wieder neu anzubeißen, wenn diese Thematik von den Politikern öffentlich diskutiert wird, um im Anschluss daran in ein politisches Kräftemessen einzutreten. Dabei ist zu bedenken, dass die größere Publizität keinesfalls zwingend ein Indiz dafür ist, dass die Kriminalität Jugendlicher[2] gestiegen sei oder brutaler geworden wäre. Vielmehr sind es „nur" Art und Ausmaß, mit deren sich dieser Materie gewidmet wird.

---

1   Quelle Photo: dpa über
    http://www.tagesspiegel.de/politik/deutschland/U-Bahn-Attacke-CSU;art122,2453488.
2   Der Begriff „Jugendlicher" im strafrechtlichen Sinne umfasst Personen die das 14. Lebensjahr vollendet haben, aber noch nicht 18 Jahre alt ist (§ 1 Abs. 2 1.Hs JGG).

3

Das Vorgenannte darf jedoch nicht dahingehend missverstanden werden, dass die kriminellen Aktivitäten Jugendlicher pauschal verharmlost werden sollen.

Es ist jedoch von entscheidender Bedeutung, bestimmte Angaben und Ergebnisse kritisch zu hinterfragen, Unterschiede hervorzuheben und Zusammenhänge aufzuzeigen. Darüber hinaus müssen selbstredend auch die derzeitigen Optionen des Strafrechts hinterfragt und neue Möglichkeiten überprüft werden. Die vorliegende Arbeit soll hierzu einen Beitrag leisten.

Daher werden im folgenden Teil B zunächst die Statistiken zur Jugendkriminalität in Deutschland genauer betrachtet. Sie sollen Aufschluss darüber geben, inwieweit diese tatsächlich zugenommen hat. Im Fokus stehen dabei vor allem auch die Intensivtäter.

Darüber hinaus wird die Rolle ausländischer Jugendlicher in der Kriminalstatistik betrachtet. Sie darf nicht verschwiegen werden, denn sie ist von besonderer Bedeutung. Hier sind unter Umständen andere Zusammenhänge relevant und letztlich andere Schlüsse zu ziehen, was beispielsweise die Bestrafung angeht.

Der B-Teil widmet sich zudem der Thematik „strafunmündiger Krimineller" und hinterfragt die vielfach geforderte Herabsetzung des Strafmündigkeitsalters.

Im Teil C werden die Ergebnisse einer von der Verfasserin durchgeführten Befragung dargestellt, die darüber Aufschluss geben sollen, in welchem Maße sich die Bevölkerung tatsächlich bedroht fühlt (Übereinstimmung zwischen Medienberichten und tatsächlichem Bedrohungsgefühl) und welche Einstellung sie zum aktuellen Jugendstrafrecht hat, bzw. ob, wie durch die Politik so häufig gefordert, auch die Bevölkerung z.B. eine Verschärfung des Jugendstrafrechts für notwendig erachtet. Daneben wird überprüft, ob die Befragung Hinweise zur Notwendigkeit der Herabsetzung der Altersgrenze zur Strafmündigkeit liefert.

Im Rahmen des D-Teils werden verschiedene Lösungsmöglichkeiten im Vorgehen gegen delinquente Jugendliche vorgestellt und diskutiert. Spezielle Betrachtung erfährt hierbei das Boot Camp, da dieses immer wieder im Zusammenhang mit der Diskussion um straffällige Jugendliche in den Fokus der Medien rückt. Zudem wird in diesem Teil die Verbesserung von Ausweisungsmöglichkeiten als Reaktion auf die Delinquenz ausländischer jugendlicher Intensivtäter diskutiert.

Im letzten Teil der vorliegenden Arbeit (Teil E) wird die Forderung nach einem härteren Jugendstrafrecht und alternativen Reaktionsweisen noch einmal speziell im Zusammenhang mit dem symbolischen Strafrecht betrachtet und vor dem Hintergrund der Ergebnisse aus Teil C hinterfragt. Es wird erörtert, ob im symbolischen Strafrecht die Lösung oder eher das Problem zu suchen ist. Die Arbeit schließt mit einer präventiven Sichtweise dazu, was getan werden kann, um die Delinquenz Jugendlicher zu minimieren.

B. Entwicklung der Jugendkriminalität in Deutschland

I. Entwicklung der Gesamtheit der Jugendkriminalität in Deutschland

Es stellt sich zunächst die Frage, ob sich die Jugendkriminalität vom statistischen Standpunkt her überhaupt verändert hat und falls ja, in welcher Weise.

Seit Beginn des neuen Jahrtausends ist die Jugendkriminalität insgesamt der Polizeilichen Kriminalstatistik zufolge größtenteils rückläufig[3]. Lediglich 2001 und 2004 war ein minimaler Anstieg zu verzeichnen[4]. Für das Jahr 2006 ist die Zahl mit minus 2,1% erneut rückläufig[5].

Das erstaunt, wird doch in der Öffentlichkeit ein gänzlich anderes Bild vermittelt. Allerdings ist mit Beginn der neunziger Jahre in Deutschland eine deutliche Zunahme der Jugendgewalt zu verzeichnen. So stieg die Tatverdächtigenanzahl Jugendlicher im Bereich der einfachen Körperverletzung im Zeitraum von 1993 bis 2005 um das Doppelte[6]. Bei den Gewalttaten insgesamt fand ein Anstieg um circa 80% statt[7].

Eine derartige Entwicklung ist naturgemäß alarmierend, zumal es gerade diese Art der Delikte sind, die vermehrt publiziert werden und insbesondere geeignet sind, die Ängste in der Bevölkerung zu schüren, die in Forderungen einer Verschärfung des Jugendstrafrechts münden können. Jedoch scheint eine genauere Betrachtung lohnenswert.

Faktoren wie mögliche Veränderungen der Bevölkerungsstruktur und die Dunkelfeldproblematik rütteln am Wahrheitsgehalt der Aussage einer steigenden Jugendgewalt ebenso wie die Tatsache, dass die Polizeiliche Kri-

---

3   Polizeiliche Kriminalstatistik 2006 für die BRD, S. 76.
4   Polizeiliche Kriminalstatistik 2006 für die BRD, S. 76.
5   Polizeiliche Kriminalstatistik 2006 für die BRD, S. 76.
6   Zweiter Periodischer Sicherheitsbericht des Bundesministeriums für Justiz, 2006, S. 384.
7   Zweiter Periodischer Sicherheitsbericht des Bundesministeriums für Justiz, 2006, S. 384.

minalstatistik kein genaues Abbild der Kriminalität darstellt, sondern als Kontrollstatistik lediglich die Instanzenarbeit dokumentiert und daher nur Anhaltspunkte für die Realität geben kann. Die Darstellung der Polizeilichen Kriminalstatistik wird bereits dadurch relativiert, dass sich das Ausmaß des in ihr verzeichneten Anstiegs nicht mit der Strafverfolgungsstatistik deckt, die seit jeher geringere Werte im Vergleich zur Polizeilichen Kriminalstatistik aufweist. Dies zeigt sich beispielhaft für die Gesamtheit der Jugendkriminalität anhand folgender Abbildung 2.

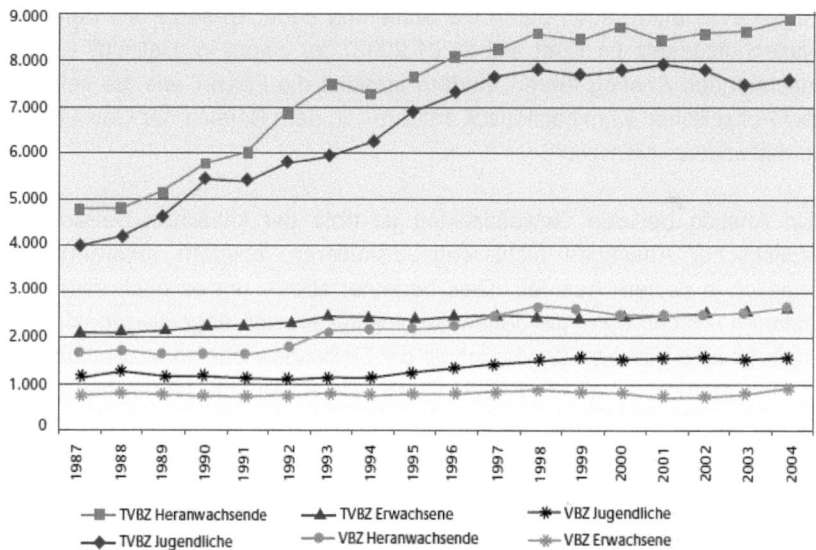

Abbildung 2: Entwicklung der Tatverdächtigenbelastungszahl (TVBZ) und Verurteilungsbelastungszahl (VBZ) Jugendlicher, Heranwachsender[8] und Erwachsener in den alten deutschen Bundesländer 1987 bis 2004

Quelle: Zweiter Periodischer Sicherheitsbericht des Bundesministeriums für Justiz, 2006, S.383.

Die generell asymmetrische Verteilung der delinquenten Belastungsquote für das Jugend- und Heranwachsendenalter ist zudem nicht unbekannt und

---

8 Der Begriff „Heranwachsender" im strafrechtlichen Sinne umfasst Personen, die das 18. Lebensjahr vollendet haben, aber noch nicht 21 Jahre alt sind (§ 1 Abs. 2 2. Hs JGG).

7

hat einen Namen: die age-crime Kurve. Sie besitzt universelle Gültigkeit und findet sich in Form signifikant hoher Belastungszahlen im Jugendalter in jeder Generation und allen Bevölkerungsgruppen. Ab einem Alter von circa 25 Jahren geht die age-crime Kurve jedoch wieder rapide nach unten. Wenn sich also die Bevölkerungsstruktur dahingehend ändert, dass eine Zunahme von Menschen jugendlichen Alters – sei es als Folge eines Baby-booms oder durch Zuwanderung Personen entsprechenden Alters – zu verzeichnen ist, steigt damit auch die Anzahl derer, die mit einer erhöhten Wahrscheinlichkeit straffällig werden können. Ebenso kann ein geändertes Anzeigeverhalten, auch durch die Schaffung neuer Gesetze wie dem Ge-waltschutzgesetz (in Kraft seit 01.01.2002), zu einem im Hellfeld[9] zu ver-zeichnenden Anstieg führen. Zudem ermittelt die Polizei, wie sie selbst in der Polizeilichen Kriminalstatistik anführt[10], in dem Bereich der Gewaltdelik-te mittlerweile intensiver.

Ein Anstieg bei den Gewaltdelikten ist trotz der kritischen Betrachtung statistischer Aussagen nicht wegzudiskutieren, sondern relativiert sich lediglich in seinem Ausmaß. Dies bedeutet aber – um es noch einmal zu betonen – nicht, dass die Jugendkriminalität an sich angestiegen ist. Viel-mehr ist eine Umverteilung innerhalb der Deliktsbereiche zu beobachten.

Den größten Anteil i.R.d. Gewaltdelikte machen seit Jahren die qualifi-zierten Körperverletzungsdelikte aus[11]. Der kontinuierliche Anstieg betrug bei Jugendlichen von 1993 bis 2005 113%[12]. Der seit 1993 zusammen mit dem Anstieg bei den Körperverletzungsdelikten beobachtete Zuwachs an Raubdelikten hat sein Ende 1997 gefunden und ist seither, abgesehen von einem leichten Anstieg im Jahre 2004, rückläufig[13]. Beides wird anhand der nachfolgenden Abbildung 3 deutlich.

---

9   Der Begriff „Hellfeld" umfasst die amtlich registrierten Straftaten.
10 Polizeiliche Kriminalstatistik 2006 für die BRD, S. 148.
11 Zweiter Periodischer Sicherheitsbericht des Bundesministeriums für Justiz, 2006, S. 386.
12 Zweiter Periodischer Sicherheitsbericht des Bundesministeriums für Justiz, 2006, S. 386.
13 Zweiter Periodischer Sicherheitsbericht des Bundesministeriums für Justiz, 2006, S. 386.

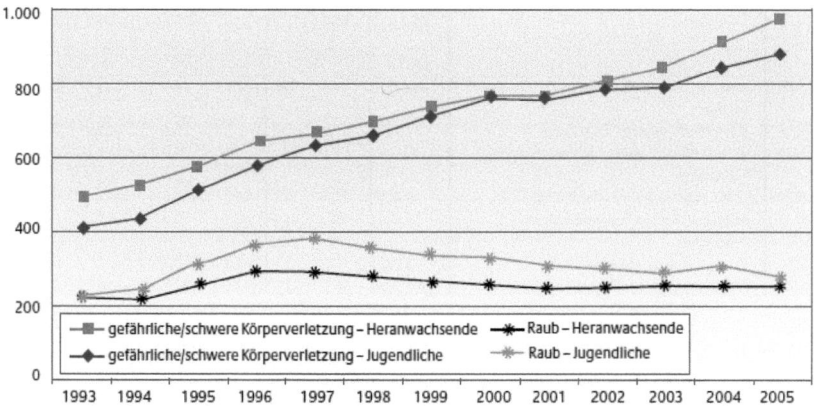

Abbildung 3: Entwicklung der Tatverdächtigenanzahl (TVBZ) Jugendlicher und Heranwachsender für Raub und qualifizierter Körperverletzung 1993 – 2005

Quelle: Zweiter Periodischer Sicherheitsbericht des Bundesministeriums für Justiz, 2006,
S.387.

Mit dem Anstieg der Gewaltdelikte geht jedoch nicht einher, dass es sich zwangsläufig um besonders schwere Gewaltdelikte handelt[14]. So hat der Schweregrad auch innert der Körperverletzungsdelikte sogar abgenommen[15].

Bei einer Aufsplittung nach Altersstruktur und den verschiedenen Körperverletzungsdelikten (siehe Tabelle 1) zeigt sich zudem deutlich, dass die Erwachsenen mit 69,5% im Jahre 2006 die Mehrheit der Tatverdächtigen i.R.d. Körperverletzungen stellten. So betrug ihr Anteil bei der einfachen vorsätzlichen Körperverletzung (§ 223 StGB) 74,1%, bei der Körperverletzung mit Todesfolge (§ 227 StGB) 78,7% und bei der Misshandlung von Schutzbefohlenen (§ 225 StGB) 95,9%. Allerdings fällt auf, dass Jugendliche und Heranwachsende, mithin die 14 – 20 Jährigen, 38,2% der gefährlichen und schweren Körperverletzung begehen. Auf Strassen, Wegen oder Plätzen war mit 47,8% fast jeder zweite Tatverdächtige in diesem Alter.

---

14 Thanei, „Jugendstrafrecht aus der Sicht der Politik", S. 37.
15 Zweiter Periodischer Sicherheitsbericht des Bundesministeriums für Justiz, 2006, S. 397.

9

Schlüs-sel	Straftaten(gruppen)	Tatverdächtige						
		insgesamt	männl.	weibl.	Kinder < 14	Jugendl. 14 < 18	Heranw. 18 < 21	Erwachsene 21 u. älter
		(100 %)			in %			
2200	Körperverletzung insgesamt	466 102	83,8	16,2	3,8	14,4	12,3	69,5
	darunter:							
2210	Körperverletzung mit Todesfolge	183	87,4	12,6	0,5	6,6	14,2	78,7
2220	gefährliche und schwere Körperverletzung	168 107	86,2	13,8	5,1	21,0	17,2	56,7
	darunter:							
2221	auf Straßen, Wegen oder Plätzen	69 821	88,2	11,8	6,2	26,9	20,9	45,9
2230	Misshandlung von Schutzbefohlenen	4 482	58,6	41,4	0,2	0,6	3,2	95,9
	darunter:							
2231	Misshandlung von Kindern	3 228	56,6	43,4	0,3	0,7	4,1	94,9
2240	(vorsätzliche leichte) Körperverletzung	304 726	84,1	15,9	3,1	12,1	10,6	74,1

Tabelle 1:   Altersstruktur bei Körperverletzungsdelikten in Deutschland
Quelle: Polizeiliche Kriminalstatistik 2006 für die BRD, S. 149.

Dabei ist jedoch unbedingt zu berücksichtigen, dass eine „gefährliche Kör-perverletzung" i.S.v. § 224 StGB auch die gemeinschaftliche Begehung mit anderen Beteiligten (§ 224 Abs. 1 Nr. 4 StGB) umfasst – eine besonders jugendtypische Konstellation[16]. So wurde auch in dem Bericht zur „Ent-wicklung der Gewaltkriminalität junger Menschen mit einem Schwerpunkt auf städtischen Ballungsräumen", der 2008 die Innenministerkonferenz in Bad Saarow beschäftigte, die gemeinschaftlich begangene Körperverlet-zung als „Trenddelikt" ausgemacht.

II. Strafunmündige Kriminelle

Neben einer Verschärfung des Jugendstrafrechts wird immer wieder über eine Ausweitung desselben in Form der Herabsetzung des Strafmündig-keitsalters, das derzeit bei 14 Jahren liegt, diskutiert. Diese Forderung wird stets erneut durch Zeitungsartikel, wie dem Folgenden von Spiegel-online vom 02.01.2008[17], genährt.

---

16   Heinz, Konstanzer Inventar Kriminalitätsentwicklung, S. 86.
17   http://www.spiegel.de/politik/debatte/0,1518,526284,00.html.

„Achtjähriger Messerstecher verletzt Schüler"
Am Nikolaustag gehen an der Rosa-Luxemburg-Grundschule im branden-
burgischen Neuruppin zwei acht und zwölf Jahre alte Jungen mit einem
Messer auf zwei Mitschüler los. Der jüngere von ihnen verletzt einen
11 jährigen Mitschüler am Handrücken.

Die Jungen sagen später, die Auseinandersetzung sei nur „Spaß" gewe-
sen, sie werden für drei Tage vom Unterricht ausgeschlossen. Die Polizei
ermittelt wegen des Verdachts gefährlicher Körperverletzung".

Ebenso lässt einen die Schlagzeile *„Kind überfällt Supermarkt"*[18] erschro-
cken aufhorchen. Dabei hatten vier Jugendliche im Alter bis 16 Jahren und
ein 13 jähriges Kind einen Lebensmittelmarkt im Berliner Bezirk Tiergarten
überfallen. Vermummt stürmten sie schreiend das Geschäft in der Potsda-
mer Strasse und forderten mit vorgehaltenen Waffen die beiden Kassiere-
rinnen auf, die Tageseinnahmen herauszugeben.

Stellt sich die Frage, ob Kinder[19] wirklich frühreifer werden, was die Kriminalität angeht. Ein Blick in die Polizeiliche Kriminalstatistik von 2006 bezüglich der Entwicklung der tatverdächtigen Kinder zeigt, dass diese aktuell bei
Weitem nicht besorgniserregend angestiegen ist (siehe Tabelle 2). So ist
der starke Anstieg der neunziger Jahre abgerissen und die Kinderkriminalität seither, wenn auch nicht im selben Ausmaß wie ihr dereinstiger Anstieg,
rückläufig.

---

18   Tageszeitung Welt Kompakt vom 18.02.2008.
19   Der Begriff „Kinder" im strafrechtlichen Sinne umfasst Personen, die unter 14 Jahre
     alt sind (§ 19 StGB).

Jahr	tatverdächtige Kinder									
	insgesamt	Veränderung in %	Anteil an allen TV in %	deutsche	Veränderung in %	Anteil an allen dt.TV in %	nicht-deutsche	Veränderung in %	Anteil in % an Sp.2	Anteil an allen NDTV in %
1	2	3	4	5	6	7	8	9	10	11
1984	66 309		5,3	51 474		4,9	14 835		22,4	7,1
1985	58 811	-11,3	4,6	44 728	-13,1	4,2	14 083	-5,1	23,9	6,1
1986	55 513	-5,6	4,2	41 009	-8,3	3,9	14 504	3,0	26,1	5,8
1987	54 790	-1,3	4,2	39 346	-4,1	3,8	15 444	6,5	28,2	6,0
1988	51 817	-5,4	3,9	36 058	-8,4	3,5	15 759	2,0	30,4	5,5
1989	56 095	8,3	4,1	38 768	7,5	3,7	17 327	9,9	30,9	5,2
1990	62 500	11,4	4,3	42 915	10,7	4,1	19 585	13,0	31,3	5,1
1991	65 205	-	4,4	45 872	-	4,3	19 333	-	29,6	4,8
1992	69 034	5,9	4,4	47 743	4,1	4,5	21 291	10,1	30,8	4,2
1993	88 276	-	4,3	66 479	-	4,9	21 797	-	24,7	3,2
1994	100 077	13,4	4,9	79 393	19,4	5,6	20 684	-5,1	20,7	3,4
1995	116 619	16,5	5,5	94 174	18,6	6,2	22 445	8,5	19,2	3,7
1996	131 010	12,3	5,9	107 085	13,7	6,7	23 925	6,6	18,3	3,8
1997	144 260	10,1	6,3	117 243	9,5	7,1	27 017	12,9	18,7	4,3
1998	152 774	5,9	6,6	125 713	7,2	7,4	27 061	0,2	17,7	4,3
1999	150 626	-1,4	6,7	123 351	-1,9	7,4	27 275	0,8	18,1	4,5
2000	145 834	-3,2	6,4	119 348	-3,2	7,0	26 486	-2,9	18,2	4,5
2001	143 045	-1,9	6,3	118 276	-0,9	6,9	24 769	-6,5	17,3	4,4
2002	134 545	-5,9	5,8	112 406	-5,0	6,4	22 139	-10,6	16,5	3,9
2003	126 358	-6,1	5,4	104 757	-6,8	5,8	21 601	-2,4	17,1	3,9
2004	115 770	-8,4	4,9	95 232	-9,1	5,2	20 538	-4,9	17,7	3,8
2005	103 124	-10,9	4,5	83 978	-11,8	4,7	19 146	-6,8	18,6	3,7
2006	100 487	-2,6	4,4	82 931	-1,2	4,7	17 556	-8,3	17,5	3,5

Tabelle 2:   Entwicklung der tatverdächtigen Kinder (< 14 Jahre)

- Bereich: 1984-1990: alte Bundesländer; 1991-1992: alte Bundesländer mit Gesamt-Berlin; ab 1993: Bundesgebiet insgesamt -

Quelle: Polizeiliche Kriminalstatistik 2006 für die BRD, S. 74

Die soeben beschriebenen Szenarien stellen Einzelfälle dar und können nicht pauschal dahingehend interpretiert werden, dass die Kinder unserer Gesellschaft zu brutalen Verbrechern geworden sind. Ein solches Bild entspricht nicht der Realität.

Die Tendenz zur entstellenden Darstellung durch die Medien lässt sich schon dadurch erkennen, dass in den Schlagzeilen jeweils nur die Kinder als Täter aufgeführt werden. Sobald es einen kindlichen Delinquenten gibt, werden die jugendlichen Mittäter in der Überschrift nicht weiter erwähnt.

Im Neuruppiner Fall verwundert es zudem, warum eine Ermittlung wegen gefährlicher Körperverletzung eingeleitet wurde, da die Strafunmündigkeit eine Strafbarkeit gerade ausschließt.

Aufgrund von Medienberichten dieser Art wird der Schrei nach einer Herabsetzung des Strafmündigkeitsalters immer wieder laut. Die Verzerrung durch die Medien darf aber nicht Indikator für die Herabsetzung des Strafmündigkeitsalters sein. Eine Absenkung des Strafmündigkeitsalters würde dazu führen, dass jedwede kindliche Rauferei strafrechtlich begutachtet werden müsste. Nicht nur, dass es sich vielfach um „normales" Verhalten im Kindes- und Jugendalter handelt, wo ein Eingreifen durch das Strafrecht unangebracht sein dürfte, würde es dazu führen, dass wohl so gut wie jeder in seiner Kindheit mit den Strafverfolgungsbehörden und der damit einhergehenden Stigmatisierung in Berührung kommen würde. Außerdem würde sich noch ein viel größeres Problem auftun: nämlich die Notwendigkeit der Begutachtung der Einsichts- und Handlungsfähigkeit, da ohne Feststellung der Schuld nach § 3 JGG eine Strafbarkeit entfällt.

III. Intensivtäter

Nicht nur im Bereich der Kinderdelinquenz deformieren die Fälle im medialen Fokus die Realität. Auch im Jugendsektor betrifft die Mehrzahl der öffentlich aufbereiteten Fälle Intensivtäter, die lediglich einen Anteil von 5% bis 10% aller jugendlichen Straftäter ausmachen, jedoch 50% aller Straftaten dieser Altersgruppe begehen. Selbst innert des Kreises der Mehrfachtäter endet die kriminelle Karriere überwiegend nach zwei bis drei Jahren, spätestens nach fünf Jahren. Intensivtäter, die ihre im Jugendalter begonnene Delinquenz bis jenseits des 30. Lebensjahrs fortführen, sind äußerst selten[20].

Die nachfolgende Tabelle 3 zeigt die Art der drei ersten Delikte einer untersuchten Gruppe von Intensivtätern, die bei der Berliner Staatsanwaltschaft geführt werden. Sofern die besagten Deliktsanfänge im Kindesalter begangen wurden, ist dies in der dritten Spalte aufgeführt. Auf Raubdelikte und sonstige Gewaltdelikte gegen Personen entfällt circa ein Drittel beim Start der kriminellen Karriere. Die Delinquenz beginnt auch hier mit den für Kinder und Jugendlichen allgemein typischen Delikten, die sich beim Gros, wie bereits beschrieben, in Episodenhaftigkeit erschöpft.

---

20 Heinz, „Kriminalität in Deutschland unter besonderer Berücksichtigung der Jugend- und Gewaltkriminalität", III.2.2.

Deliktstruktur früher Einträge n=8436	Vorgänge 1 bis 3 sämtliche Altersgr.	Vorgänge 1 bis 3 nur Kindesalter	sämtliche Vorgänge sämtliche Altersgr.
Raubdelikte	13,5%	12,3%	18,7%
schwere Gewalt gegen Personen	13,3%	14,7%	12,3%
Gewalt gegen Personen	9,7%	8,5%	6,5%
mittelbare Gewalt gegen Personen	9,7%	6,9%	11,2%
Widerstand, öffentliche Ordnung	2,4%	1,4%	2,5%
Hausfriedensbruch	2,5%	2,8%	3,0%
Gewalt gegen Sachen	9,5%	11,7%	8,3%
Eigentumsdelikte	21,2%	27,2%	15,8%
schwere Eigentumsdelikte	8,2%	6,9%	10,0%
Vermögensdelikte	6,2%	5,2%	4,4%
Betäubungsmitteldelikte	1,0%	,5%	3,2%
Mobilitätsdelikte	2,0%	1,1%	2,6%
sonstige Delikte	1,1%	,7%	1,5%
Gesamt	**100%**	**100%**	**100%**

Tabelle 3:   Anfangsdelikte Berliner Intensivtäter
Quelle: Ohder/ Huck, BFG Nr. 26, 2006, S. 32.

Allerdings zeigt sich bei den Mehrfachauffälligen, dass die Gewaltdelikte einen teils deutlich höheren Prozentsatz aufweisen, als es für minderjährige Tatverdächtige insgesamt seitens der Polizeilichen Kriminalstatistik für das Jahr 2006 ausgewiesen wird. Der Prozentsatz für die Raubdelikte liegt dort bei Kindern gerade einmal bei 1,6%, bei Jugendlichen 2,86%, wenn die Zahlen in Tabelle 4 betrachtet werden. Bei gefährlicher und schwerer Körperverletzung liegt der Anteil an der Gesamtheit der strafunmündigen Kriminellen bei 7,9%, bei jugendlichen Tätern bei 10,49%, wohingegen Sachbeschädigung mit guten 18%, bzw. 16,84% und Ladendiebstahl ohne erschwerende Umstände mit knapp 55%, respektive 32,03% dort um ein vielfaches höher liegen, als bei der kleinen Gruppe der Mehrfachtäter.

14

Schlüssel	Straftaten(gruppen)**	Tatverdächtigenbelastungszahl*) Deutscher					
		TV insges. ab 8 Jahre	Kinder 8 < 14 Jahre	Jugendliche 14 < 18 Jahre	Heranw. 18 < 21 Jahre	Erwachsene >= 21 Jahre	Jungerw. 21 < 25 Jahre
0100+ 0200	Mord und Totschlag	3	0	4	10	3	7
1110	Vergewaltigung und sexuelle Nötigung §§ 177 Abs. 2, 3 und 4, 178 StGB	7	2	16	23	6	18
2100	Raubdelikte	37	29	218	203	19	115
2220	Gefährliche und schwere Körperverletzung	183	144	799	913	119	565
2240	(Vorsätzliche leichte) Körperverletzung	350	166	891	1 067	301	865
2300	Straftaten gegen die persönliche Freiheit	164	46	294	382	156	324
3***	Diebstahl ohne erschwerende Umstände	586	989	2440	1 421	413	936
326*	Ladendiebstahl	393	811	1580	649	283	461
4***	Diebstahl unter erschwerenden Umständen	129	116	719	635	74	368
****	Diebstahl insgesamt	676	1070	2910	1 864	467	1 194
***1	von Kraftwagen	14	3	72	81	9	46
5100	Betrug	532	48	674	1 629	512	1 667
5200	Veruntreuungen	33	0	3	25	37	35
5300	Unterschlagung	75	15	109	209	72	206
5400	Urkundenfälschung	42	4	104	104	38	89
6200	Widerstand gegen die Staatsgewalt und Straftaten gegen die öffentliche Ordnung	139	61	430	535	111	384
6300	Begünstigung, Strafvereitelung (ohne Strafvereitelung im Amt), Hehlerei und Geldwäsche	28	12	100	104	22	77
6400	Brandstiftung und Herbeiführen einer Brandgefahr	16	33	51	39	12	25
6500	Wettbewerbs-, Korruptions- und Amtsdelikte	7	0	0	1	9	6
6710	Verletzung der Unterhaltspflicht	19	0	0	3	22	13
6730	Beleidigung	201	59	369	482	189	396
6740	Sachbeschädigung	228	330	1283	1 040	124	560
6760	Straftaten gegen die Umwelt (StGB)	15	1	4	12	17	15
7100	Straftaten gegen strafrechtliche Nebengesetze auf dem Wirtschaftssektor	40	3	32	46	43	52
7250	Straftaten gegen das Aufenthalts-, das Asylverfahrens- und das Freizügigkeitsgesetz/EU	7	0	2	8	7	14
7260	Straftaten gegen das SprengstoffG, das WaffenG u. gegen das KriegswaffenkontrollG	44	14	141	206	33	134
7300	Rauschgiftdelikte (BtMG)	241	16	598	1 444	184	1 223
----	Straftaten insgesamt	2 551	1819	6799	7 618	2 138	6 153

*) Tatverdächtige pro 100 000 Einwohner der jeweiligen Altersgruppe
**) Die Auflistung ist nicht vollständig.

Tabelle 4: Deliktsverteilung bei Strafunmündigen (4. Spalte) und Jugendlichen (5. Spalte) deutscher Staatsangehörigkeit

Quelle: Polizeiliche Kriminalstatistik 2006 für die BRD, S. 102.

15

Die Gesamtheit der Delikte der Intensivtäter betrachtet, ergibt folgendes Bild:

Delikt bzw. Deliktgruppe			
Gewalt gegen Personen	**65,1%**	**Eigentumsdelikte**	**25,3%**
Sexualdelikte	1,6%	Einfacher Diebstahl	12,5%
- sexuelle Nötigung/ Vergewaltigung	1,1%	- Ladendiebstahl	6,2%
		- Trickdiebstahl	0,7%
- sex. Missbrauch von Kindern	0,5%	- Taschendiebstahl	0,3%
		- Diebstahl aus Gewerberäumen, Hotels, von Baustellen	0,9%
Raubdelikte	33,2%	- Sonstiger einfacher Diebstahl	4,4%
- „Abziehen"	23,2%		
- Handtaschenraub	0,9%	Schwerer Diebstahl	6,9%
- Sonstiger Straßenraub	2,8%		
- Raub Gaststätte/Spielhalle	0,6%	- Einbruch Wohnung	2,0%
- Raub Geschäft (Kasse)	2,4%	- Einbruch Keller/ Boden	0,1%
- Raub Geschäft (auch Tresor)	0,4%	- Einbruch Geschäft	2,9%
- Raub Wohnung	1,9%	- Aufbruch Automat	0,4%
- Sonstiger Raub	1,0%	- Einbruch Büro/ Werkstatt	0,8%
Gewalt gegen Sachen	**3,7%**	- Hausfriedensbruch Schule/ Freizeiteinrichtung	0,2%
- Sachbeschädigung Graffiti	1,0%	- Sonstiger Hausfriedensbruch	0,2%
- Sachbeschädigung Haustür/ Fahrstuhl	0,2%	**Straftaten gegen die öffentliche Ordnung/ Sicherheit**	**1,6%**
		- Widerstand	1,2%
- Sachbeschädigung Fahrzeug	0,2%	- Gefangenenbefreiung	0,2%
- Sachbeschädigung Brand	0,5%		
- Sachbeschädigung Sonstige	1,6%	- Landfriedensbruch	0,2%
- Brandstiftung	0,2%	**Sonstige Delikte**	**1,2%**
Vermögensdelikte	**1,7%**		
- Leistungsmissbrauch	0,4%		
- Betrug Waren(kredit)betrug	0,2%	**Gesamt**	**100%**
- Betrug mit Kontokarte	0,3%		
- Überweisungsbetrug	0,1%		
- Sonstiger Betrug	0,7%		

Tabelle 5:   Delikte der Intensivtäter in Berlin in der Gesamtheit

Quelle: Ohder/ Huck, BFG Nr. 26, 2006, S. 33 f.

Die auch hier hohe Belastungszahl an Gewalt- und Eigentumsdelikten lässt sich sicherlich auch darauf zurückführen, dass diese vor allem in dieser Häufigkeit vorkommen, wenn im kriminellen Milieu bereits Fuß gefasst worden ist und sich die Delinquenten damit auskennen. Gerade die „Abziehdelikte", die in Tabelle 5 diesmal sogar herausgelöst wurden aus dem Oberbegriff „Raub" und 23,2% von insgesamt 33,2% aller Raubdelikte ausmachen, untermauert dies. Abgesehen davon, dass es sich, um ein jugendtypisches Delikt handelt, dient es vielfach auch als Einnahmequelle. Das Wesen einer fortlaufenden Einnahmequelle ist eben durch wiederholtes Handeln gekennzeichnet und tritt dadurch gehäuft auf. Gleiches gilt für die übrigen gewinnorientierten Delikte, hinter denen eine Kosten-Nutzen Abwägung steht, die anders als bei der ubiquitären impulsgeprägten Kinder- und Jugendkriminalität, die Gewohnheitskriminalität ausmacht. Dennoch stellen die durch „Abziehen" erlangten Gegenstände keine großen Vermögenswerte dar. Meist handelt es sich um MP3-Player, Handys, Kleidungsstücke und Schmuck, die trotz ihres verhältnismäßig geringen Geldwertes für die Jugendlichen auf legalem Wege nur schwer erreichbar sind. Daneben tritt auch die Tatsache, dass sich vermeintlicher Respekt verschafft wird, das eigene Revier markiert und dem Selbstwert genüge getan wird. So begehen auch 54% der Intensivtäter ihre Taten in ihrer unmittelbaren Nachbarschaft, weitere 21% in näherer Umgebung[21]. Einzig entlang der Verkehrslinien des öffentlichen Nahverkehrs werden durch sie auch einmal andere Gegenden aufgesucht[22].

Festzuhalten bleibt, dass sich die Intensivtäter nicht nur in der Häufigkeit, sondern auch in der Art der Delikte von dem Gros der delinquenten Kinder und Jugendlichen unterscheiden und ihr Handeln damit nicht mit der Kinder- und Jugendkriminalität an sich gleichzusetzen ist. Diese Art der verschiedenen Täterpersönlichkeiten zu unterscheiden ist vielleicht das wahre Problem, dem sich das Jugendstrafrecht gegenübersieht.

---

21 Ohder/ Huck, BFG Nr. 26, 2006, S. 38.
22 Reusch, „Migration und Kriminalität", S.9.

IV. Die Rolle nicht deutscher[23] Jugendlicher, bzw. Jugendlicher mit Migrationshintergrund[24] in der Statistik

Eine umfassende Betrachtung der Jugendkriminalität kommt nicht umhin, die Rolle der nicht deutschen Tatverdächtigen, bzw. derer mit Migrationshintergrund näher zu beleuchten. Eine Scheu diesbezüglich wäre verfehlt, zeigt die Kriminalität von ausländischen Jugendlichen, resp. von Jugendlichen mit Migrationshintergrund doch teilweise Besonderheiten in ihrer Entstehung sowie in den Möglichkeiten ihres Entgegenwirkens und der Intervention auf und stellt eben einen Teil der Gesamtheit der Jugendkriminalität dar, der nicht ausgespart werden kann.

Obwohl die Zahlen für die Gesamtentwicklung der Jugendkriminalität in den letzten Jahren rückläufig sind, ist der Anteil der ausländischen Jugendlichen in diesem Bereich deutlich erhöht. Ausländische Jugendliche machten, an der Tatverdächtigenanzahl gemessen, im Jahre 2006 16,42%[25] aus. Ihr Anteil sank von 1998 bis 2006 von 20,51%[26] auf die besagten 16,42%. Eine Zahl, die trotz des geschilderten Rückgangs in der Polizeilichen Kriminalstatistik erschreckt, weil der Ausländeranteil im Verhältnis dazu in Deutschland bei 8,8% liegt. Eine derart isolierte Betrachtung führt aber zu einer Überzeichnung des Problems. Zwar werden ausländische Jugendliche häufiger straffällig, jedoch nicht überproportional, wie ein erster Blick auf die Statistiken vermuten lässt. Das liegt daran, dass weder Touristen, noch illegal Aufhältige in die Bevölkerungsstatistik mit eingerechnet sind, wohl aber als „Ausländer" kriminell sein können und damit als Tatverdächtige auftauchen. Nicht zu vergessen ist auch die Tatsache, dass die in Deutschland lebenden Ausländer größtenteils in Städten wohnen und jung sind, zwei Faktoren, die nationalitätsunabhängig für eine hohe Kriminalitätsbelastung stehen, ebenso wie die Tatsache der Existenz ausländerspezifischer Delikte, die naturgemäß von Deutschen nicht begangen werden können, wie beispielsweise Verstöße gegen das Aufenthaltsgesetz.

---

23 Die in dieser Arbeit verwendeten Begriffe „nicht deutsch" und „ausländisch" umfassen Personen, die nicht über die deutsche Staatsbürgerschaft verfügen.

24 Migrationshintergrund bezeichnet in dieser Arbeit, sofern nicht gesondert ausgewiesen, Personen, bei denen – unabhängig von der Staatsbürgerschaft – mindestens ein Elternteil nach Deutschland migriert ist bzw. von Migranten abstammt.

25 Polizeiliche Kriminalstatistik 2006 für die BRD, S. 76.

26 Polizeiliche Kriminalstatistik 1998 für die BRD, S. 76; Polizeiliche Kriminalstatistik 2006 für die BRD, S. 76.

Andererseits werden Spätaussiedler, wie auch teils Personen mit Migrationshintergrund, als Deutsche geführt, da sie in Besitz eines deutschen Passes sind. Die Darstellung der Kriminalitätsbelastung von Ausländern oder Personen mit Migrationshintergrund ist also auch in diese Richtung – was das Hellfeld angeht – problembehaftet und zeigt die Unverzichtbarkeit der Dunkelfeldforschung[27] auf. Denn gerade die zweite und dritte Generation von Zuwanderern hat eine extrem hohe Kriminalitätsbelastung. Diese Jugendlichen stehen zwischen Baum und Borke. Als Deutsche werden sie teilweise nicht richtig anerkannt, nicht zuletzt auch aufgrund z.t. immer noch bestehender massiver Sprachprobleme und dem mangelnden Willen der Familien, sich selbst zu integrieren. Zu ihren Wurzeln haben sie vielfach aber auch keine Bindung mehr und befinden sich somit in einer soziokulturellen Belastungssituation. Es folgen Normen- und Orientierungslosigkeit. Multiple kulturelle Diskriminierungstendenzen erzeugen Konflikthaltungen und können in Kriminalität münden. Das Paradebeispiel der Kulturkonflikttheorie nach Sellin[28], wonach Kriminalität aus dem Konflikt zwischen unterschiedlichen kulturellen Wert- und Verhaltensnormen entsteht.

Trotz der zuvor geschilderten Unsicherheitsfaktoren hat eine Untersuchung des Kriminologischen Forschungsinstituts Niedersachsen aus dem Jahre 1998[29] über die ethnische Zusammensetzung in westdeutschen Jugendstrafanstalten ergeben, dass der Anteil der inhaftierten türkischen Jugendlichen mit 15% beinahe dreimal so hoch war, wie ihr Bevölkerungsanteil in der entsprechenden Altersgruppe. Alle übrigen ausländischen Jugendlichen waren mit 25%, gegenüber ihrem Anteil an der Bevölkerung von 12% ebenfalls überrepräsentiert, wenn auch nicht so stark. Bei jungen Spätaussiedlern[30] bestand das Verhältnis von 10% im Jugendstrafvollzug zu 5% in der Bevölkerungsstruktur. Einheimische Deutsche, die in ihrer Altersgruppe einen Bevölkerungsanteil von 78% einnahmen, waren nur zu 50% im Strafvollzug vertreten. Erkenntnisse aus der Jugendstrafanstalt Berlin gehen in die gleiche Richtung. Danach betrug im Jahr 2009 nach Auskunft des Anstaltsleiters, Herrn Marius Fiedler, der Anteil nichtdeutscher Jugendlicher

---

27 Der Begriff „Dunkelfeld" bezeichnet die Differenz zwischen den amtlich registrierten Straftaten (Hellfeld) und der tatsächlichen Kriminalität.
28 Thorsten Sellin veröffentlichte seine Theorie in „Culture Conflict and Crime", 1938.
29 Pfeiffer/ Wetzels, DVJJ- Journal 2/2000, S. 107.
30 (Spät)aussiedler: Migranten mit deutscher Staatsangehörigkeit.

und Heranwachsender ungefähr 40%. Bei 58% der Straf- und Untersuchungshaftinsassen bestand ein Migrationshintergrund.

Damit diese Zahlen nicht zu einem gewichtigen Teil auch darauf zurückzuführen sind, dass ausländische Jugendliche aufgrund von Vorurteilen oder Kommunikationsproblemen häufiger angezeigt werden, als ihre deutschen Altersgenossen, wurde seitens des niedersächsischen Kriminologischen Forschungsinstituts im Jahr 1998 eine Befragung an 16.000 Schülern und Schülerinnen der 9. Klasse in neun deutschen Städten durchgeführt, um Licht in das Dunkelfeld zu bringen[31].

Dieser Studie zur Folge sind Jugendliche aus türkischstämmigen Migrantenfamilien und solche aus dem ehemaligen Jugoslawien, besonders gewaltbereit (siehe auch Abbildung 4). So gaben 34,2% der Türken und 29,3% der Jugendlichen aus dem ehemaligen Jugoslawien an, während des letzten Jahres (1997 bis 1998) eine andere Person beraubt, erpresst, massiv geschlagen oder mit einer Waffe bedroht zu haben. Dem gegenüber standen nur 18,6% an deutschen Jugendlichen.

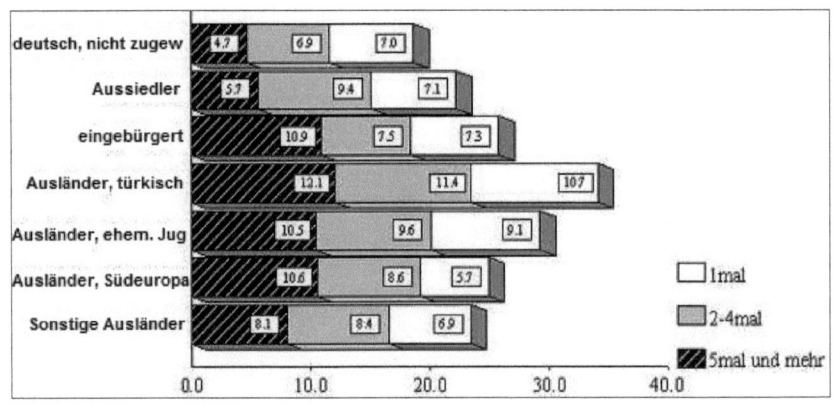

Abbildung 4: Raten der aktiven Gewalttäter in den letzten 12 Monaten in den Städten
Kiel, Hamburg, Hannover, Wunstorf, Lilienthal, Leipzig, Stuttgart,
Schwäbisch-Gmünd und München, differenziert nach ethnischer Herkunft

Quelle: Pfeiffer/ Wetzels, DVJJ-Journal 2/2000, S. 108.

---

31 Pfeiffer/ Wetzels, DVJJ- Journal 2/2000, S. 170.

Diese Erkenntnisse, bezogen auf die Gewaltbereitschaft, sind insofern besonders interessant, als gerade in diesem Deliktsbereich, wie unter Punkt A.I erwähnt, insgesamt ein Anstieg der Jugendkriminalität zu verzeichnen ist.

Die Studie des Kriminologischen Forschungsinstituts Niedersachsen aus dem Jahre 2000 anhand der Befragung der gleichen Altersgruppe (9. Klasse) in vergleichbarem Umfang (10.000 Befragte) führte zu nahezu identischen Ergebnissen wie die Studie aus dem Jahre 1998[32]. Für das Erhebungsjahr 2005 kam das Niedersächsische Kriminologische Forschungszentrum zu der in Tabelle 6 ersichtlichen Verteilung. Danach begingen 19,1% der befragten deutschen Neuntklässler im davor vergangenen Jahr eine Körperverletzung, mithin jeder fünfte. Unter den türkischen Schülern waren es mit 37,5% doppelt so viele, gefolgt von den polnischen Mitschülern mit 34,4% und den jugoslawischen mit 31,3%.

Gruppe	KV	Raub	mit Waffe bedrohen	Erpressung	mind. eine Gewalttat	mind. fünf Gewalttaten	Anzahl Gewalttaten	Alter erste KV	mind. eine KV in Schule
1) Deutsch	19,1	3,2	2,7	1,1	20,7	4,1	4,4	11,0	34,6
2) Türkisch	37,5	7,7	5,5	2,9	38,7	13,2	6,1	11,4	41,5
3) Russisch	31,0	7,3	4,6	2,7	34,0	8,4	4,9	11,3	36,8
4) Jugoslawisch	31,3	8,3	6,3	4,9	32,8	11,5	6,2	10,8	39,7
5) Polnisch	34,4	8,0	4,6	2,3	34,2	9,1	7,4	11,2	42,8
6) Italienisch	29,7	4,0	2,6	1,3	30,3	7,9	6,6	11,9	36,2
7) Andere	26,5	4,8	3,7	2,2	27,5	7,5	5,0	11,2	36,1
Gesamt	23,6	4,4	3,4	1,7	25,1	6,1	5,1	11,1	36,1
Cramers V bzw. F-Wert/ Erklärte Varianz[a]	.153**/ .033	.091**/ .025	.061**/ .013	.072**/ .027	.147**/ .031	.128**/ .039	2.526*/ .009	1.868[T]/ .004	.053**/ .004
keine Unterschiede[b]	-	1/6	1/5,6,7	1/5,6	-	-	1/3,4,6,7	1/3,4,5,7	1/3,4,6,7

[a] – abgebildet ist der Nagelkerkes R²-Wert/der R²-Wert bei Durchführung einer logistischen/linearen Regression ; [b] – aufgeführt werden die Paarvergleiche zwischen deutschen und nichtdeutschen Jugendlichen, die bei Durchführung einer logistischen/linearen Regression mit der Gruppe „deutsch" als Referenzkategorie nicht signifikant sind (p < .05); „-" – alle Unterschiede zw. deutschen und nichtdeutschen Jugendlichen signifikant; unterstrichen – niedrigster Wert, fett – höchster Wert; KV – Körperverletzung; [T] p < .10, * p < .05, ** p < .01

Tabelle 6: Gewalttätigkeit binnen der letzten 12 Monate (nur männliche Schüler), Erhebungsjahr 2005

Quelle: Baier/ Pfeiffer, Gewalttätigkeiten bei deutschen und nichtdeutschen Jugendlichen, S. 19.

---

32 Baier/ Pfeiffer, Gewalttätigkeiten bei deutschen und nichtdeutschen Jugendlichen, S. 9.

Für das Erhebungsjahr 2007 bis 2008 (44.610 befragte Jugendliche, Rücklaufquote von 62,1%) gaben 22,1% der Jugendlichen aus dem ehemaligen Jugoslawien, 20,3% aus der Türkei und 20,1% aus Italien an, in den letzten 12 Monaten mindestens eine Gewalttat ausgeführt zu haben, während sich bei den deutschen Jugendlichen der Wert auf 11,5% belief[33].

Um dem Unsicherheitsfaktor zu begegnen, dass die überrepräsentierten Gruppen sich einfach nur offener damit schmücken, wurden die Jugendlichen i.R.d. Erhebungen des Niedersächsischen Forschungsinstituts gleichfalls befragt, ob sie ebenfalls Opfer geworden sind und nach Möglichkeit, die ethische Herkunft des, bzw. der Täter zu benennen. Dies gelang vier von fünf Opfern in der Untersuchung von 1998. Dabei wurden zu 28,9% türkische Jugendliche benannt[34]. Selbst die türkischen Schüler benannten in 26,9% der Fälle türkische Jugendliche als Täter[35], so dass auch hier eine diskriminierende Nominierung weitgehend ausgeschlossen werden kann. Auch bei der Befragung im Jahre 2005 stellten die türkischen Schüler erneut die Mehrzahl, diesmal gefolgt von russischen Jugendlichen[36].

Diese empirischen Befunde decken sich mit der früheren Befragung des Forschungsinstituts ebenso, wie mit anderen Studien[37], die allesamt ergeben, dass nicht deutsche Jugendliche i.R.d. jugendlichen Straftätergesamtheit überrepräsentiert und vor allem eindeutig gewalttätiger sind, als ihre deutschen Altersgenossen.

1. Migrationshintergrund bei Intensivtätern

Die Betrachtung der ethnischen Herkunft weist auch bei den Intensivtätern Besonderheiten auf. Nach Angaben der Berliner Staatsanwaltschaft hatten

---

33 Baier/Pfeiffer/ Simonson/ Rabold, ZJJ 2/ 2009, S. 115.
34 Pfeiffer/Wetzels, DVJJ- Journal 2/2000, S. 180.
35 Pfeiffer/Wetzels, DVJJ- Journal 2/2000, S. 180.
36 Baier/Pfeiffer, Gewalttätigkeiten bei deutschen und nichtdeutschen Jugendlichen, S. 22.
37 Baier/Pfeiffer, Gewalttätigkeiten bei deutschen und nichtdeutschen Jugendlichen, S. 6ff.

im Jahre 2006 knapp 80% der Intensivtäter[38] im Alter von 14 bis 21 Jahren einen Migrationshintergrund[39].

Anfang 2007 präsentierte die Landeskommission Berlin gegen Gewalt die Ergebnisse einer Auswertung von Akten von Intensivtätern. Die dortigen Ergebnisse stützen die Aussagen der Berliner Staatsanwaltschaft. Dieser Studie zur Folge, war bei 70%[40] der untersuchten Intensivtäter ein Migrationsintergrund[41] feststellbar.

Bestätigt wird dies auch durch die folgende Abbildung 5.

---

38 „Intensivtäter" sind gemäß der Gemeinsamen Richtlinie der Berliner Senatsverwaltungen für Inneres und Justiz:
    „Straftäter, die verdächtig sind
    a. den Rechtsfrieden besonders störende Straftaten, wie z.b. Raub-, Rohheits- und/ oder Eigentumsdelikte in besonderen Fällen, begangen zu haben
    oder
    b. innerhalb eines Jahres in mindestens zehn Fällen Straftaten von einigem Gewicht begangen zu haben und bei denen die Gefahr einer sich verfestigenden kriminellen Karriere besteht."

39 Reusch, „Migration und Kriminalität", S. 7.

40 Ohder/ Huck, BFG Nr. 26, 2006, S. 12.

41 „Migrationshintergrund" wurde bei dieser Studie angenommen, wenn eine Person in Deutschland geboren wurde und die deutsche Staatsbürgerschaft besitzt, jedoch ein Elternteil nach Deutschland migriert ist bzw. von Migranten abstammt.

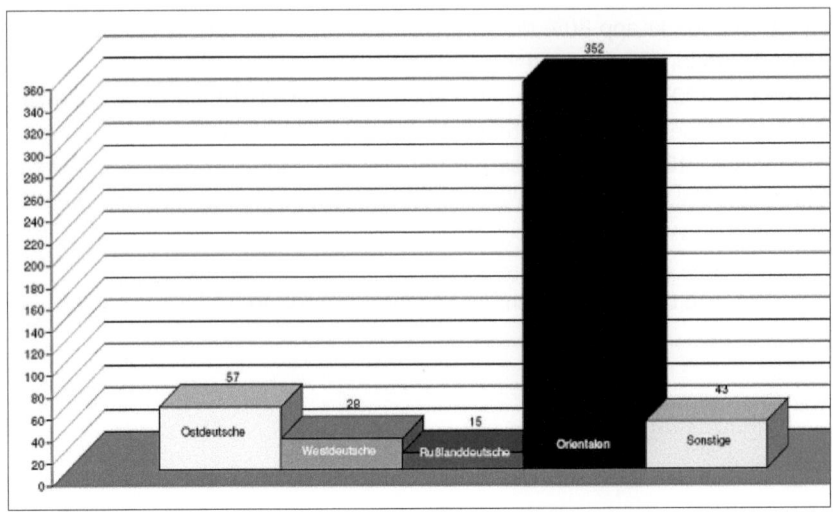

Abbildung 5: Intensivtäter nach Herkunft[42], [43]
Quelle: Reusch, „Migration und Kriminalität", S. 5.

Dass Gewalt von jugendlichen Straftätern mit Migrationshintergrund häufiger angewendet wird, zeigt auch die nachfolgende Tabelle 7, die die Unterscheidung in die Art der begangenen Delikte von Intensivtätern zusätzlich danach aufsplittet, ob ein Migrationsgrund zu bejahen ist oder nicht.

---

[42] „orientalisch" = Reusch legt in seinem Vortrag die kulturelle Definition nach Wikipedia zu Grunde. Nach Wikipedia „Orient" werden heutzutage der Nahe Osten und die arabisch-islamische Welt – einschließlich der Türkei, Iran, Pakistan und Nordafrika, aber ohne die islamischen Staaten Südostasiens – darunter subsumiert.
[43] Von nicht deutscher Herkunft wird in diesem Vortrag bereits dann ausgegangen, wenn ein Elternteil aus dem Ausland stammt.

Deliktsgruppen nach Migrationshintergrund (n=8436)	Migrationshintergrund nein	ja
Raubdelikte	23,0%	77,0%
schwere Gewalt gegen Personen	26,8%	73,2%
Gewalt gegen Personen	33,7%	66,3%
mittelbare Gewalt gegen Personen	28,7%	71,3%
Widerstand, öffentliche Ordnung	35,3%	64,7%
Hausfriedensbruch	33,5%	66,5%
Gewalt gegen Sachen	48,6%	51,4%
Eigentumsdelikte	34,4%	65,6%
schwere Eigentumsdelikte	29,5%	70,5%
Vermögensdelikte	21,0%	79,0%
Betäubungsmitteldelikte	40,7%	59,3%
Mobilitätsdelikte	16,7%	83,3%
sonstige Delikte	50,0%	50,0%
Gesamt	30,8%	69,2%

Tabelle 7: Deliktsgruppen nach Migrationshintergrund
Quelle: Ohder/ Huck, BFG Nr. 26, 2006, S. 27.

Die Dunkelfeldforschung des Kriminologischen Forschungsinstituts Niedersachsens unterstreicht diese Befunde im Hinblick auf den hohen Ausländer-, bzw. Migrationshintergrundanteil bei jugendlichen Gewaltstraftätern, wie sich der nachstehenden Abbildung 6 entnehmen lässt.

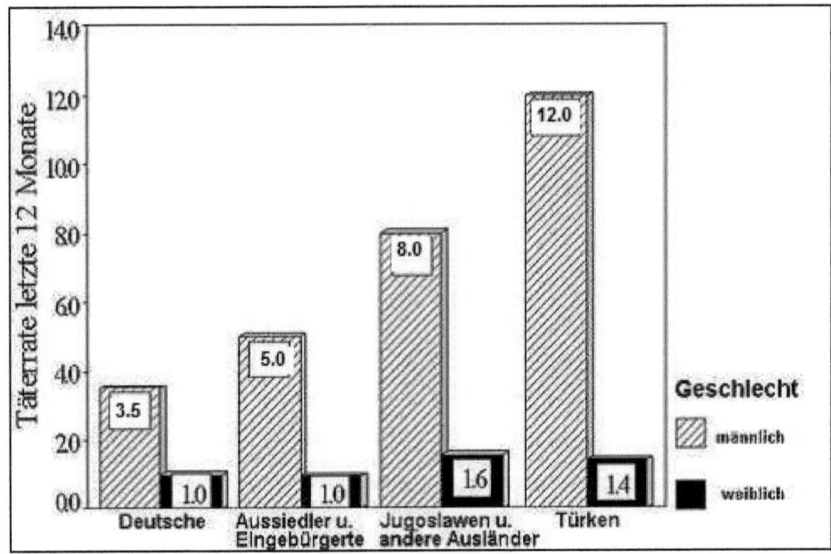

Abbildung 6: Täterraten für zehn und mehr Gewaltdelikte innerhalb eines Jahres
Quelle: Pfeiffer/ Wetzels, DVJJ-Journal 2/2000, S. 111.

2. Hintergründe zu der Überrepräsentation ausländischer Jugendlicher, bzw. Jugendlicher mit Migrationshintergrund in der Jugendkriminalität

Die dargestellte Überrepräsentation ausländischer Jugendlicher, bzw. Jugendlicher mit Migrationshintergrund in der Kriminalstatistik und deren gesteigerte Gewaltbereitschaft sind nicht in ihrer Herkunft begründet. Zwar ist es eine Tatsache, dass Jugendliche mit Einwanderungshintergrund mehr Straftaten verüben, als es ihrem Anteil an der Gesamtbevölkerung entspräche. Fraglich ist allerdings, welche Bedeutung ihre ethnische Herkunft dabei wirklich hat. Denn in aller Regel handelt es sich um Jugendliche aus Unterschichtfamilien mit Bildungsmängeln, sowie Gewalt- und Verwahrlosungsstrukturen. Nebst der unterschiedlichen Sozialstruktur weisen die Betroffenen zudem im Vergleich zur autochthonen Bevölkerung Unterschiede in den Geschlechts- und Altersstrukturen auf. So sind diese sowohl häufiger männlichen Geschlechts, als auch durchschnittlich jünger[44]. Die zuvor

---

44 Baier/Pfeiffer, Gewalttätigkeiten bei deutschen und nichtdeutschen Jugendlichen, S. 6; Polizeiliche Kriminalstatistik 2006 für die BRD, S. 105.

genannten Eigenschaften sind auch bei deutschen Jugendlichen ohne Migrationshintergrund Indikatoren für Kriminalität, bei denen das Zusammentreffen dieser Umstände jedoch im Verhältnis seltener vorkommt.

Zugespitzt formuliert, ist die Jugendkriminalität kein Ausländer-, sondern vielmehr ein Unterschichtenproblem, das einen Anlass für verstärkte Präventionsanstrengungen, insbesondere im Bereich der Bildung und der innerfamiliären Gewaltvorbeugung bietet. Die besondere Situation ausländischer Jugendlicher und solcher mit Migrationshintergrund darf dabei aber nicht außer Acht gelassen werden und sollte durch verstärkte Integrationsangebote bzw. -bemühungen berücksichtigt werden.

Daneben hängt die besondere delinquente Belastung bei Jugendlichen aus Migrantenfamilien im Wesentlichen auch mit der in den Herkunftskulturen vermittelten archaischen Vorstellungen von Ehre, Männlichkeit und Respekt, welche Gewaltanwendungen befürworten, zusammen. Die Jugendlichen wachsen viel häufiger mit Gewalt auf, als ihre deutschen Altersgenossen, wie sich Abbildung 7 für den Erhebungszeitraum 1998 entnehmen lässt. Beinahe jeder fünfte türkische Jugendliche wird von seinen Eltern misshandelt, bei den Deutschen ist es „nur" jeder 18.

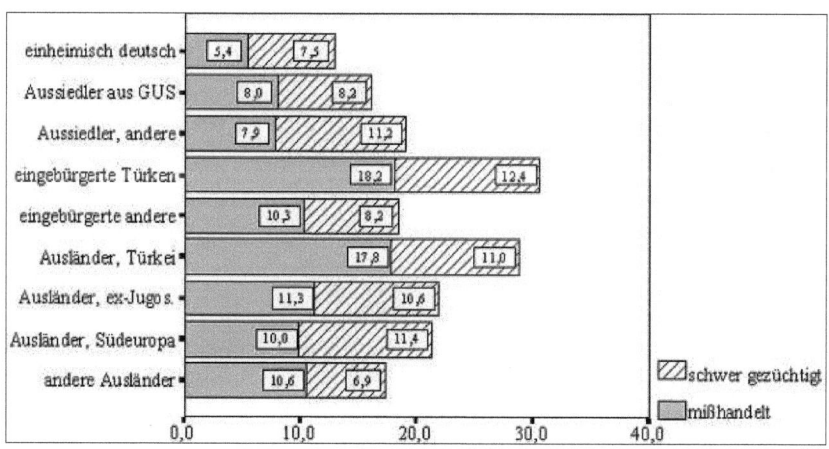

Abbildung 7: Erlittene massive elterliche Gewalt aufgegliedert nach ethischer Zugehörigkeit (Zeitraum 1997 bis 1998)

Quelle: Pfeiffer/ Wetzels, DVJJ-Journal 2/2000, S. 109.

Entsprechende Verhältnisse werden durch die neueren Ergebnisse von 2005 bestätigt, wonach das Erleben von Misshandlungen bis zu zweimal häufiger von ausländischen, als von deutschen Schülern berichtet wurde (vgl. Abbildung 8).

Entweder, sie werden Zeuge von Gewaltübergriffen in der Familie oder erfahren selbst körperliche Maßregelung. Während jeder elfte deutsche Jugendliche von der Beobachtung elterlicher Gewalt untereinander in den vergangenen zwölf Monaten vor der Erhebung im Jahre 1998 berichtete, war es bei den türkischstämmigen sogar jeder Dritte (siehe dazu Abbildung 8).

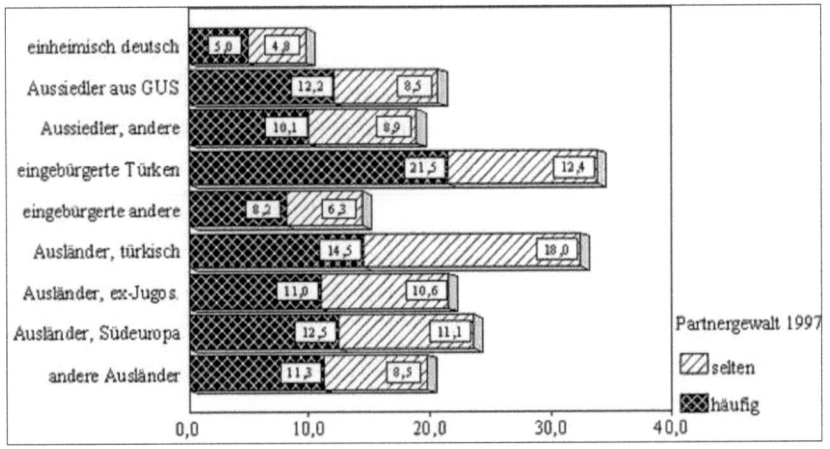

<u>Abbildung 8</u>:   Beobachtete Gewalt der Eltern untereinander nach ethnischer Zugehörigkeit
Quelle: Pfeiffer/ Wetzels, DVJJ-Journal 2/2000, S. 110.

Interessant ist in diesem Zusammenhang auch eine neue Studie aus Magdeburg[45], die dem Gewaltverhalten der Mütter in türkischen Migrantenfamilien einen höheren Stellenwert einräumt, als der Gewaltbereitschaft des Vaters. Danach sei belegt, dass die Integration türkischer Mütter, im Gegensatz zu derer der Väter, sowohl für das mütterliche Gewaltverhalten gegenüber den eigenen Kindern, als auch für die spätere jugendliche Ge-

---

45 Mayer, „Akkulturation und intergenerationale Transmission von Gewalt in türkischen Migrantenfamilien – eine longitudinale Mehrebenenanalyse", S. 51.

walt als Folge der durch die Mutter erlebten Gewalttätigkeiten, maßgeblich ist[46]. Interpretation finden diese Befunde dahingehend, dass in türkischen Familien traditionelle kulturelle Werte, wie beispielsweise die bereits benannten klaren Autoritätsstrukturen und das Rollenverständnis in der Erziehung, besonders auch nach der Migration fortbestehen und die Aufgabe, sich zu akkulturieren und in der Folge zu integrieren aufgrund eben dieser Unterschiede in den beiden Kulturen für die türkischen Frauen um ein Vielfaches beschwerlicher ist[47]. Die Weitergabe der kulturspezifischen Gewalt innerhalb der Familien hängt danach entscheidend davon ab, wie weit die Integration fortgeschritten ist, bzw., ob eine solche überhaupt stattfindet.

Ein erhöhtes Vorkommen junger Spätaussiedler ist am ehesten auf die Tatsache zurückzuführen, dass es mehr Gewalt in der Familie gibt, ausgelöst durch die wachsenden Konflikte, die beispielsweise dadurch entstehen, dass sich die Familie nicht mehr an den Traditionen des Herkunftslandes orientiert, sondern die europäische Freiheit leben möchte. Sei es, dass die Töchter den Kleidungs- und Lebensstil der westlichen Gesellschaft pflegen möchten, die Mutter sich auf die Seite der Kinder schlägt und gegen den Vater aufbegehrt oder aufgrund der Überlegenheit der Kinder gegenüber den Eltern im Zusammenhang mit sozialer Kompetenz durch eine bessere Integration und größere Sicherheit in der Sprache, die die strenge Hierarchie in der Familie ins Wanken bringt[48]. Unter dem Einsatz körperlicher Gewalt wird versucht, die Traditionen zu wahren.

Opfer werden nicht selten zu Tätern und so beginnt ein Kreislauf, der nur schwer zu stoppen ist. Geschlagene Kinder weisen ein anderthalb bis dreifach erhöhtes Risiko auf, selbst zu Gewalttätern zu werden[49]. Eine konstruktive Problemlösung wird nicht erlernt. Unliebsame Situationen werden mit Gewalt „gelöst".

Mit der erlebten Gewalt sowie dem Rollenverständnis im Hintergrund und der Bestätigung, Gewalt sei ein erlaubtes Mittel, fällt es sehr schwer, diesen Jugendlichen die Akzeptanz des genauen Gegenteils als sozialadä-

---

46 Mayer, „Akkulturation und intergenerationale Transmission von Gewalt in türkischen Migrantenfamilien – eine longitudinale Mehrebenenanalyse", S. 53 f., 126 f.
47 Mayer, „Akkulturation und intergenerationale Transmission von Gewalt in türkischen Migrantenfamilien – eine longitudinale Mehrebenenanalyse", S. 153.
48 Pfeiffer/Wetzels, DVJJ- Journal 2/2000, S. 111.
49 Pfeiffer/Wetzels, DVJJ- Journal 2/2000, S. 110.

quates Verhalten begreiflich und verständlich zu machen und für die Verinnerlichung zu sorgen.

Ein weiterer wichtiger Faktor, der im Zusammenhang mit einer erhöhten Kriminalitätsrate steht, sind die geringen deutschen Sprachkenntnisse, die zu Benachteiligungen in der Ausbildung und damit auch am Arbeitsmarkt führen. Gerade mangelnde Bildung wird aufgrund der ihr immanenten Perspektiv- und Erfolglosigkeit verbreitet zu Recht als eine Hauptursache für kriminelle Karrieren angesehen.

Statistischen Erhebungen zur Folge (siehe Abbildung 9), haben im Jahr 2009 13,8% der nicht deutschen Jugendlichen die Schule ohne einen Abschluss verlassen, während es bei den deutschen Jugendlichen lediglich 5,8% waren. Bei der Erlangung eines Hauptschulabschlusses sind die ausländischen Schulabgänger mit 38,9% erneut fast doppelt so häufig vertreten, wie die deutschen. Eine Angleichung findet dagegen im Rahmen des Realschulabschlusses statt. Dort stehen sich 41,1% der Deutschen mit 34,4% der Nichtdeutschen gegenüber. Identisch sind die Zahlen (jeweils 1,5%) bei der Erlangung der Fachhochschulreife, während mit der allgemeinen Hochschulreife 32% der deutschen, jedoch nur 11,4% der ausländischen Jugendlichen abschließen.

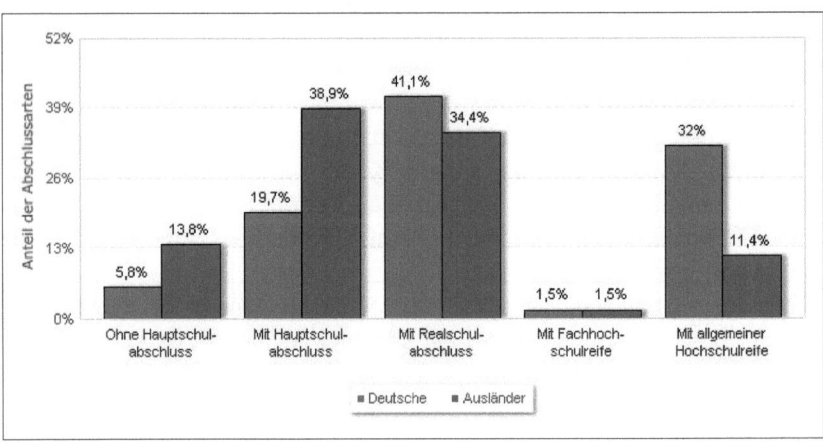

Abbildung 9: Abschlussraten bei deutschen und nicht deutschen Schulabgängern für das Jahr 2009

Quelle: Kultusministerkonferenz über Statista

Diese Verhältnisse werden auch durch die Studie von Baier/Pfeiffer von 2007 belegt, wie sich der nachfolgenden Tabelle 8 entnehmen lässt. Während danach nur 14,3% der deutschen Jugendlichen und 17,6% der polnischen Schüler eine Hauptschule besuchen, sind die Werte bei den türkischen, jugoslawischen und italienischen Schülern fast dreimal so hoch. Die Gymnasialquote beläuft sich bei deutschen Jugendlichen auf 41,5%, bei ihren türkischen Altersgenossen auf 11,8%.

Variable	1) Dt.	2) türk isch	3) russ isch	4) Jugo slaw.	5) poln isch	6) italie nisch	7) and ere
Durchschnittsalter	15,0	15,4	**15,5**	15,3	15,2	15,2	15,2
Anteil Hauptschule	14,3	42,9	27,7	**46,4**	17,6	40,5	24,2
Anteil Real-/Gesamtschule	44,2	45,3	49,1	33,0	**52,2**	39,3	40,1
Familie							
Armut	8,1	23,0	**29,1**	15,7	11,6	13,6	16,6
Trennung/Scheidung erlebt	30,4	15,0	24,4	19,4	25,9	30,5	**32,8**
leichte Züchtigung (Kindheit)	**23,8**	16,6	16,4	18,0	20,0	21,5	22,1
mehr als leichte Züchtigung	17,0	29,8	25,4	27,9	27,6	**30,7**	26,1
geringe Kontrolle Kindheit	31,7	38,1	**40,7**	36,9	36,5	39,9	35,2

Paarvergleiche zwischen deutschen und nichtdeutschen Jugendlichen, die bei Durchführung einer logistischen/ linearen Regression mit der Gruppe „deutsch" als Referenzkategorie nicht signifikant sind (p<.05); „." – alle Unterschiede zw. Deutschen und nichtdeutschen Jugendlichen signifikant: unterstrichen – niedrigster Wert, fett – höchster Wert; * p<.05, ** p < .01

Tabelle 8: Bedingungsfaktoren gewalttätigen Verhaltens nach ethnischer Herkunft

(in Prozent, bzw. Mittelwerten)

Quelle: Baier/ Pfeiffer, Gewalttätigkeiten bei deutschen und nichtdeutschen Jugendlichen, S.28; verkürzte Darstellung.

Durch das gelebte Rollenverständnis und die verinnerlichte Hierarchie kommt es vielfach (häufiger als bei deutschen Jugendlichen, die diese zusätzlichen Belastungsfaktoren nicht aufweisen) zu einer auflehnenden Haltung gegenüber anderen Autoritätspersonen als dem Vater, wie Lehrern und Polizisten. Diese Tatsache trägt zu einer mangelnden Leistungsbereitschaft in der Schule bei und verhindert, dass Schüler, die aufgrund fehlender ausreichender Sprachkenntnisse und dem Hinterherhinken im Unterricht frustriert sind, sich integrieren können und eine positive Selbsteinschätzung durch ihre schulischen Leistungen bekommen. Hinzu kommen Eltern, die mit ihrer eigenen Migrationssituation so beschäftigt sind, dass sie ihre Kinder nicht unterstützen können. Gepaart mit einem möglicherweise unsicheren Aufenthaltsstatus der Familie, der einen zusätzlichen, belastenden Faktor bildet, wird der eigene Körper und die Gruppe Gleichbetroffener mit hohem Zusammengehörigkeitsgefühl, besonders in der vermeintlichen Fremde, als bewährte Ressource zur Konfliktlösung gesehen.

V. Empörte Medienberichterstattung und ihr Bezug zur Realität

Wie es die Medien schaffen, nicht nur ein entstelltes Bild der Jugendkriminalität zu projizieren, sondern ihnen selbiges auch bezogen auf die Anwendung des Jugendstrafrechts durch die Justiz gelingt, sollen die folgenden beiden Fälle veranschaulichen.

Die aktuellen Straftaten der Jugendlichen, Nidal R. (Palästinenser) und Sawis J., (Halb-Iraner mit deutscher Staatsbürgerschaft), auf deren Konto eine Vielzahl von Delikten ging, füllten die Gazetten.

Nidal R., damals noch unter dem Namen Mahmoud R. bekannt geworden, beging 80 Gewaltstraftaten. Ihre Anfänge findet die Delinquenz bei Nidal R. im Alter von 10 Jahren (wenngleich natürlich damals strafunmündig).

Sawis J., von seiner Freundin, die sich von einer Mitschülerin beleidigt gefühlt hatte, herbeigerufen, zog diese zunächst an den Haaren und schlug in der Folge die herbeieilenden und helfenden Lehrer zusammen. Dabei erlitt ein Lehrer eine gebrochene Nase, vier weitere wurden mit Faustschlägen traktiert, wobei einer Augenverletzung aufgrund einer zerschlagenen Brille davontrug. Einen ähnlichen Exzess hatte er drei Wochen zuvor an seiner eigenen Schule ebenfalls mit einem Lehrer vollzogen. Er war in der Vergangenheit 60 Mal strafrechtlich in Erscheinung getreten. Auch Sawis J. begann im Alter von neun Jahren seine kriminelle Karriere.

Im Rahmen der Berichterstattung hieß es, beide Delinquenten hätten nie strafrechtliche Konsequenzen zu spüren bekommen.

In Wahrheit wurde Nidal R. bei seiner Erstverurteilung zu 23 Monaten auf Bewährung verurteilt. Im März 1999 folgte eine Verurteilung zu drei Jahren, welche dann schlussendlich in eine Gesamtstrafe von vier Jahren umgewandelt wurde.

Gleichwohl saß Nidal R., nachdem er am 17. September 2004 aus der Abschiebehaft entlassen wurde, am 07. Oktober desselben Jahres bereits wieder in Untersuchungshaft.

Am 27.03.2007 fand vor dem 1. Strafsenat des Kammergerichts Berlin eine Revisionshauptverhandlung gegen Nidal R. statt, in der sowohl der Angeklagte, als auch die Staatsanwaltschaft ihre Rechtsmittel zurücknahmen[50]. Das Landgericht Berlin hatte mit dem nun rechtskräftigen Urteil in der Berufungsinstanz den Angeklagten Nidal R. am 08. Mai 2006 zu einer Gesamtfreiheitsstrafe von zwei Jahren und zwei Monaten verurteilt. Die Verurteilung basiert auf folgenden Vorfällen:

Noch in Abschiebegewahrsam hatte Nidal R. am 04. Juli 2004 in Grünau im Anschluss an eine tätliche Auseinandersetzung die dortigen Bediensteten bedroht.

Am 26. September 2004 kam es zu einem Streit mit Türstehern einer Diskothek in Berlin-Mitte, die Nidal R. den Eintritt verwehrten. Infolge dessen schlug Nidal R. einem der Türsteher mit der Faust ins Gesicht, zog dann ein Messer und versuchte seinen Gegenüber durch Stiche zu verletzen, was ihm aber nicht gelang. Damit hat sich der Angeklagte u. a. wegen versuchter gefährlicher Körperverletzung in Tateinheit mit vollendeter Körperverletzung schuldig gemacht.

Einen Tag später, am 27. September 2004, traf sich Nidal R. mit seiner ehemaligen Freundin, mit der es zum Streit kam. In dessen Verlauf schlug Nidal R. der Frau unvermittelt ins Gesicht und demolierte ihr Fahrzeug mittels Tritten, weshalb er u.a. wegen Körperverletzung und Sachbeschädigung verurteilt wurde.

Am 02. Februar 2008 stand Nidal R. erneut vor dem Berliner Landgericht. Dabei wurde er u.a. wegen Fahrens ohne Fahrerlaubnis in sieben Fällen, wegen mehrerer Körperverletzungsdelikte, versuchten schweren Diebstahls und Widerstands gegen Vollstreckungsbeamte zu einer Gesamtfreiheitsstrafe von drei Jahren und drei Monaten verurteilt[51]. Dabei wurde nebst den zahlreichen Vorstrafen strafschärfend berücksichtigt, dass der Angeklagte

---

50 Pressemitteilung des Berliner Kammergerichts Nr. 23/2007 vom 27.03.2007, einsehbar unter
http://www.berlin.de/sen/justiz/gerichte/kg/presse/archiv/20070327.1410.75236.html.
51 Pressemitteilung des Berliner Kammergerichts Nr. 8/2008 vom 19.02.2008, einsehbar unter
http://www.berlin.de/sen/justiz/gerichte/kg/presse/archiv/20080219.0910.94250.html.

die abzuurteilenden Taten im Rahmen der ihm gewährten Haftverschonung begangen hatte. Am 25. November 2006 hatte Nidal R. dem Türsteher einer Schöneberger Bar nach vorangegangenen Streitigkeiten in alkoholisiertem Zustand einen heftigen Kopfstoß verpasst. Der Geschädigte hatte seinerzeit u.a. einen Bruch des Nasenbeins erlitten. Bei dem Versuch, sich danach der Festnahme zu entziehen, war Nidal R. zudem mit dem PKW einer unbeteiligten Verkehrsteilnehmerin kollidiert, wobei die Frau verletzt wurde und erheblicher Sachschaden entstand.

Am 03.06.2009 wurde Nidal R. nun vom Amtsgericht Tiergarten in Berlin erneut zu weiteren vier Monaten Freiheitsstrafe wegen Widerstandes gegen Vollstreckungsbeamte, Bedrohung und Beleidigung gegenüber dem Justizpersonal verurteilt. Diese Delikte beging er während seiner Inhaftierung in der Justizvollzugsanstalt Moabit.

Nachdem Nidal R., nunmehr 28 Jahre alt, knapp vier Wochen zuvor aus der mehrjährigen Haft entlassen worden war, war er am 11. November 2010 in eine umfangreiche Schießerei in der Emser Strasse in Neukölln verwickelt und wurde dabei verletzt. Die Hintergründe und Zusammenhänge, sowie Tatbeiträge sind bislang unklar.

Trotz dieser hohen Anzahl von Straftaten scheiterte eine Abschiebung von Nidal R. im Jahre 2004, nach Verbüßung einer Gesamtfreiheitsstrafe von vier Jahren, bereits einmal daran, dass sich der Zielstaat Libanon weigerte, die notwendigen Dokumente zur Verfügung zu stellen. Die libanesische Republik bearbeitet Abschiebungsanträge nämlich nur dann, wenn die Betroffenen Anträge ausfüllen und ihre libanesische Identität nachweisen. Ohne eigene Papiere ist das aber nicht möglich.

Fälle wie dieser legen verbesserte Ausweisungsmöglichkeiten nahe, der sich im später folgenden Teil D.IV. ausführlicher gewidmet wird.

Im Fall von Sawis J., damals 16 Jahre alt, erfolgte am 03. Juni 2003 vom Jugendgericht eine Verurteilung zu einer 20-monatigen Bewährungsstrafe. Zudem wurde ihm die Auflage erteilt, zehn Mal Freizeitarbeit zu verrichten und sich einem Anti-Gewaltseminar zu unterziehen. Er wurde wegen gefährlicher Körperverletzung, Körperverletzung, Bedrohung und Beleidigung in 14 Fällen bestraft. – Er stand das erste Mal vor Gericht.

Entgegen den Verlautbarungen in den Medien hatte also das Strafrecht durchaus reagiert. Nur ließen sich die Täter in beiden der beschriebenen Einzelfälle nicht davon abhalten, weitere Straftaten zu begehen. Zum wiederholten Mal wurde die Realität dabei von den Medien verzerrt. Ein Gutes hatte die Berichterstattung jedoch: die Erschaffung einer Sonderabteilung für Intensivtäter (Abteilung 47) bei der Berliner Jugendstaatsanwaltschaft, wie auch einer täterorientierten Arbeitsweise im gesamten Justizapparat. Ein Intensivtäter hat es dadurch immer mit den gleichen Ermittlern zu tun, die damit einen gewissen Überblick über die strafrechtliche Aktivität des Einzelnen haben, ebenso wie auch bei der Justiz eine entsprechende Bündelung erfolgt.

VI. Zusammenfassung zur Entwicklung der Jugenddelinquenz in Deutschland

Wie vermutet, lohnt sich eine detaillierte Betrachtung der Jugendkriminalität in Deutschland. Die Gesamtentwicklung der Jugendkriminalität ist in den letzen Jahren rückläufig und nicht, wie so manche Medienberichte vermuten lassen, ansteigend. Die Fälle im Fokus der Medien betreffen hauptsächlich Intensivtäter. Aber auch diese machen nur circa 5% bis 10% aller jugendlichen Täter aus. Eine besondere Rolle in der Kriminalstatistik spielen Jugendliche mit Migrationshintergrund. Sie sind hier deutlich überrepräsentiert und stellen circa 70% der Intensivtäter. Diese Überrepräsentation muss jedoch im Zusammenhang mit den Besonderheiten der Integration im weitesten Sinne, aber auch generell mit der Sozialstruktur der in Deutschland Ansässigen ausländischer Herkunft, betrachtet werden.

Es muss davor gewarnt werden, aufgrund von publik gewordenen Fällen jugendlicher- bzw. kindlicher Intensivtäter das Jugendstrafrecht seines originären Wesens zu berauben und pauschal Verschärfungen zu fordern. Dies gilt auch für die Forderung nach der Herabsetzung des Strafmündigkeitsalters.

Diese mediale wie politische Auslese an Fällen darf nicht dahingehend missverstanden werden, dass die Gesellschaft bankrott gehe und die Jugendkriminalität außer Kontrolle gerate. Dass vereinzelt Möglichkeiten verschärften Vorgehens im Rahmen eines noch breiter gefächerten Reaktionsinstrumentariums, welches die Besonderheiten der Täter noch stärker berücksichtigt, sinnvoll wären, soll hier indes nicht von vorneherein ausgeschlossen werden.

Es steht außer Frage, dass der Jugendkriminalität, wie auch jedweder anderen Kriminalität, begegnet werden muss. Gerade aber bei dieser sensiblen Materie ist das „Wie" die alles entscheidende Frage.

C. Forderungen und Erwartungen der Gesellschaft

Wie einleitend erwähnt, wird von der Politik und den Medien immer wieder eine Verschärfung des Jugendstrafrechts gefordert. Politiker sind die vom Volk gewählten Vertreter der Bürger, was zu der Frage führt, ob tatsächlich die Mehrheit der Bevölkerung eine Verschärfung des Jugendstrafrechts fordert. Sollte dies nicht der Fall sein, bräuchte die Frage nach einer Verschärfung des Jugendstrafrechts in der Öffentlichkeit nicht weiter thematisiert werden und es könnte sich dem eigentlichen Kern, namentlich der tat- und schuldangemessenen Reaktion auf straffälliges Verhalten Jugendlicher mit den vorhandenen Mitteln gewidmet werden. Das Ansinnen der Politiker, vermeintlich den Forderungen der Bevölkerung nachzukommen, wäre damit obsolet.

Wird uns nun nur suggeriert, wir hätten ein Problem mit der jetzigen Konstruktion des Jugendstrafrechts oder haben wir es tatsächlich? Bedarf es Veränderungen? Und falls ja, worin können diese liegen?

Im Rahmen der folgenden Erhebung gilt es die Frage zu klären, was die Gesellschaft vom Jugendstrafrecht erwartet. Was und wen fürchten die Befragten? Ab welchem Täteralter setzt diese Angst ein und ab wann muss das Strafrecht folglich reagieren? Was hält die Mehrheit für die adäquaten Reaktionen auf Fehlverhalten Jugendlicher? Wird eine Verschärfung des Jugendstrafrechts tatsächlich gefordert?

I. Befragungen

1. Fragebogen bezogen auf die Einstellung der Bevölkerung zu delinquenten Kindern und Jugendlichen und zum Umgang mit denselben

Im Jahre 2006/2007 führte die Verfasserin mittels eines selbst erstellten Fragebogens eine anonyme Umfrage an insgesamt 128 volljährigen Personen durch.

Ziel der Befragung war es, Erkenntnisse darüber zu erlangen, ob die Bevölkerung tatsächlich ein anders geartetes, schärferes Jugendstrafrecht begehrt, und falls ja, wie dieses auszusehen hätte, oder aber, ob dieses Begehren Teil gesellschaftlicher Suggestion ist.

Der Fragebogen ist in sechs Teile gegliedert:

- Fragenkomplex A befasst sich mit kriminalpolitischen Fragestellungen.
- Fragebogenkomplex B erfasst das persönliche bzw. allgemeine Bedrohungsgefühl der Stichprobe.
- Der Fragebogenkomplex C erfragt im Gegensatz zum B-Komplex das konkrete Bedrohungsgefühl der Stichprobe.
- Komplex D des Fragebogens beschäftigt sich mit der von den Probanden als angemessen empfundenen Reaktion auf bestimmte, vorgegebene Delikte,
- während der E-Bereich das konkrete Verhalten der Befragten beim Zusammentreffen mit Gruppen von Kindern/ Jugendlichen erfragt.
- Den Abschluss bildet der F-Komplex mit Fragen zur Person des Respondenten, sowie etwaigen Opfererlebnissen, den damit im Zusammenhang stehenden Tätern, sowie dem allgemeinen Sicherheitsgefühl der Stichprobe.

Bei der Darstellung der Ergebnisse wurde ein Schwerpunkt auf die Teile des Fragebogens gelegt, die für die Fragestellung der vorliegenden Arbeit von besonderem Interesse waren.

Die im Rahmen der Befragung durchgeführten, spezifischen Auswertungen anhand von Geschlecht, Opferstatus und Altersgruppen in Verbindung zu der gewählten Antwort führten zu keinem zusätzlichen Erkenntnisgewinn, sofern nicht im Folgenden gesondert dargestellt.

a) Stichprobenbeschreibung

aa) Geschlechter- und Altersverteilung der Stichprobe

Von den 128 befragten Personen waren 68 Personen weiblichen und 60 Personen männlichen Geschlechts.

Über 50% der Befragten befanden sich zum Zeitpunkt der Befragung in einem Alter von 18 bis 35 Jahren. 18% waren zwischen 36 und 50 Jahre, 17% zwischen 51 und 64 Jahre und 12% der Befragten waren 64 Jahre oder älter (siehe Abbildung 10).

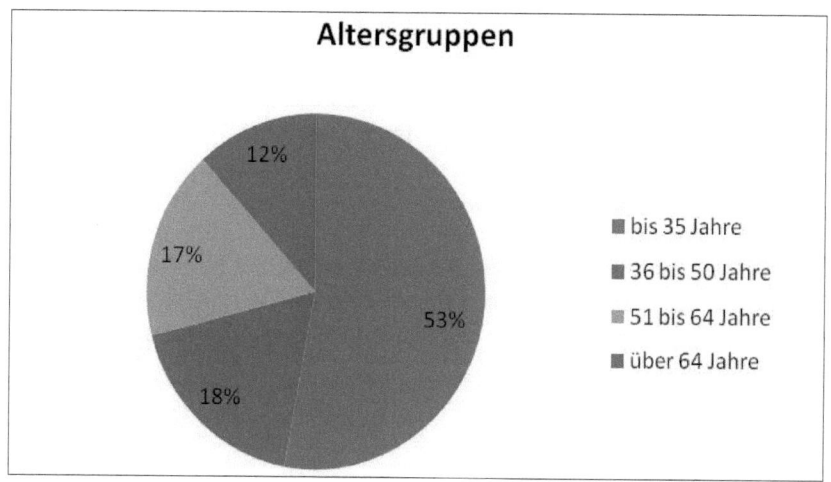

Abbildung 10: Altersgruppen in Prozent

bb) Bildung der Stichprobe

Die Gesamtheit der 128 befragten Personen verfügte zum Zeitpunkt der Erhebung über eine abgeschlossene Schulbildung. Dabei haben 71% mit dem Abitur abgeschlossen, 24% erreichten die mittlere Reife und 5% besitzen einen Hauptschulabschluss (siehe Abbildung 11).

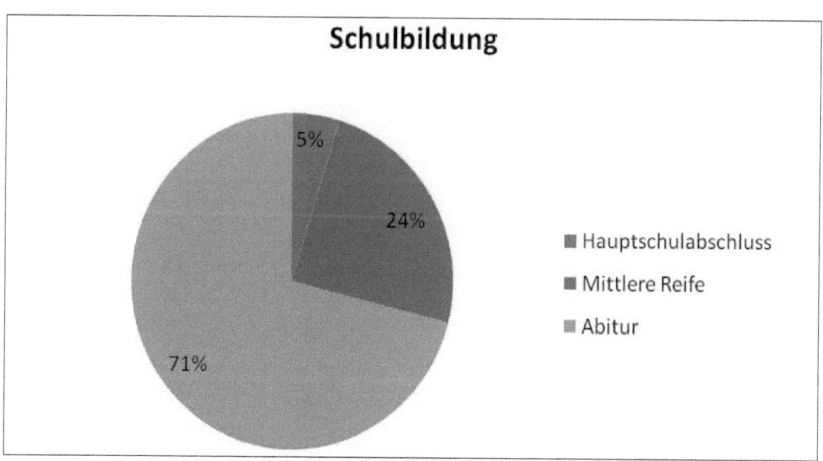

Abbildung 11: Schulbildung in Prozent

70% der Befragten haben eine abgeschlossene Ausbildung, bei 5% dauerte diese zum Erhebungszeitpunkt noch an. 35% der Befragten haben ein abgeschlossenes Studium, 16% studierten zum Erhebungszeitpunkt noch. 23% der Befragten besitzen einen akademischen Titel.

cc) Wohnsituation der Stichprobe

70% der befragten Personen leben zusammen mit der Familie bzw. einem Partner oder in einer Wohngemeinschaft, 30% sind alleinlebend. Die Mehrzahl der Befragten (87%) lebt in der Stadt, 11% in einem Vorort und 2% auf dem Land.

dd) Opferstatus der Stichprobe

29% der befragten Personen waren zum Erhebungszeitpunkt weder selbst bereits Opfer geworden, noch eine ihnen nahestehende Person. Weitere 29% kennen eine nahestehende Person, die Opfer einer Straftat wurde, waren aber selbst noch kein Opfer. 16% der Befragten waren hingegen bereits Opfer einer Straftat, kennen jedoch keine nahestehende Person mit entsprechender Erfahrung. In 26% der Fälle hatten sowohl die befragten Personen einen Opferstatus, als auch eine ihnen nahestehende Person (siehe Abbildung 12) Zusammenfassend ist damit festzustellen, dass 29% der befragten Personen im Zusammenhang mit Opfererfahrungen unbelastet sind. Der Rest der Stichprobe weist entsprechende Erfahrungen auf.

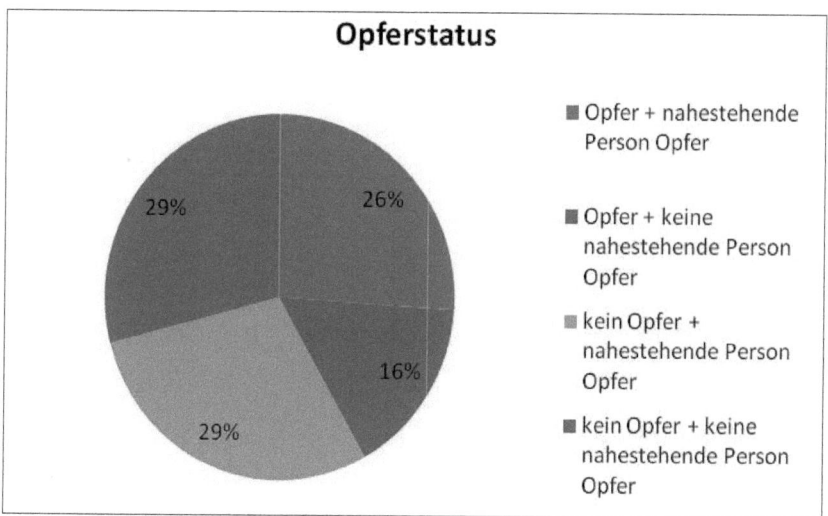

Opferstatus

- Opfer + nahestehende Person Opfer
- Opfer + keine nahestehende Person Opfer
- kein Opfer + nahestehende Person Opfer
- kein Opfer + keine nahestehende Person Opfer

29% · 26% · 16% · 29%

Abbildung 12: Opferstatus in Prozent

b) Kriminalpolitische Fragestellungen (Fragebogenkomplex A)

Im ersten Teil des Fragebogens – Fragebogenkomplex A – sollten die Teilnehmer zu den folgenden elf Aussagen Stellung nehmen:

A1: „Kinder und Jugendliche haben keinen Respekt mehr vor Autoritätspersonen".

A2: „Kinder und Jugendliche werden immer gewalttätiger".

A3: „Computer-, Videospiele und Fernsehen fördern die Gewaltbereitschaft bei Kindern und Jugendlichen".

A4: „Kriminelle Handlungen im Kindes- und Jugendalter sind der Einstieg in eine kriminelle Karriere".

A5: „Kinder- und Jugendkriminalität ist in den allermeisten Fällen ein normales Austesten der Grenzen in diesem Alter".

A6: „Kriminelles Verhalten sollte in jedem Alter zu staatlichen Sanktionen führen".

A7: „Mit straffälligen Kindern und Jugendlichen wird viel zu sanft umgegangen".

41

A8: „Mit Drill zur Legalität – Unterbringung Jugendlicher in Boot Camps (militärische Erziehung straffälliger Jugendlicher in speziellen Einrichtungen) wäre eine sinnvolle Reaktionsweise".

A9: „Repressive Maßnahmen haben bei kriminellen Kindern und Jugendlichen nichts zu suchen, nur reine Erziehungsmittel sind angebracht".

A10: „Die Höchststrafe von 10 Jahren Freiheitsentzug im Jugendstrafrecht ist zu niedrig".

A11: „Jugendliche sollten genauso bestraft werden wie Erwachsene".

Die Antwortmöglichkeiten erschöpften sich in einer Zustimmung oder Negierung der Aussagen.

aa) Ergebnisse zu den kriminalpolitischen Fragestellungen (Fragebogenkomplex A)

Die Ergebnisse sind in der folgenden Darstellung abgebildet und nachfolgend erläutert.

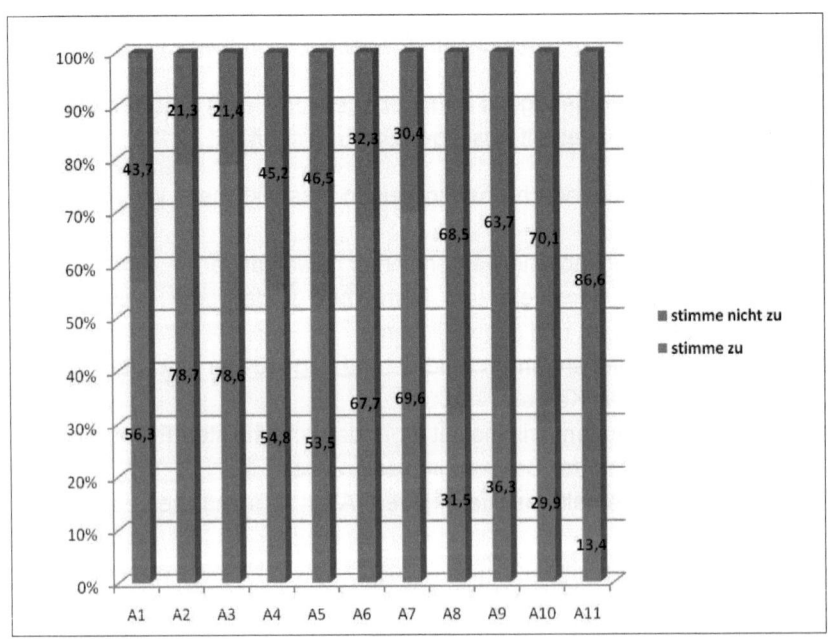

Abbildung 13: Auswertung allgemein für A1 bis A 11 in Prozent

42

Aussage A1: „*Kinder und Jugendliche haben keinen Respekt mehr vor Autoritätspersonen"*.

56,3% der Befragten stimmen dieser Aussage zu, 43,7% verneinen diese. Betrachtet man die Aussagen getrennt nach den Altersgruppen, so ist zu erkennen, dass sich die über 64 Jährigen leicht von den anderen Altersgruppen in ihrem Aussageverhalten unterscheiden. Sie stimmen der Aussage mit knapp 67% noch häufiger zu als die anderen Altersgruppen (siehe Anhang 1, A1).

Aussage A2: „*Kinder und Jugendliche werden immer gewalttätiger"*.

Knapp 80% der Befragten stimmen dieser Aussage zu.

Sieht man sich speziell die Altersgruppen in ihrem Aussageverhalten an, so fällt auf, dass es zwischen den Altersgruppen kaum Unterschiede bzgl. Zustimmung/ Ablehnung gibt. Lediglich die bis 35 Jährigen stimmen etwas häufiger als alle anderen der Aussage A 2 zu.

Aussage A3: „*Computer-, Videospiele und Fernsehen fördern die Gewaltbereitschaft bei Kindern und Jugendlichen"*.

Dieser Aussage schlossen sich ebenfalls knapp 80% der Befragten an.

Am häufigsten stimmen der Aussage die über 64 Jährigen zu (93%), gefolgt von den 35 bis 50 und 51 bis 64 Jährigen. Am seltensten stimmen die 18 bis 35 Jährigen der Aussage zu. Allerdings sind es auch hier immer noch knapp 70% (siehe Anhang 1, A3).

Aussagen A4 und A5: „*Kriminelle Handlungen im Kindes- und Jugendalter sind der Einstieg in eine kriminelle Karriere"*. *und* „*Kinder- und Jugendkriminalität ist in den allermeisten Fällen ein normales Austesten der Grenzen in diesem Alter"*.

Die Antworten zu der Aussage A4 im Kontext mit den Antworten zu der Aussage A5 verwundern und lassen aufhorchen.

54,8% der Befragten bejahen die Aussage „Kriminelle Handlungen im Kindes- und Jugendalter sind der Einstieg in eine kriminelle Karriere". Prozentual stimmen fast ebenso viele, namentlich 53,5% der Befragten, der

Aussage „Kinder- und Jugendkriminalität ist in den allermeisten Fällen ein normales Austesten der Grenzen in diesem Alter" zu.

Aussage A6: „Kriminelles Verhalten sollte in jedem Alter zu staatlichen Sanktionen führen".

Insgesamt stimmen 67,7% der Befragten dieser Aussage zu.

Wenngleich staatliche Sanktionen auch stets solche des Sozialgesetzbuches sein können und nicht zwingend aus dem Strafgesetzbuch folgen müssen, so wird anhand des Ergebnisses jedenfalls deutlich, dass es nach Ansicht des befragten Bevölkerungsausschnittes jedenfalls keine Beschränkungen auf informelle Sanktionen geben soll.

Aussagen A7 und A8: „Mit straffälligen Kindern und Jugendlichen wird viel zu sanft umgegangen". und „Mit Drill zur Legalität – Unterbringung Jugendlicher in Boot Camps (militärische Erziehung straffälliger Jugendlicher in speziellen Einrichtungen) wäre eine sinnvolle Reaktionsweise".

Die Befragten stimmen mit 69,6% der Aussage zu, dass mit straffälligen Kindern und Jugendlichen viel zu sanft umgegangen werde.

Bei der Aussage „Mit Drill zur Legalität – Unterbringung Jugendlicher in Boot Camps (militärische Erziehung straffälliger Jugendlicher in speziellen Einrichtungen) wäre eine sinnvolle Reaktionsweise" geben allerdings 68,5% Boot Camps i.S.e. militärischen Ausgestaltung als keine adäquate Reaktionsweise an.

Betrachtet man die Gruppe der über 64 Jährigen so fällt auf, dass hier nur eine knappe Mehrheit (53,3%) dieser Aussage nicht zustimmt, während die angrenzende Generation der 51 bis 64 Jährigen dies mit 81,8% tut. Die beiden anderen Altersgruppen verhalten sich nahezu identisch mit knapp 70% gegen eine Einführung von Boot Camps.

Aussage A9: „Repressive Maßnahmen haben bei kriminellen Kindern und Jugendlichen nichts zu suchen, nur reine Erziehungsmittel sind angebracht".

63,7% der Befragten sind der Meinung, dass reine Erziehungsmittel bei kriminellen Kindern und Jugendlichen nicht ausreichen und befürworten ein

Instrumentarium staatlicher Reaktionen, die repressive Maßnahmen beinhalten.

Aussage A10: *„Die Höchststrafe von 10 Jahren Freiheitsentzug im Jugendstrafrecht ist zu niedrig".*

70,1% der Befragten erachten die Höchststrafe von zehn Jahren im deutschen Jugendstrafrecht für ausreichend.

Aussage A11: *„Jugendliche sollten genauso bestraft werden wie Erwachsene".*

Insgesamt sind 86,6% der Befragten der Ansicht, dass Jugendliche nicht genauso bestraft werden sollten, wie Erwachsene.

bb) Fazit Fragebogenkomplex A

Es lässt sich festhalten, dass die Mehrheit der befragten Personen der Ansicht ist, dass Kinder und Jugendliche keinen Respekt mehr vor Autoritätspersonen besitzen. Dass die Altersgruppe der über 64 Jährigen dieser Aussage häufiger zustimmte, als die übrigen Befragten, könnte darauf zurückzuführen sein, dass diese Altersgruppe noch mit anderen Werten aufgewachsen ist. Zur Zeit ihrer Kindheit wurde einer autoritären Erziehungsmethode der Vorzug gegeben. Wichtige soziale Werte, wie Höflichkeit, Anstand und respektvoller Umgang sind allerdings nicht nur Teil des benannten Erziehungsstils, sondern auch seit jeher als Bestandteil guten Benehmens anzusehen.

Eine zunehmende Gewalttätigkeit bei Kinder und Jugendlichen wurde von allen Altersgruppen der Befragten empfunden. Dieses Bild dürfte überwiegend durch die mediale Berichterstattung mitgeprägt worden sein, wird jedoch durch die Zunahme der Gewaltdelikte in der Polizeilichen Kriminalstatistik bestätigt, wenngleich die Intensität der Gewaltanwendungen als rückläufig gilt. Die Entwicklung hin zur vermehrten Gewalttätigkeit wird nach Ansicht der Befragten zum Teil durch die Unterhaltungsmedien der heutigen Zeit geschürt. Dabei ist besonders interessant, dass selbst die Gruppe der 18 bis 35 Jährigen dieser Aussage mit knapp 70% zustimmten. Gerade diese Altersgruppe ist es, die selbst bereits mit einem starken Einfluss von Unterhaltungsmedien groß geworden ist. Sie nutzen vielfach selbst Konsolen, Fernseher und DVD in ihrer Freizeit, sind damit aufgewachsen, haben einen natürlicheren Umgang mit ihnen und möglicherweise selbst die Erfahrung gesammelt, dass sie trotz des Spielens von „Egoshootern" keine kriminellen Verhaltensweisen an den Tag gelegt haben. Dadurch stehen sie diesen Medien nicht in dem Umfang skeptisch oder gar ablehnend gegenüber wie die Generationen der über 35 Jährigen, die mit dem Umgang dieser Medien nicht in diesem Maß vertraut sind. Gleichwohl spricht der Prozentwert von 70% auch in der Altersgruppe der bis 35 Jährigen ein deutliches Bild. Möglicherweise wird die reflektiertere Betrachtungsweise dieser Altersgruppe auch durch die in der jüngsten Zeit zunehmenden Amokläufe Jugendlicher in Schulen, die vielfach als Einzelgänger und Außenseiter verstärkten Umgang mit gewaltverherrlichenden Produkten pflegten, mitgeprägt. Widersprüchlich erscheinen zunächst die Ergebnisse von A4 und A5. Einerseits wird vertreten, dass Kinder- und Jugendkriminalität der Einstieg in eine kriminelle Karriere ist, andererseits, dass dies lediglich episodenhaft und auf das normale Austesten der Grenzen zurückzuführen ist. Dies könnte auf die Weise interpretiert werden, dass delinquentes Verhalten im Kinder- und Jugendalter lediglich ein vorübergehendes Phänomen ist und sich mit dem Alter legt, es aber gleichfalls einen Einstieg in die kriminelle Karriere bieten kann.

Mit knapp 70% sind sich die Befragten einig, dass mit straffälligen Kindern und Jugendlichen viel zu sanft umgegangen werde, wobei auch dies an einer, durch verzerrte Darstellung in den Medien hervorgerufenen, gestörten Wahrnehmung der Befragten liegen könnte.

Trotz der zuvor geschilderten Ergebnisse stimmen die Probanden in ihren Forderungen und Ansichten mit den Mitteln und Eigenschaften des derzeitigen Jugendstrafrechts überein. Die überwiegende Mehrheit erwartet eine Differenzierung in der Behandlung delinquenter Jugendlicher und Erwachsener, sieht die Höchststrafe von zehn Jahren Jugendstrafe als ausreichend an und fordert ein Instrumentarium von repressiven Maßnahmen und Erziehungsmitteln, wobei Boot Camps i.S.e. militärischen Erziehung Jugendlicher nicht als sinnvolle Alternative angesehen werden. Dass nur eine knappe Mehrheit der über 64 Jährigen sich gegen eine Einführung militärisch ausgerichteter Boot Camps aussprach, könnte zum einen an dem bereits erwähnten autoritären Erziehungsstil, als auch an der miterlebten (Nach)Kriegszeit der über 64 Jährigen liegen und den Unterschied zu den anderen Altersgruppen erklären.

Auf der Makroebene mutet es danach an, dass keine Veränderungen des Jugendstrafrechts in seiner momentanen Ausgestaltung und den zur Verfügung stehenden Reaktionsweisen nötig sind. Aus dem Antwortverhalten der hier präsentierten Stichprobe sind zumindest keine abzuleiten, denn diese erwartet trotz des empfundenen Werteverlustes und steigender Gewaltbereitschaft ein Jugendstrafrecht, das durch das geltende Jugendgerichtsgesetz bereitgehalten wird.

Welche Strafen die Befragten konkret fordern und für angemessen halten, wird sich in Komplex D erschließen, wo, bei Vorgabe verschiedener Delikte, die Respondenten die ihrerseits als angemessen empfundene Reaktion angeben sollten.

c) Einschätzung des persönlichen Bedrohungsgefühls (Fragebogenkomplex B)

In Fragebogenabschnitt B wurde das persönliche Bedrohungsgefühl der Stichprobe erfragt. Dabei wurden sieben verschiedene Deliktsbereiche bzw. Angriffsrichtungen dargestellt, bei denen die Befragten jeweils ihr grundsätzliches Bedrohungsgefühl in Bezug auf das jeweilige Delikt und die Altersgruppe des Täters gegenüber der eigenen Person und sodann hinsichtlich Gewalteinwirkungen gegenüber ihren Kindern, respektiv gegenüber ihrem sozialen Nahfeld wie Familie und Freunden anzugeben hatten.

aa) Ergebnisse zu der Einschätzung des persönlichen Bedrohungsgefühls (Fragebogenkomplex B)

Im Folgenden sind die Ergebnisse dargestellt und erläutert.

Beunruhigung bezogen auf einen körperlichen Angriff:
Die Angst vor körperlichen Übergriffen von Jugendlichen im Alter von 14 bis 17 Jahren und durch weitestgehend Heranwachsende[52] (18 bis 21 Jahre) ist deutlich höher als die Angst vor Tätern im Kindesalter bis zu 13 Jahren (siehe Abbildung 14). Jedoch sind auch bezogen auf einen körperlichen Angriff durch die älteste Tätergruppe, bei der der Wert am höchsten ist,

---

52 Der Begriff „Heranwachsender" im strafrechtlichen Sinne umfasst zwar nur Personen, die zwischen 18 und 20 Jahre alt sind, i.R.d. Befragung wurde die Altersspanne dieser Tätergruppe jedoch bis zu einem Alter von 21 Jahren ausgedehnt.

gerade einmal 33% der Befragten sehr beunruhigt. Zwar ist die fehlende Beunruhigung mit steigendem Täteralter ab der Altersgruppe der 14 bis 17 Jährigen stark rückläufig, dennoch ist die Sorge, Opfer eines solchen Deliktes zu werden allgemein eher als gering einzustufen.

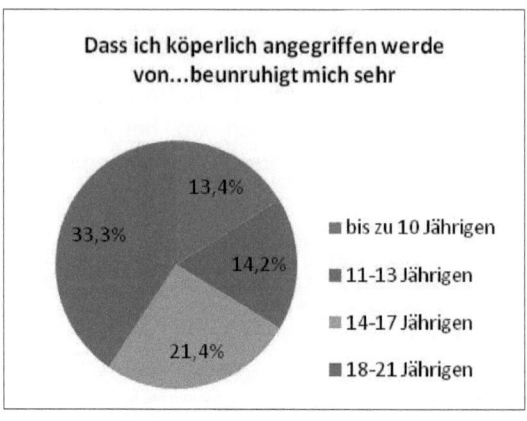

Abbildung 14: Beunruhigung bezogen auf einen körperlichen Angriff durch Täter verschiedener Altersgruppen in Prozent

Beunruhigung bezogen auf eine Erpressung/ Bedrohung:
Mit ansteigendem Alter der Täter nimmt die Angst der Befragten, erpresst oder bedroht zu werden, zu (siehe Abbildung 15). Es zeigt sich ein leichter,

48

nicht nennenswerter, Rückgang der Angst gegenüber den 11-13 Jährigen. Dadurch, dass die Zahl derer, die im Hinblick auf eine solche Tat nicht beunruhigt sind, ab dem Jugendalter der Täter deutlich sinkt, ist eindeutig festzustellen, dass jedenfalls die Sorglosigkeit mit zunehmendem Alter der möglichen Täter abnimmt. Dennoch ist grundsätzlich die Befürchtung, Opfer einer Erpressung/ Bedrohung zu werden, eher geringer Natur.

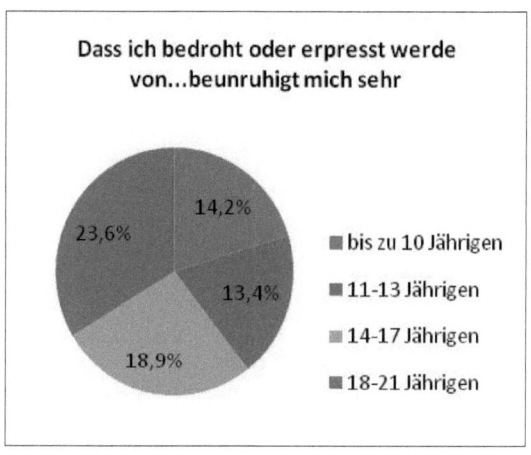

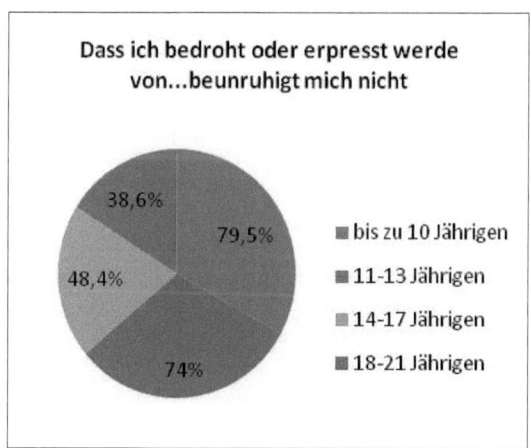

Abbildung 15: Beunruhigung bezogen auf Erpressung/ Bedrohung durch Täter verschiedener Altersgruppen in Prozent

Beunruhigung bezogen auf einen Diebstahl:
Tendenziell nimmt die Besorgnis, bestohlen zu werden mit dem Alter der Täter zu (siehe Abbildung 16). Auch bei diesem Delikt zeugt sich ein leichter Rückgang der Befürchtung vor den 11-13 Jährigen. Dieser ist jedoch zu vernachlässigen, betrachtet man den Rückgang der fehlenden Beunruhigung. Danach ist eindeutig, dass mit zunehmendem Alter der Täter zumindest die Sorglosigkeit der Befragten abnimmt. Gleichwohl besteht auch bezogen auf einen Diebstahl gemeinhin eine geringe Annahme, Opfer zu werden.

Abbildung 16: Beunruhigung bezogen auf einen Diebstahl durch Täter verschiedener Altersgruppen in Prozent

Beunruhigung bezogen auf den Einsatz einer Waffe/eines Messers:
Die Besorgnis der Befragten, dass eine Waffe/ein Messer gegen sie gerichtet wird, nimmt von der Tendenz her mit ansteigendem Täteralter zu (siehe Abbildung 17). Erneut ist ein leichter Rückgang der Angst vor den 11-13 Jährigen zu beobachten, der jedoch zu keiner anderen Berurteilung der Ergebnisse führt. Unter Betrachtung der Sorglosigkeit, zeigt sich auch hier eindeutig eine Abnahme mit steigendem Alter der Täter. Insgesamt ist fast ein Drittel der Befragten bezogen auf dieses Delikt sehr beunruhigt.

<u>Abbildung 17</u>: Beunruhigung bezogen auf einen Einsatz einer Waffe/ eines Messers durch Täter verschiedener Altersgruppen in Prozent

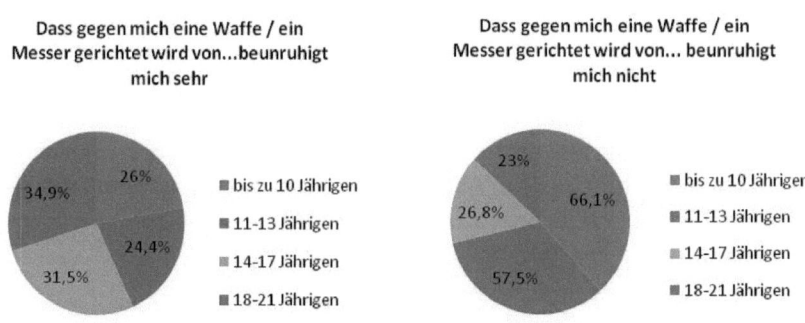

Beunruhigung bezogen auf die Wegnahme von Geld, Handy oder sonstigen Wertgegenständen:
Im Hinblick auf eine Wegnahme von Geld, Handy oder sonstigen Wertgegenständen nimmt die Beunruhigung der Befragten zwar ab dem Täteralter von 14 Jahren zu, jedoch nur maximal um 6,3% (siehe Abbildung 18). Die Sorglosigkeit i.S.e. Abnahme der fehlenden Beunruhigung geht jedoch auch hier deutlich ab dem Alter von 14 Jahren der möglichen Täter zurück.

Beunruhigung bezogen auf die Wegnahme von Geld, Handy oder sonstigen Wertgegenständen unter dem Einsatz von Gewalt durch Täter verschiedener Altersgruppen in Prozent

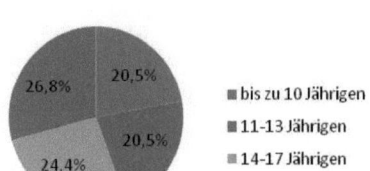

Dass mir mit Gewalt Geld, Handys oder sonstige Wertgegenstände weggenommen werden von...beunruhigt mich sehr

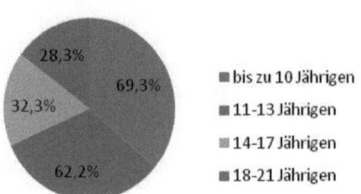

Dass mit mit Gewalt Geld, Handys oder sonstige Wertgegenstände weggenommen werden von...beunruhigt mich nicht

Beunruhigung bezogen auf eine Belästigung:
Die Befürchtung der Befragten, belästigt zu werden, nimmt mit zunehmendem Alter der Täter zu (siehe Abbildung 19). Gleichzeitig reduziert sich die Sorglosigkeit deutlich. Grundsätzlich ist die Angst, Opfer einer Belästigung zu werden, jedoch eher gering.

Abbildung 19: Beunruhigung bezogen auf eine Belästigung durch Täter verschiedener Altersgruppen in Prozent

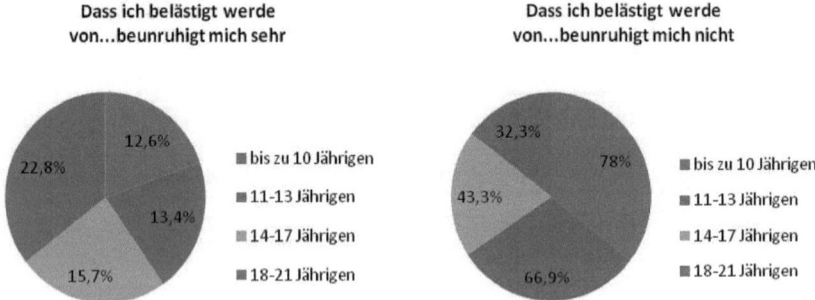

Dass ich belästigt werde von...beunruhigt mich sehr

Dass ich belästigt werde von...beunruhigt mich nicht

Beunruhigung bezogen auf eine mutwillige Beschädigung des Autos/ Motorrades/ Mopeds/ Fahrrades:
Bei den Befragten steigt die Besorgnis vor mutwilligen Beschädigungen des Autos, Motorrades, Mopeds oder Fahrrades mit zunehmendem Alter der Täter, wobei zwischen der Altersgruppe der 14 bis 17 Jährigen und der 18 bis 21 Jährigen keine Zunahme zu verzeichnen ist. Die fehlende Beunruhigung ist gleichzeitig tendenziell abnehmend.

<u>Abbildung 20:</u> Beunruhigung bezogen auf eine mutwillige Beschädigung des Autos/ Motorrades/ Mopeds/ Fahrrades durch Täter verschiedener Altersgruppen in Prozent

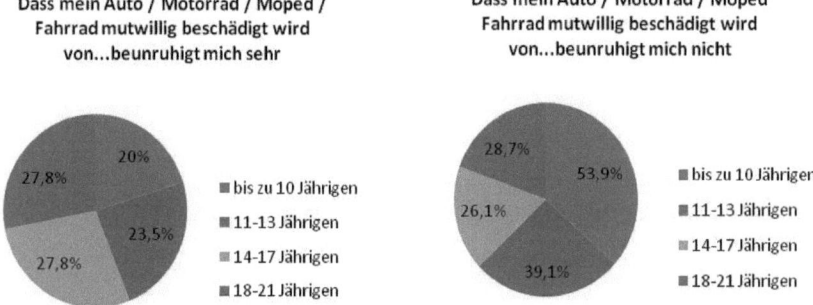

Beunruhigung bezogen auf das eigene Kind als Opfer von Gewalt:
Im Hinblick auf das eigene Kind als mögliches Opfer von Gewalt steigt die Sorge der Befragten mit ansteigendem Täteralter. Auffällig ist, dass hier bereits die mangelnde Sorglosigkeit bezogen auf Täter im Alter bis zu 10 Jahren mit über 40% sehr hoch ist.

Beunruhigung bezogen auf das eigene Kind als Opfer von Gewalt durch Täter verschiedener Altersgruppen in Prozent

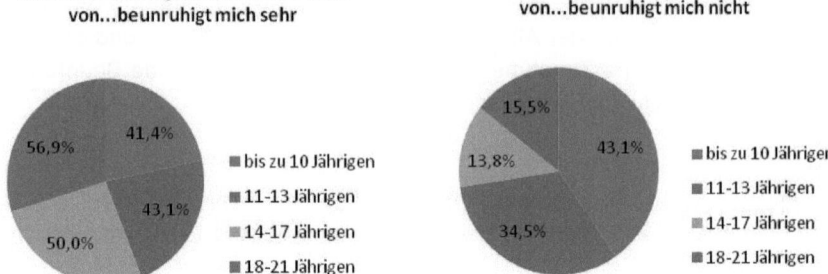

Dass mein Kind Opfer von Gewalt wird von…beunruhigt mich sehr

Dass mein Kind Opfer von Gewalt wird von…beunruhigt mich nicht

Beunruhigung bezogen auf die übrige Familie und/ oder Freunde als Opfer von Gewalt:

Die Angst der Befragten, dass die übrige Familie oder Freunde Opfer von Gewalt der entsprechenden Tätergruppe werden, erhöht sich mit steigendem Täteralter. Die Sorglosigkeit nimmt korresponiderend dazu ab. Grundsätzlich sind fast ein Drittel der Befragten bezogen auf dieses Delikt beunruhigt.

Abbildung 22: Beunruhigung bezogen auf die übrige Familie und/ oder Freunde als Opfer von Gewalt durch Täter verschiedener Altersgruppen in Prozent

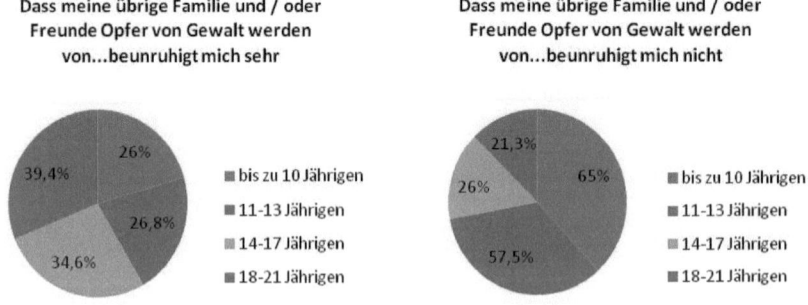

Dass meine übrige Familie und / oder Freunde Opfer von Gewalt werden von…beunruhigt mich sehr

Dass meine übrige Familie und / oder Freunde Opfer von Gewalt werden von…beunruhigt mich nicht

bb) Fazit Fragebogenkomplex B

In allen Rubriken ist deutlich, dass das persönliche Bedrohungsgefühl mit zunehmendem Alter der Tätergruppe ansteigt, allerdings nicht immer im gleichen Ausmaß.

Während die Befragten der Tätergruppe der bis zu 10 Jährigen vornehmlich sorglos gegenübersteht, nimmt eben genau diese Sorglosigkeit bereits im Hinblick auf die Gruppe der 11 bis 13 Jährigen ab. Ein deutlicher Anstieg zeigt sich jedoch erst ab der Altersgruppe der 14 bis 17 Jährigen.

Die Delikte, die sich eindeutig gegen die Person richten („Einsatz einer Waffe/eines Messers" (B4) und der Einsatz von Gewalt im Allgemeinen als Ziel (B8 und B9) oder Mittel zum Zweck (B5)), lösen bei den Befragten die höchste Beunruhigung aus. Das Delikt „körperlicher Angriff", das auf den ersten Blick eine Ausnahme bildet (nur 13,4% fühlen sich hier durch die jüngste Tätergruppe bedroht), passt ebenfalls in dieses Muster. Hier ist die älteste Tätergruppe das entscheidende Kriterium. Denn 33,3% der Befragten, mithin ein Drittel, befürchten einen körperlichen Angriff durch 18-21 Jährige. Nur diese Altersgruppe dürfte es wohl sein, die den Befragten nach subjektivem Empfinden körperlich überlegen ist, bzw. sein könnte und somit auch eine Gefahr darstellt, die von den Jüngeren vermeintlich nicht ausgeht. Im Gegensatz hierzu zeigt die Fallgestaltung des Einsatzes eines Messers oder einer Waffe eine deutlich erhöhte, starke Beunruhigung bereits bezogen auf die jüngste Tätergruppe auf (siehe Abbildung 17). Dies dürfte sich damit erklären lassen, dass eine mögliche körperliche Überlegenheit der Opfer und die Wirkung von Gegenwehr beim Einsatz gefährlicher Werkzeuge nicht mehr gegeben sind. In der Realität ist eine vermeintlich erhöhte Inanspruchnahme von Waffen zu verzeichnen. Nicht zuletzt sind es die Fälle extremer Aggressivität und Brutalität, die durch die Medien der Bevölkerung zugetragen werden und somit die Angst schüren.

Das Delikt „Sachbeschädigung" ruft ebenfalls eine relativ hohe Beunruhigung bereits der jüngsten Tätergruppe gegenüber aus. Eine Sachbeschädigung wird schon den „Kleinen" zugetraut, da die Hemmschwelle, etwas zu beschmieren, kaputt zu treten o.Ä., sicherlich auch aufgrund der bei diesem Deliktsbereich grundsätzlich fehlenden Opferkonfrontation, im Vergleich eher niedrig anzusiedeln ist.

Besonders hervorzuheben ist der hohe Beunruhigungsgrad bezogen auf das eigene Kind als Opfer von Gewalt (B 8).

Selbst bei der jüngsten Tätergruppe der bis zu 10 Jährigen waren diesbezüglich bereits 41,4% sehr beunruhigt. Die Tatsache des hohen Ausgangsniveaus lässt sich zum einen damit erklären, dass die Bedrohung eines Dritten naturgemäß einer anderen Einschätzung unterliegt, als die eigene. Aufgrund der mangelnden Partizipation fehlt die Möglichkeit, die jeweilige Situation selbst einzuschätzen und zu kontrollieren. Stattdessen beeinflussen Furcht, Macht- und Hilflosigkeit, die Beurteilung, da die Tätergruppe und die Reaktion des eigenen Kindes nicht abgeschätzt werden können und sich einem regulierenden, bzw. beschützenden Eingreifen entziehen.

Zudem betrifft es die Angst um das eigene Kind, die ganz natürlich erscheint und von jeher eine Besonderheit darstellt. Darüberhinaus ließe sich gerade auch die Angst vor der jüngeren Altersgruppe dadurch erklären, dass Gewalt auch die immerwährend bestehenden Konfliktsituationen im Schulalltag mit beinhalten dürfte.

Die Beunruhigung hinsichtlich der Gefahr, dass die übrige Familie und/oder Freunde Opfer von Gewalt werden könnten, ist höher ausgeprägt als in Bezug auf die eigene Person, wenngleich sichtbar geringer als bei derselben Fragestellung hinsichtlich der eigenen Kinder. Dies dürfte ebenfalls darin begründet sein, dass sich die Bedrohung gegenüber Dritten nicht sicher einschätzen lässt und grade aufgrund dieses Mangels ein höherer Grad an Beunruhigung herrscht. Gleichwohl handelt es sich um Personen, die dem Kindesalter entwachsen sind und somit das Gefühl vermitteln, nicht mehr ohne weiteres dem Opferdasein zu verfallen, sondern auch über ein gewisses Verteidigungspotential verfügen dürften.

Festzuhalten ist, dass die befragten Personen grundsätzlich bezüglich aller möglichen Bedrohungen eher unbesorgt sind. Die Sorge steigt gleichwohl mit dem Alter der Täter und ist in ihrer Intensität stark abhängig vom Deliktsbereich.

d) Konkretes persönliches Bedrohungsgefühl (Fragebogenkomplex C)

Bei der Befragung i.R.d. Komplexes C wurde, unter Aufrechterhaltung der Delikts, und Altersgruppen wie unter B, nach dem **konkreten** Bedrohungsgefühl gefragt, namentlich, für wie wahrscheinlich es gehalten wird, in den nächsten zwölf Monaten Opfer in der jeweiligen Konstellation zu werden.

aa) Ergebnisse zu dem konkreten persönlichen Bedrohungsgefühl
(Fragebogenkomplex C)

Im Folgenden werden die Ergebnisse dargestellt und erläutert.

Beunruhigung bezogen auf einen körperlichen Angriff innerhalb der nächsten 12 Monate:

Generell schätzen die Befragten die Wahrscheinlichkeit, innerhalb der nächsten zwölf Monate körperlich angegriffen zu werden, niedrig ein. Diese Einschätzung nimmt mit zunehmendem Alter der Täter ab, sodass die Befragten einen körperlichen Angriff bei steigendem Alter der Jugendlichen vermehrt für relativ wahrscheinlich halten, wenn auch selbst bei der ältesten Tätergruppe, nur mit 26,8%. Für sehr wahrscheinlich halten dieses Ereignis nur 2-4% der Befragten (siehe Anhang 2.1).

Abbildung 23: Beunruhigung bezogen auf einen körperlichen Angriff durch Täter
verschiedener Altersgruppen in den nächsten zwölf Monaten in Prozent

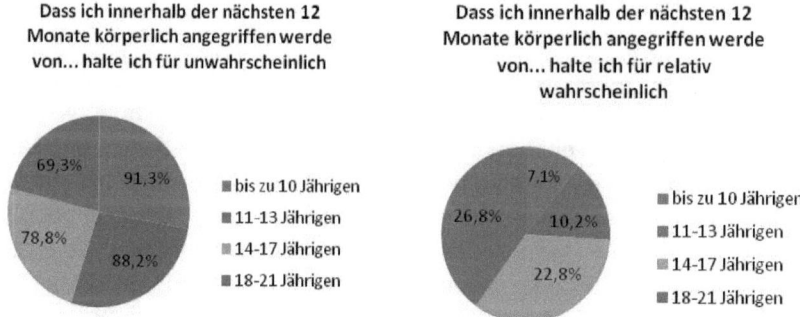

Beunruhigung bezogen auf eine Erpressung/ Bedrohung innerhalb der nächsten 12 Monate:

Die Einschätzung der Probanden bezogen auf die Wahrscheinlichkeit innerhalb der nächsten zwölf Monate bedroht oder erpresst zu werden, ist gering. Ein steigendes Täteralter führt jedoch dazu, dass der Prozentsatz derer, die das Ereignis für relativ wahrscheinlich halten, bis hin zu 18,9%

zunimmt. Erneut gehen nur 2-4 % von einem sehr wahrscheinlichen Tateintritt aus (siehe Anhang 2.2).

Abbildung 24: Beunruhigung bezogen auf Erpressung/ Bedrohung durch Täter verschiedener Altersgruppen in den nächsten zwölf Monaten in Prozent

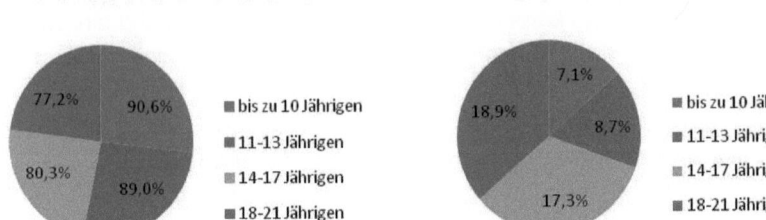

Dass ich innerhalb der nächsten 12 Monate bedroht oder erpresst werde von... halte ich für unwahrscheinlich

Dass ich innerhalb der nächsten 12 Monate bedroht oder erpresst werde von... halte ich für relativ wahrscheinlich

Beunruhigung bezogen auf einen Diebstahl innerhalb der nächsten 12 Monate:

Die Teilnehmer sehen die Wahrscheinlichkeit, innerhalb der nächsten zwölf Monate von bis zu 10 Jährigen und 11-13 Jährigen bestohlen zu werden, mit 73,2% bis 83,5% eher gering an. Mit Eintritt des Jugendalters der Täter von 14 Jahren ist jedoch eine deutliche Abnahme dieser Einschätzung zu verzeichnen. In Bezug auf die 14-17 Jährigen und 18-21 Jährigen beurteilt nur noch knapp die Hälfte der Befragten die Wahrscheinlichkeit, innerhalb der nächsten zwölf Monate von ihnen bestohlen zu werden, als niedrig. Für sehr wahrscheinlich halten dieses Ereignis allerdings nur circa 2% der Befragten (siehe Anhang 2.3).

Beunruhigung bezogen auf einen Diebstahl durch Täter verschiedener Altersgruppen in den nächsten zwölf Monaten in Prozent

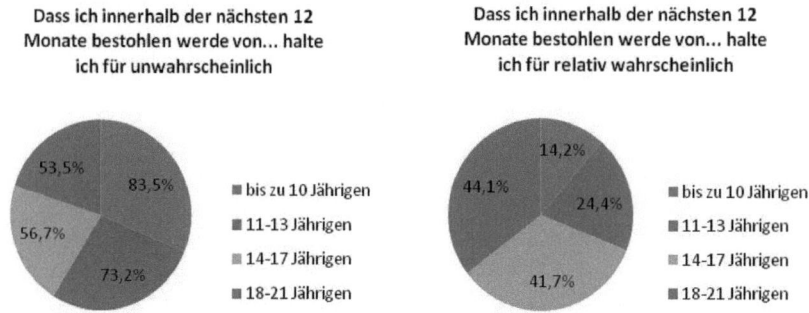

Beunruhigung bezogen auf den Einsatz einer Waffe/ eines Messers innerhalb der nächsten 12 Monate:

Die Einschätzung derer, die den Einsatz einer Waffe oder eines Messers gegen sich innerhalb der nächsten 12 Monate als unwahrscheinlich ansehen, reduziert sich mit Erreichen eines Täteralters über 13 Jahren. Ein Drittel der Befragten halten es danach für relativ wahrscheinlich, dass innerhalb der nächsten zwölf Monate ein Täter im Alter von 14-17 Jahren bzw. 18-21 Jahren ein Messer oder eine Waffe gegen sie richten. Der Prozentwert derer, die das dieses Ereignis als sehr wahrscheinlich ansehen, liegt jedoch nur bei circa 1% (siehe Anhang 2.4).

Abbildung 26: Beunruhigung bezogen auf den Einsatz einer Waffe/ eines Messers durch
Täter verschiedener Altersgruppen in den nächsten zwölf Monaten in Prozent

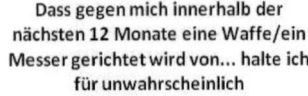

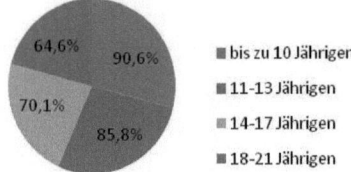

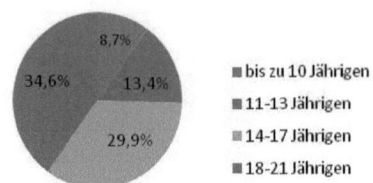

Beunruhigung bezogen auf die Wegnahme von Geld, Handy oder sonstigen Wertgegenständen innerhalb der nächsten 12 Monate:

Knapp ein Drittel der Befragten beurteilt es als relativ wahrscheinlich, dass ihnen innerhalb der nächsten zwölf Monate von 14-17 Jährigen oder 18-21 Jährigen mit Gewalt Wertgegenstände entwendet werden könnten. Bei den darunter liegenden Altersklassen beträgt dieser Wert maximal 11,8%. Als sehr wahrscheinlich betrachten dieses Ereignis lediglich circa 2% der Befragten (siehe Anhang 2.5). Danach ist die Einschätzung der Teilnehmer, innerhalb der nächsten zwölf Monate Opfer eines solchen Deliktes zu werden, insgesamt als gering anzusehen.

Abbildung 27: Beunruhigung bezogen auf die Wegnahme von Geld, Handy oder sonstigen Wertgegenständen unter dem Einsatz von Gewalt durch Täter verschiedener Altersgruppen in den nächsten zwölf Monaten in Prozent

Dass mir innerhalb der nächsten 12 Monate mit Gewalt Geld, Handys oder sonstige Wertgegenstände weggenommen werden von...halte ich für unwahrscheinlich

Dass mir innerhalb der nächsten 12 Monate mit Gewalt Geld, Handys oder sonstige Wertgegenstände weggenommen werden von... halte ich für relativ wahrscheinlich

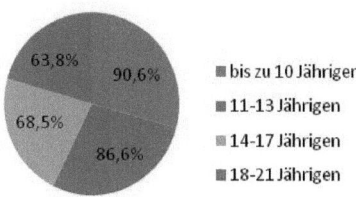

■ bis zu 10 Jährigen
■ 11-13 Jährigen
■ 14-17 Jährigen
■ 18-21 Jährigen

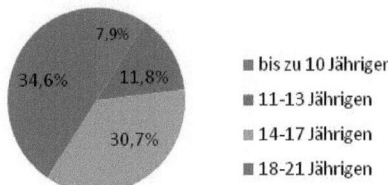

■ bis zu 10 Jährigen
■ 11-13 Jährigen
■ 14-17 Jährigen
■ 18-21 Jährigen

Beunruhigung bezogen auf eine Belästigung innerhalb der nächsten 12 Monate:

Während nur 2-3% der Befragten innerhalb der nächsten zwölf Monate eine Belästigung zu ihren Lasten als sehr wahrscheinlich ansieht (siehe Anhang 2.6), hält jeweils circa ein Drittel dies bei den Tätergruppen der 14-17 und 18-21 Jährigen für relativ wahrscheinlich. Bei den jüngeren Tätern wird ein Tateintritt mit circa 80% als unwahrscheinlich bewertet.

Beunruhigung bezogen auf eine Belästigung durch Täter verschiedener
Altersgruppen in den nächsten zwölf Monaten in Prozent

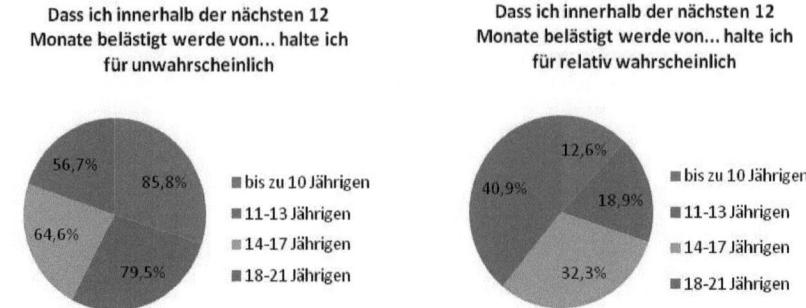

*Beunruhigung bezogen auf eine mutwillige Beschädigung des Autos/
Motorrades/ Mopeds/ Fahrrades innerhalb der nächsten 12 Monate:*

Die Wahrscheinlichkeit, dass ihr Fahrzeug innerhalb der nächsten zwölf
Monate von bis zu 13 Jährigen beschädigt wird, beurteilen die Probanden
als gering. Das steigende Täteralter führt jedoch auch hier zu einer Veränderung der Einschätzung primär hin zur Einordnung als relativ wahrscheinlich. Ein Drittel bis hin zu guten 40% der Befragten hält es für relativ wahrscheinlich, dass ihr Fahrzeug innerhalb der nächsten zwölf Monate von 14-
17 Jährigen und 18-21 beschädigt wird. Weiterhin sehen jedoch nur circa
2% der Befragten einen Schadeneintritt durch die Tätergruppen als sehr
wahrscheinlich an (siehe Anhang 2.7).

Abbildung 29: Beunruhigung bezogen auf eine mutwillige Beschädigung des Autos/ Motorrades/ Mopeds/ Fahrrades durch Täter verschiedener Altersgruppen in den nächsten zwölf Monaten in Prozent

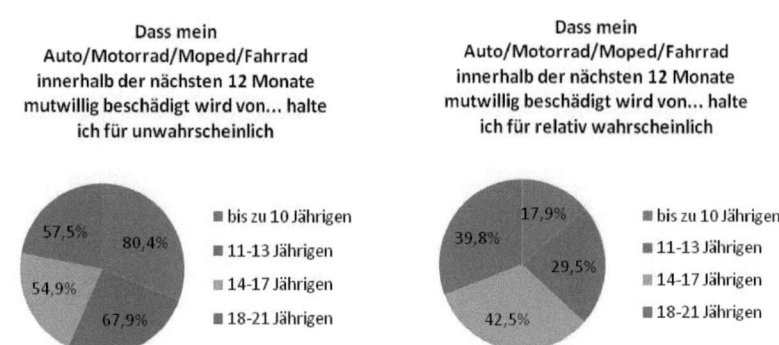

Dass mein Auto/Motorrad/Moped/Fahrrad innerhalb der nächsten 12 Monate mutwillig beschädigt wird von... halte ich für unwahrscheinlich

Dass mein Auto/Motorrad/Moped/Fahrrad innerhalb der nächsten 12 Monate mutwillig beschädigt wird von... halte ich für relativ wahrscheinlich

Beunruhigung bezogen auf das eigene Kind als Opfer von Gewalt innerhalb der nächsten 12 Monate:

Je älter die Tätergruppe wird, desto wahrscheinlicher halten es die Befragten, dass ihr Kind innerhalb der nächsten zwölf Monate Opfer von Gewalt durch diese wird. Mehr als ein Drittel beurteilen dies bei Tätern im Alter von 14-17 Jahren als relativ wahrscheinlich, bei der ältesten Tätergruppe ist dies bei über 40% der Fall. Die geringste Gefahr geht nach den Aussagen der Befragten von den bis zu 13 Jährigen aus. Mit guten 80% wird hier der Tateintritt für unwahrscheinlich angesehen. Insgesamt betrachten nur circa 6% ein derartiges Delikt als sehr wahrscheinlich (siehe Anhang 2.8).

Abbildung 30: Beunruhigung bezogen auf das eigene Kind als Opfer von Gewalt durch

Täter verschiedener Altersgruppen in den nächsten zwölf Monaten in Prozent

Dass mein Kind innerhalb der nächsten 12 Monate Opfer von Gewalt wird von... halte ich für unwahrscheinlich

Dass mein Kind innerhalb der nächsten 12 Monate Opfer von Gewalt wird von... halte ich für relativ wahrscheinlich

Beunruhigung bezogen auf die übrige Familie und/ oder Freunde als Opfer von Gewalt innerhalb der nächsten 12 Monate:

In Bezug auf ihre übrige Familie und/ oder Freunde als mögliche Gewalt-opfer innerhalb der nächsten zwölf Monate, erachtet ein Drittel der Proban-den dies bei den Tätergruppen der 14-17 Jährigen bzw. 18-21 Jährigen für relativ wahrscheinlich. Ein geringer Prozentwert von 2-3% beurteilt es grundsätzlich als sehr wahrscheinlich (siehe Anhang 2.9). Aufgrund der auch bei diesem Delikt stattfindenden Modifikation in Abhängigkeit von dem Täteralter sehen deutlich über 80% einen Schadenseintritt durch bis zu 13 Jährige als unwahrscheinlich an.

Beunruhigung bezogen auf die übrige Familie und/ oder Freunde als Opfer von Gewalt durch Täter verschiedener Altersgruppen in den nächsten zwölf Monaten in Prozent

Dass meine übrige Familie und/oder Freunde innerhalb der nächsten 12 Monate Opfer von Gewalt werden von... halte ich für unwahrscheinlich

Dass meine übrige Familie und/oder Freunde innerhalb der nächsten 12 Monate Opfer von Gewalt werden von... halte ich für relativ wahrscheinlich

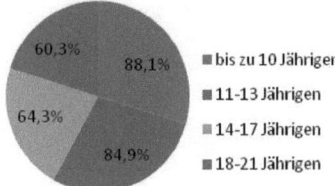

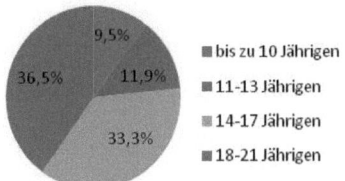

bb) Fazit Fragebogenkomplex C

Durch alle Deliktsbereiche hindurch ist eines ganz deutlich: die Angst der Befragten relativiert sich im Vergleich zum Fragekomplex B, sobald der Beurteilungsrahmen durch einen konkreten Zeitraum beschränkt wird.

Am ehesten befürchten die Probanden, einem Diebstahl (C3) oder einer Sachbeschädigung (C7) innerhalb der nächsten zwölf Monate zum Opfer zu fallen– die wohl weitaus geringfügigsten Delikte dieses Komplexes. Auch die im Vergleich relativ harmlose „Belästigung" (C6) fügt sich in dieses Bild ein. Damit wird fast durchweg den Delikten, die bei den Befragten im Fragebogenkomplex B weniger Sorge auslösten, die höchste Eintrittswahrscheinlichkeit eingeräumt.

Den Gewaltdelikten bzw. allgemein den Delikten, die sich eindeutig gegen die körperliche Integrität richten und von denen im B-Komplex im Wesentlichen die stärkste Beunruhigung ausging, wird im Rahmen des Komplexes C eine eher geringe Eintrittswahrscheinlichkeit beigemessen. Somit relativiert sich die Angst der Befragten und lässt sie in einem anderen Licht erscheinen.

Diese Differenz in den Ergebnissen der Fragekomplexe B und C, gerade im Hinblick auf die beiden Extreme, lässt die Besorgnis und Kriminalitätsfurcht der Bevölkerung als diffus erscheinen.

Sobald die Vorstellung durch Hinzunahme einer konkreten Zeitkomponente von einer abstrakten in eine tatsächliche Erwartung geführt wird, zeigt sich ein gänzlich anderes Bild. Die Besorgnis der Probanden, die, das darf nicht außer Acht gelassen werden, auch im B-Komplex nicht den Großteil ausmacht, wird im C-Komplex weiter in deutlichem Umfang minimiert. Die Befürchtungen der Befragten wirken irrational. Doch es ist gerade diese diffuse Angst, die für politische und mediale Zwecke instrumentalisiert wird.

Generell ist diesem Komplex das Ergebnis zu entnehmen, dass die Befragten den Eintritt eines strafrechtlich relevanten Ereignisses mit zunehmendem Alter der Täter für immer wahrscheinlicher halten. Jedoch macht sich, ebenso wie im B-Komplex der zu verzeichnende Anstieg vornehmlich beginnend bei der Altersgruppe der 14 bis 17 Jährigen bemerkbar.

Weiterhin kann bei Betrachtung aller Deliktsarten festgehalten werden, dass nur ein verschwindend geringer Anteil der Befragten (0-4%) den Eintritt des jeweiligen Delikts für sehr wahrscheinlich hält. Dies lässt Rückschlüsse auf ein positives Sicherheitsgefühl der Stichprobe zu, auf welches im später folgenden F-Komplex (siehe Seite 83 ff.) noch detailliert eingegangen wird. Eine Ausnahme bildet erneut die Einschätzungen der Eintrittswahrscheinlichkeit, dass die eigenen Kinder Opfer von Gewalt werden (C8). Hier ist bereits mit 6%, im Verhältnis zu den anderen einzuschätzenden Situationen, ein relativ hoher Prozentsatz an sehr hoher Wahrscheinlichkeit zu verzeichnen.

e) Geforderte Reaktionsweisen auf delinquentes Verhalten Kinder und Jugendlicher

Im folgenden Fragekomplex wurden die Probanden zu der nach ihrem Empfinden angebrachten Reaktionsweise auf ausgesuchte Delikte befragt. Dabei unterscheiden sich die Delikte zum einen hinsichtlich ihrer Intention, namentlich Taten gegenüber Sachen/ Eigentum und gegenüber den Opfern selbst als Person, wie auch im Hinblick auf das Alter der Täter.

aa) Ergebnisse zu den geforderten Reaktionsweisen auf delinquentes Verhalten Kinder und Jugendlicher (Fragebogenkomplex D)

Abbildung 32: Angemessene Reaktionsweise auf den Ladendiebstahl einer geringwertigen Sache (bis 30 €) abhängig vom Alter des Täters in Prozent

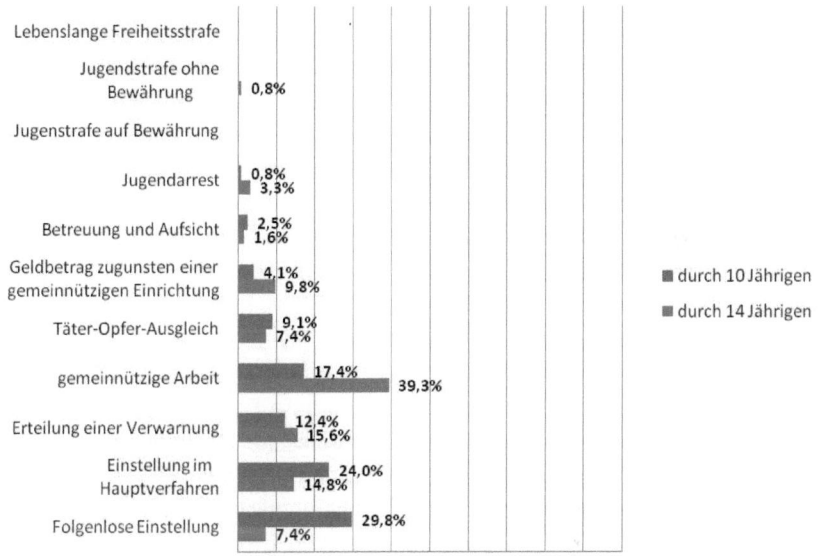

Reaktionsweise auf: Ladendiebstahl einer geringwertigen Sache (bis 30 EUR)

Die meisten Befragten (39,3%) halten entsprechend Abbildung 32 gemeinnützige Arbeit für die angemessene Reaktion auf den Diebstahl einer geringwertigen Sache durch einen 14 Jährigen, gefolgt von der Erteilung einer Verwarnung im Urteilsspruch (15,6%) und der Einstellung im Hauptverfahren (14,8%).

Bei dem 10 jährigen Täter wird dagegen hauptsächlich eine Einstellung des Verfahrens gefordert, wobei sich knapp 30% der Befragten für die folgenlose Einstellung, mithin ohne gerichtliches Verfahren, und 24% für die Einstellung im Hauptverfahren entschieden. An dritter Position rangiert die Weisung (§ 10 Abs. Nr. 4 JGG) oder Auflage (§ 15 Abs. 1 Nr. 3 JGG), eine gemeinnützige Arbeit zu verrichten.

Insgesamt werden bei dem 10 Jährigen mildere Maßnahmen für angemessen erachtet als bei dem 14 Jährigen. Dies zeigt sich allein aufgrund der mit 29,8% gewählten Befürwortung der folgenlosen Einstellung für 10 Jährige, während bei dem 14 jährigen Täter schon vermehrt auf eine zumindest förmliche Zurechtweisung gezielt wird, sei es durch Erteilung einer Verwarnung, die vornehmlich der Anrufung des Gewissens des Täters dient, oder aber durch die Einstellung erst im Hauptverfahren, wodurch dem Täter allein schon durch den Eindruck der Hauptverhandlung die Verwerflichkeit seines Handelns und dessen Unrecht vor Augen geführt werden soll. Zwar ist die letztgenannte Reaktionsweise als zweitmildeste Möglichkeit auch, und sogar in einer prozentual deutlich höheren, Häufigkeit bei den 10 jährigen Tätern gewählt worden, die folgenlose Einstellung als mildeste Reaktion jedoch bei den 14 Jährigen nur mit 7,4%, während sie bei den 10 Jährigen mit knapp 30% die Majorität ausmacht. Vor allem die gemeinnützige Arbeit, die in der durchgeführten Befragung einzig in Form der Verurteilung wählbar war, da sie nicht im Zusammenhang mit dem Absehen von der Verfolgung angeboten wurde, als Mehrheitsantwort im Rahmen von D 1 a, geht bereits einen deutlichen Schritt weiter und ist bei den 14 Jährigen die primär gewählte Variante, während sie bei dem 10 jährigen Täter den dritten Platz einnimmt. Sie ist spürbare Folge eines Urteils. Anders als bei der Verwarnung, ist die strafrechtliche Reaktion mit Verkündung des Urteils nicht abgeschlossen, sondern von dem Täter wird eine Form der Wiedergutmachung eingefordert, namentlich die Verrichtung einer gemeinnützigen Arbeit. Eine Unterscheidung in gemeinnützige Arbeit als Weisung oder Auflage ist anhand des Fragebogens nicht möglich und wurde im Hinblick auf die Diffizilität zwischen den Alternativen bewusst außen vor gelassen. Nicht zuletzt deshalb, weil der Grat zwischen Arbeitsauflage als Ahndung und Arbeitsweisung als Form der Einwirkung bei defizitärer Einstellung zur Arbeit sehr schmal ist.

Von den Probanden dürfte diese Option gewählt worden sein, um mit einer Maßnahme auf die Tat zu reagieren, die mit dem durch die Tat verletzten Gut korreliert. Denn grundsätzlich ist nur mit (legalem) Einsatz und Mühe ein Geldwert zu erlangen. Ein Geldwert, den die Täter einem Dritten genommen oder beschädigt haben, ohne sich des Aufwandes, der für die ursprüngliche Erlangung nötig war, zu vergegenwärtigen, bzw. indem sie diesen ignoriert haben. Letztlich sollen die Delinquenten der Gesellschaft zurückgeben, was sie ihr in gewisser Art und Weise genommen haben.

Dem Täter soll aufgezeigt und nahegebracht werden, welche Mühen Besitz und Eigentum erfordern, um sie dazu zu bewegen, künftig in Kenntnis dessen anders zu handeln. Dies zeigt sich in der weiteren Auswertung des D-Komplexes auch daran, dass dem gegenüber bei Taten, die sich in erster Linie gegen ein personelles Opfer richten, der Täter-Opfer-Ausgleich an vorderster Stelle bei der Wahl der angemessenen Reaktionen steht. Anders verhält es sich nur bei einer Erpressung durch einen 13-17 Jährigen (D 8 a), wo Betreuung und Aufsicht durch einen Betreuungshelfer für eine gewisse Zeit knapp vor dem Täter-Opfer-Ausgleich rangiert.

Abbildung 33: Angemessene Reaktionsweise auf Graffitis größeren Umfangs durch einen Jugendlichen in Prozent

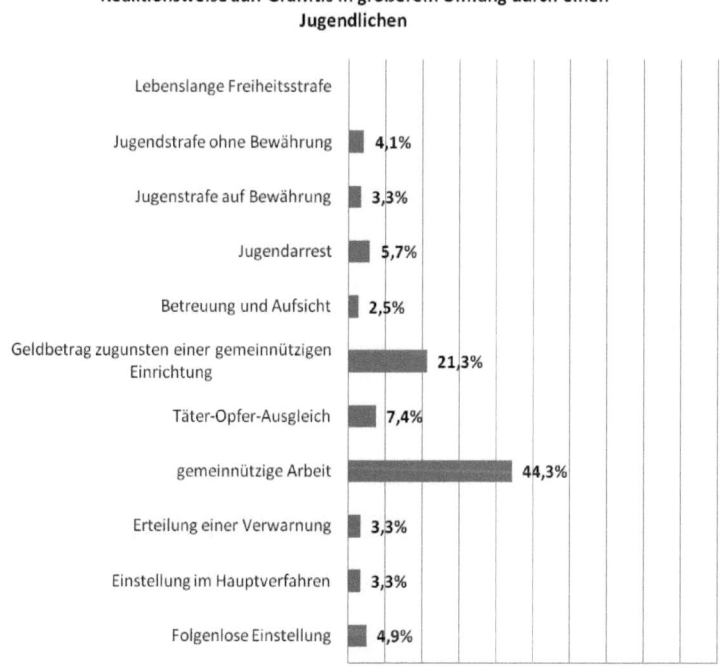

Neben der gemeinnützigen Arbeit, die bei Graffitis in größerem Umfang als Teil der Eigentumsdelikte mit 44,3% den ersten Platz einnimmt, fiel hier, wie aus Abbildung 33 ersichtlich ist, die zweit häufigste Wahl mit 21,3% auf die Zahlung eines Geldbetrages zugunsten einer gemeinnützigen Einrichtung. Gefolgt von einem Täter-Opfer-Ausgleich mit einem deutlich geringeren prozentualen Wert von 7,4%. Die übrigen in einem geringeren Ausmaß gewählten Optionen reichen von 2,5% in Form der Betreuungsunterstellung, bis zu 5,7% in Gestalt des Jugendarrestes.

Abbildung 34: Angemessene Reaktionsweise auf das „Abziehen" von Handys, Kleidung etc. abhängig vom Alter des Täters in Prozent

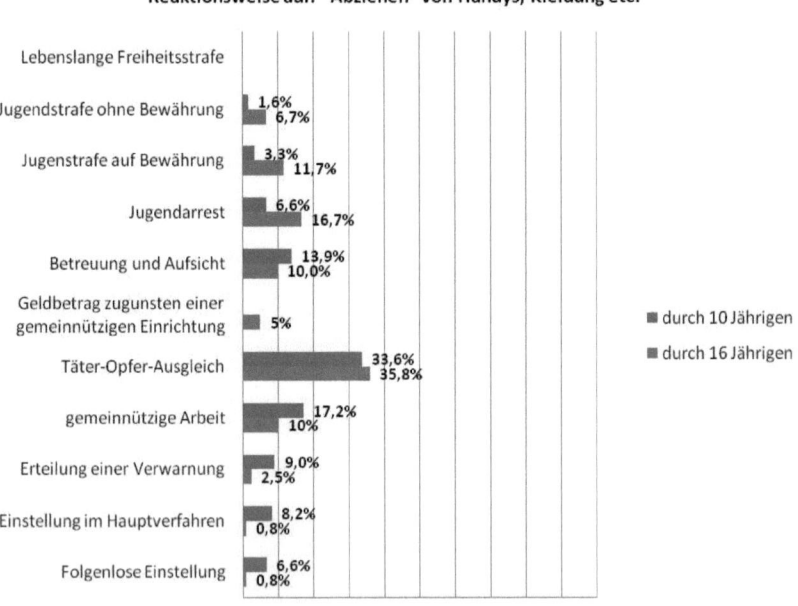

Das „Abziehen" von Handys, Kleidung etc. durch einen 16 Jährigen, strafrechtlich als Raub oder räuberische Erpressung und somit als Eigentums-/ Vermögensdelikt zu qualifizieren, hat einen deutlichen Personenbezug und wird somit von der Masse vielfach als direkt gegen die Person gerichtete

Tat verstanden. Dementsprechend ist im Einklang mit dem eingangs Geschilderten, der Täter-Opfer-Ausgleich von der Mehrzahl der Befragten als
angemessene Reaktion mit 35,8% (Abbildung 34) gewählt worden, gefolgt
von Jugendarrest mit 16,7% und der Jugendstrafe auf Bewährung mit
11,7%.

Anhand der zweit- und dritthäufigsten Auswahl wird ganz deutlich, dass
die Intensität der Maßnahmen nach Ansicht der Probanden höher zu sein
hat, als bei Delikten, die sich lediglich gegen eine Sache richten. Gleichwohl befindet sich mit deutlichem Abstand an der Spitze der Täter-Opfer-
Ausgleich, eine Reaktion, die nicht als repressiv zu bewerten ist, sondern in
erster Linie bei dem Jugendlichen einen Lernprozess herbeiführen soll. Dabei ist zu erwähnen, dass sich der Täter-Opfer-Ausgleich nicht in der
Möglichkeit der Entschuldigung erschöpft, sondern gleichwohl i.S.e. Aus-
gleichsvereinbarung die Verpflichtung des Verurteilten zur Zahlung von
Schmerzensgeld oder Schadensersatz an das Opfer, Erbringung von Ar-
beitsleistungen oder sonstige symbolische Wiedergutmachung Teil des
Täter-Opfer-Ausgleichs sein können[53]. In jedem Fall findet direkt eine
Auseinandersetzung mit dem Geschädigten statt und damit eine Reaktion,
die erneut in einem Zusammenhang steht mit dem durch die Tat verletzten
Gut.

Auch bei der Konstellation der Tatbegehung durch einen 10 Jährigen steht,
wie sich aus Abbildung 34 ergibt, der Täter-Opfer-Ausgleich an erster Stelle
und zwar mit 33,6% mit einem vergleichbar hohen Anteil wie bei dem
16 jährigen Täter (dort 35,8%). Die Unterschiede zeigen sich jedoch ganz
deutlich bei der zweit und drittmeist gewählten Reaktionsmöglichkeit. Während bei den 16 Jährigen Jugendarrest und Jugendstrafe auf Bewährung
präferiert wurden, liegt der Schwerpunkt bei dem jüngeren Täter auf gemeinnütziger Arbeit (17,2%) und Bestellung eines Betreuungshelfers für
eine gewisse Zeit (13,9%).

Jugendarrest und Jugendstrafe in ihren verschiedenen Ausgestaltungen
sind nur mit einem deutlich geringeren Prozentsatz als bei den 16 Jährigen
benannt worden. Hier liegt der Jugendarrest mit 6,6% bei einem guten Drittel des Prozentsatzes bei den älteren Tätern (16,7%), die Jugendstrafe hingegen bleibt weit unter diesem Verhältnis.

---

53 Vgl. Eisenberg, JGG, § 10, Rn. 27 b.

Während bei dem 16 jährigen Täter mithin deutlich repressivere Maßnahmen, denn als solche sind Jugendarrest und Jugendstrafe trotz ihres
(zuvorderst) erzieherischen Zwecks zu qualifizieren, gefordert werden, wird
bei dem 10 Jährigen auf eine von vorneherein deutlich erzieherische Reaktion gebaut. Der junge Täter soll betreut und in die richtige Bahn gelenkt,
sowie durch die Vermittlung und Verstärkung allgemeiner Werte zu einem
Umdenken angehalten werden. Auch die gemeinnützige Arbeit kann in
diese Richtung interpretiert werden. Bei einer entsprechenden Tat in diesem Alter bedarf es nach Ansicht der Befragten viel eher eines „Gerade-
rückens" als einer Vergeltung.

Abbildung 35: Angemessene Reaktionsweise auf gezielte Gewalttätigkeit gegen andere
abhängig vom Alter des Täters in Prozent

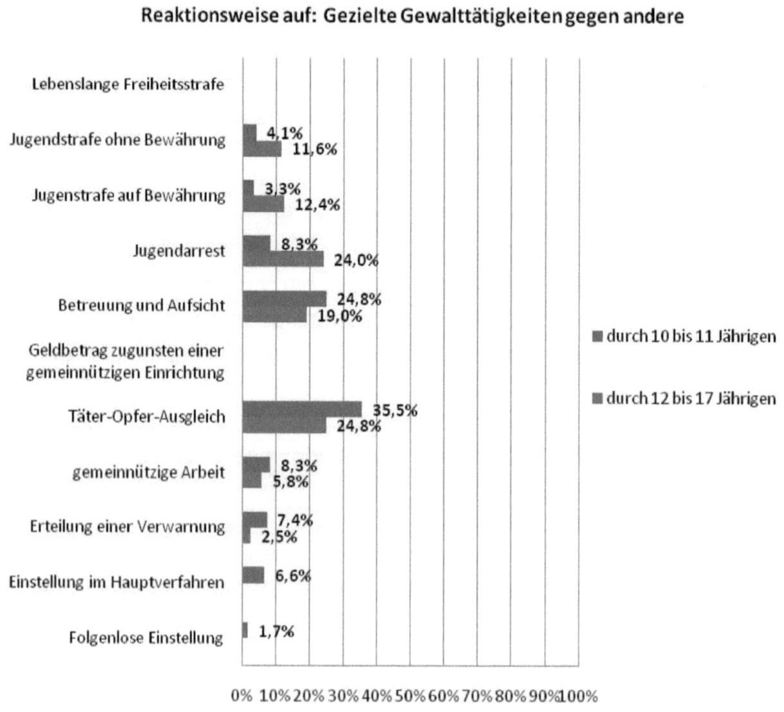

Reaktionsweise auf: Gezielte Gewalttätigkeiten gegen andere

Bei der begehrten Reaktion auf gezielte Gewalttätigkeit durch 12-17 jährige Täter steht zwar der Täter-Opfer-Ausgleich weiterhin mit 24,8% ganz vorne (siehe Abbildung 35), diesmal jedoch sehr dicht gefolgt von dem Jugendarrest mit 24%. Trotz der Betreuung an dritter Stelle mit 19%, verzeichnet die Jugendstrafe mit und ohne Bewährung 12,4% und 11,6%.

Dies dürfte nicht zuletzt darin begründet liegen, dass, anders als beim „Abziehen", das oftmals gerade primär durch extremen psychischen Druck geprägt ist, allein die Schädigung der körperlichen Integrität des Opfers Gegenstand einer gezielten Gewalttätigkeit ist. Ohnehin empfinden wir einen Eingriff in die körperliche Unversehrtheit, eine Tat gegen den Körper, als deutlich schwerwiegender als gegen materielle Werte. Wenn es dann noch, wie vorliegend, die einzige Zielsetzung ist, die körperliche Integrität zu schädigen, wird darauf naturgemäß ausgeprägter reagiert.

Zu erwähnen ist in diesem Zusammenhang, dass es aber selbst für eine Körperverletzung „Gründe" geben kann. Auch eine Schulhofrauferei, wie sie jeder dem Grunde nach kennen dürfte, zählt hierzu. Da sich damit ein und dieselbe abstrakte Tat mit unterschiedlicher Ausprägung und Motivation vorstellen lässt, dürfte hierin der Unterschied zu den begehrten Reaktionen der 10 bis 11 jährigen Täter im Verhältnis zu den 12-17 jährigen Tätern gesehen werden, der sich wieder anhand der zweit- und dritthäufigsten Optionswahl zeigt (siehe Abbildung 35).

Bei jugendlichen Tätern im Alter von 10 bis 12 Jahren wird der Täter-Opfer-Ausgleich im Verhältnis zu den 12-17 Jährigen Tätern mit einer deutlich höheren Prozentzahl von 35,5% für angemessen erachtet. Gefolgt von Betreuung und Aufsicht durch einen Betreuungshelfer mit 24,8%. Gemeinnützige Arbeit und Jugendarrest kommen erst an dritter Stelle mit deutlich abgeschwächten prozentualen Werten von 8,3%. Jugendstrafe mit und ohne Bewährung ist sogar nur mit 3,3% und 4,1% vertreten. Die drei als am sinnvollsten erachteten Reaktionsweisen sind mithin bei beiden Altersgruppen identisch, jedoch überwiegen bei den jüngeren Tätern innert dieser Maßnahmen die ambulanten und vor allem interaktiven Maßnahmen prozentual deutlich (siehe Abbildung 35).

Hinzukommt, dass bei der jungen Tätergruppe auch bei diesem Delikt noch die Einstellung im Hauptverfahren und die Erteilung einer Verwarnung, sogar die folgenlose Einstellung, wenngleich Letzteres auch nur marginal mit 1,7%, gewählt wurden. Eine Einstellung kommt in der 12 bis 17 jährigen

Tätergruppe für keinen der Befragten in Betracht. Für die Verwarnung entschieden sich nur 2,5% bei den 12 bis 17 Jährigen, im Gegensatz zu 7,4% bei den 10 bis 11 Jährigen.

Abbildung 36: Angemessene Reaktionsweise auf Erpressung anderer abhängig vom Alter des Täters in Prozent

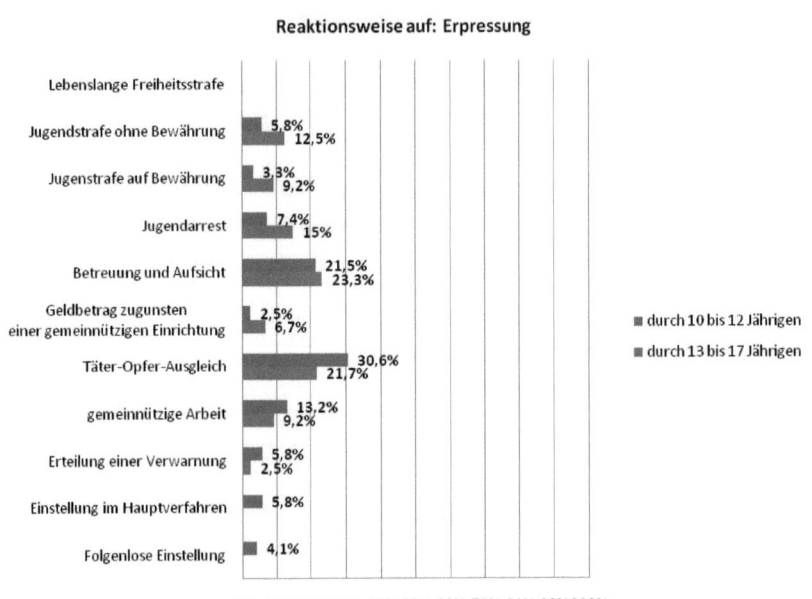

Im Rahmen der Erpressung finden sich unter den zwei begehrtesten Reaktionen bei beiden Tätergruppen der Täter-Opfer-Ausgleich und die Betreuung (siehe Abbildung 36). Bei den 13 bis 17 Jährigen ist dies das einzige Delikt mit konkret persönlichem Bezug, wo sich die Befragten in der Mehrheit für die Betreuungsunterstellung entschieden haben und nur die zweit häufigste Wahl auf den Täter-Opfer-Ausgleich fiel, wie bereits beschrieben wurde.

Der Prozentwert der Betreuungsunterstellung, die bei den 13 bis 17 jährigen Tätern als primäre Reaktion gewählt wurde, entspricht mit 23,3% ungefähr dem Prozentwert dieser Maßnahme in der Gruppe der 10 bis 12 Jährigen, wo diese mit 21,5% als sekundäre Vorgehensweise bestimmt wurde.

Während der Täter-Opfer-Ausgleich bei den 13 bis 17 Jährigen mit 21,7% auf Platz zwei rangiert, entfallen auf ihn bei der jüngeren Tätergruppe 30,6%. Die dritthäufigst gewählten Optionen machen sodann die Unterschiede zwischen den Altersgruppen deutlich. Während mit 15% bei der älteren Delinquentengruppe Jugendarrest begehrt wird, wurde bei den 10 bis 12 Jährigen die Auferlegung von gemeinnütziger Arbeit für angemessener erachtet. Bei der jüngeren Tätergruppe empfanden sogar circa 10% der Befragten eine Einstellung für angebracht, während diese bei der älteren Tätergruppe keine Erwähnung mehr fand. Dafür wurde die Jugendstrafe bei den 13-17 Jährigen mit knappen 20% präferiert. Diese Alternativen fanden bei der Gruppe der 10 bis 12 Jährigen nur mit weniger als 10% Berücksichtigung.

Abbildung 37: Angemessene Reaktionsweise auf Belästigung/ Bedrohung anderer abhängig vom Alter des Täters in Prozent

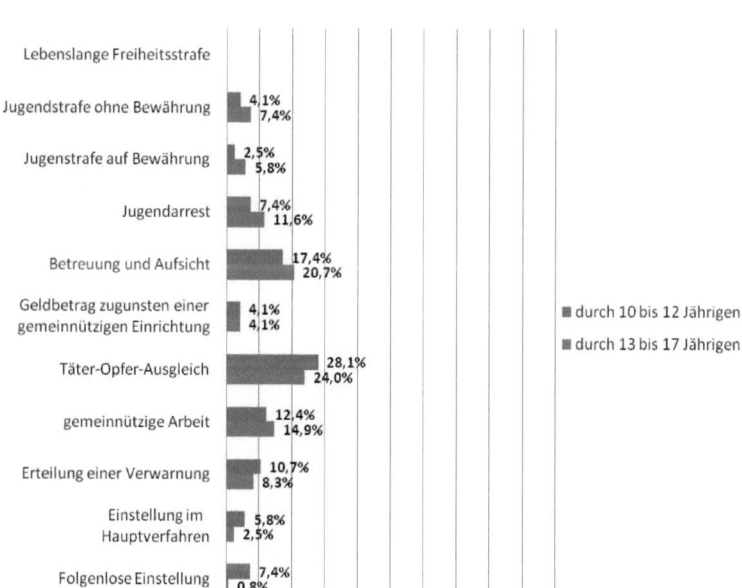

Bei der Bedrohung/ Belästigung zeigt sich wieder das bereits dargestellt Ergebnis bei Delikten mit Personenbezug, namentlich der Täter-Opfer-Ausgleich als Mittel der Wahl der Mehrheit. Auch die beiden zahlenmäßig folgenden Reaktionen, namentlich die Betreuungsunterstellung und die Verrichtung gemeinnütziger Arbeit, sind altersübergreifend bei diesem Delikt übereinstimmend, bei geringfügigen Unterschieden in der Prozentverteilung zwischen den Alternativen (vgl. Abbildung 37). Die übrigen Maßnahmen liegen bei den jüngeren Tätern überwiegend bei den milderen Optionen verteilt, während sie gegenläufig bei der älteren Tätergruppe eher auf der Seite der eingreifenderen Reaktionen Gewichtung finden.

Abbildung 38: Angemessene Reaktionsweise auf wiederholtes Schwarzfahren abhängig vom Alter des Täters in Prozent

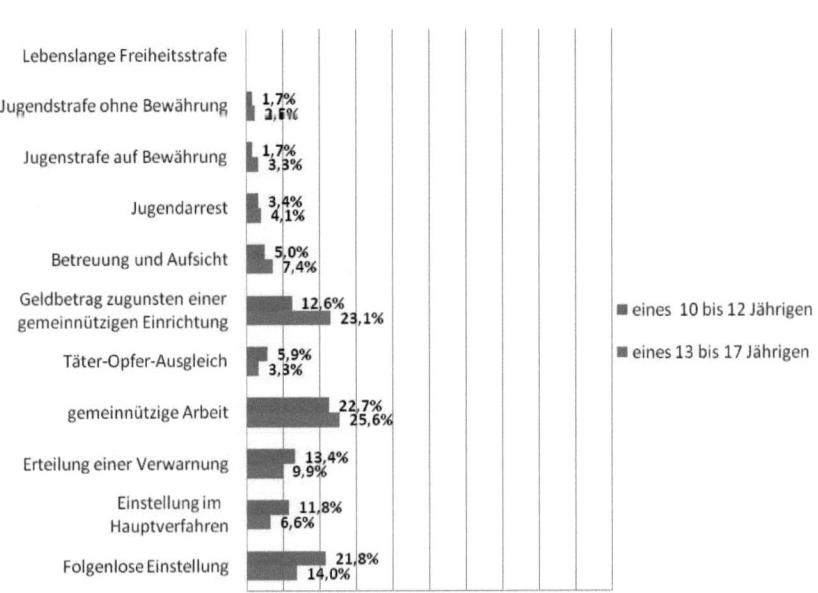

Das wiederholte Schwarzfahren wird aufgrund der geringen Intensität der Straftat „Erschleichen von Leistungen", des Fehlens eines persönlichen

Opfers und nicht zuletzt sicherlich aufgrund der relativen Nachvollziehbarkeit der Motivation von den Befragten durchweg milde geahndet. Hier findet sich die gemeinnützige Arbeit erneut an vorderster Position. Bei den älteren Tätern wird diese Maßnahme gefolgt von der Zahlung eines Geldbetrages an eine gemeinnützige Institution, während bei den 10 bis 12 Jährigen, die folgenlose Einstellung diesen Platz einnimmt. Dies dürfte zum einen darauf zurückzuführen sein, dass grundsätzlich in diesem Alter wenig eigenes Kapital vorhanden sein dürfte und zum anderen auf die Nachsicht gegenüber dem kindlichen Alter der Delinquenten. Gleichwohl darf auch die Ubiquität nicht außer Acht gelassen werden. Auf Rang drei rangiert bei den 13 bis 17 Jährigen die folgenlose Einstellung, bei der jüngeren Tätergruppe die Erteilung einer Verwarnung im Urteil.

Abbildung 39: Angemessene Reaktionsweise auf sinnlose Sachbeschädigung abhängig vom Alter des Täters in Prozent

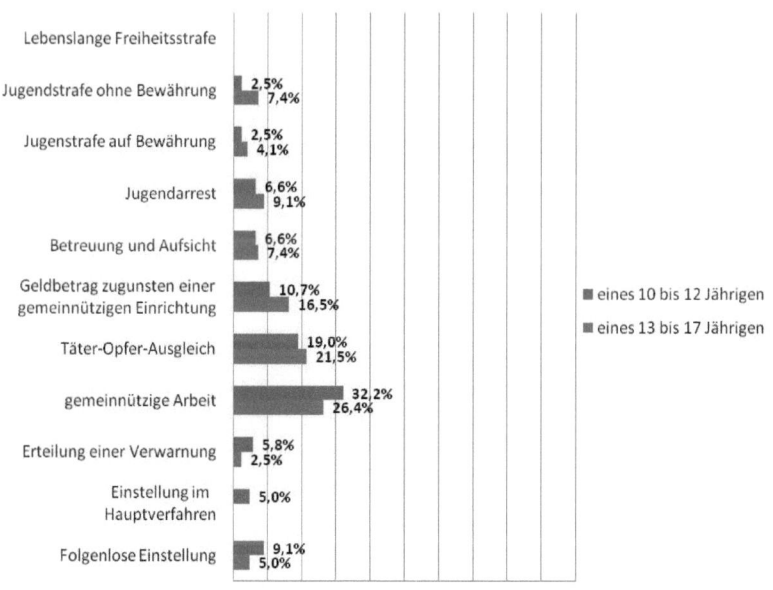

Auch im Rahmen der sinnlosen Sachbeschädigung findet sich als primär gegen eine Sache, bzw. das Eigentum gerichtete Tat die gemeinnützige Arbeit als erwartete Reaktion der Befragten sowohl bei der Tätergruppe der 13 bis 17 Jährigen (26,4%), als auch der 10 bis 12 Jährigen (32,2%) an erster Stelle (siehe Abbildung 39). Ebenso sind die folgenden Positionen identisch vergeben in Form des Täter-Opfer-Ausgleichs und der Auferlegung der Zahlung eines Geldbetrages an eine gemeinnützige Einrichtung. Dass der Täter-Opfer-Ausgleich bei dieser Tat auf dem zweiten Rang zu finden ist, dürfte daran liegen, dass zwar die Befragten dieses Delikt in erster Linie als gegen eine Sache gerichtet ansehen, gleichwohl jedoch die Beschädigung persönlichen Eigentums bspw. durch das Abtreten eines Autoaußenspiegels vor Augen haben, als die Beschädigung/ Zerstörung einer Telefonzelle. Bei Letzterem würde ein Täter-Opfer-Ausgleich mangels personalisierten Opfers scheitern.

Auch bei dieser Deliktsgruppe finden sich die übrigen Prozentzahlen bei der älteren Altersgruppe im Rahmen der härteren Sanktionen, sowie bei den jüngeren Delinquenten spiegelbildlich bei den milderen Eingriffen.

bb) Fazit Fragebogenkomplex D

Als Fazit dieses Komplexes zeigt sich, dass die Befragten bei der Wahl der als angemessen empfundenen Reaktionsweisen zwischen den verschiedenen Täteraltern unterscheiden. Bei den jüngeren Tätern wurden durchweg milderer Maßnahmen gewählt. Diese Tatsache zeigt sich im Fall identischer Auswahl der primär als angemessen empfundenen Reaktion bei beiden Täteraltersgruppen an der zweit- und dritthäufigsten Optionenwahl. Darüber hinaus entschieden sich die Befragten bei den jüngeren Delinquenten häufiger für eine Einstellung des Verfahrens.

Die Altersspanne der jüngeren Tätergruppe wurde i.R.d. D Komplexes von zunächst von 10 bis 11 Jahre bei einem Delikt auf 10 bis 12 Jahre bei weiteren Delikten ausgeweitet. Auch wenn die jüngere Tätergruppe bis 12 Jahren reichte, zeigten sich keine Unterschiede in der differenzierten, sowie milderen Behandlung. Es ist danach davon auszugehen, dass vor allem der Umfang der älteren Tätergruppe bis 17 Jahren ausschlaggebend ist für die Beurteilung der angemessenen Reaktion. Bei den Taten, bei denen nur die Möglichkeit der Unterscheidung zwischen zwei verschiedenen Täteraltern vorgegeben wurde, zeigt sich, dass bei 14 Jahren die Reaktionsweisen befürwortet wurden, die auch im Rahmen anderer Delikte bei der älteren Tätergruppe zuvorderst gewählt wurden.

Darüberhinaus korrespondiert vielfach die Sanktion mit dem begangenen Delikt, bzw. dem verletzten Schutzbereich. Sofern das Eigentum oder sonstige materielle Güter das Tatobjekt sind, sei es durch Diebstahl eines 14 Jährigen, Graffiti, sinnlose Sachbeschädigung oder wiederholtes Schwarzfahren, ist durchweg die gemeinnützige Arbeit an erster Stelle zu finden. Lediglich bei dem Diebstahl einer geringwertigen Sache durch einen 10 Jährigen stellt dies erst die dritthäufigste gewählte Option nach den beiden milderen Einstellungsalternativen dar. Dies dürfte aber darin begründet sein, dass die Befragten in Übereinstimmung mit der Empirie dies als ubiquitär ansehen und aufgrund dessen, gerade in diesem jungen Alter eine weniger einschneidende Sanktion befürworten. Die Tatsache, dass allerdings auch in der jungen Altersgruppe der 10-12 Jährigen das wiederholte Schwarzfahren eine gemeinnützige Arbeit als angemessenste Konsequenz zur Folge haben soll, dürfte zum einen auf die Erhöhung der Altersspanne, primär jedoch auf die Darstellung des als ubiquitär empfundenen Vergehens als Wiederholungstat zurückzuführen sein.

Bei Taten mit persönlichem Opferbezug werden gemeinhin härtere Reaktionen gefordert als bei solchen, die sich einzig gegen eine Sache richten. Gleichwohl zeigt sich durch sämtliche Fragekonstellationen hinweg, dass ambulante und interaktive Sanktionen den größten Zuspruch der Befragten finden und nicht in der Mehrheit eine Jugendstrafe gefordert wird. Gegenüber den jüngeren Tätern wird zudem überwiegend eine primär erzieherische Einwirkung auf den Delinquenten gefordert, ein Zurechtweisen, ein Appellieren an das Gewissen und Fördern von Werten und kriminell-abstinenter Einstellung.

f) Zusammentreffen mit einer Gruppe von Kindern/Jugendlichen auf der Strasse (Fragebogenkomplex E)

Im folgenden E-Komplex wurden die Probanden zu ihrem Alltagsverhalten beim Zusammentreffen mit einer Gruppe von Kindern und Jugendlichen befragt. Dabei ging es um die Frage, ob die Befragten ihr Verhalten in dieser Situation ändern.

Die Befragten sollten zu den folgenden Aussagen ihr Verhalten betreffend Stellung beziehen:

E1: „Ich weiche einer Gruppe von 13 bis 17 Jährigen aus, wenn ich sie auf der Strasse sehen".

E2: „Ich weiche einer Gruppe von 10 bis 12 Jährigen aus, wenn ich sie auf der Strasse sehen".

E3: „Wenn ich von einem 13 bis 17 Jährigen, dessen Freunde in der Nähe stehen, angesprochen werde, reagiere ich nicht, sondern laufe einfach weiter".

E4: „Wenn ich von einem 10 bis 12 Jährigen, dessen Freunde in der Nähe stehen, angesprochen werde, reagiere ich nicht, sondern laufe einfach weiter".

E5: „Wenn ich eine Gruppe Jugendlicher auf der Strasse stehen sehe, bin ich immer besonders achtsam".

aa) Ergebnisse zu dem Zusammentreffen mit einer Gruppe von Kindern/ Jugendlicher auf der Strasse (Fragebogenkomplex E)

Aussage E1: „Ich weiche einer Gruppe von 13 bis 17 Jährigen aus, wenn ich sie auf der Strasse sehen".

Mit circa 84% weicht der Großteil der befragten Personen einer Gruppe von 13 bis 17 Jährigen nicht aus, wenn sie diese auf der Strasse erblicken (siehe Tabelle 9). Knapp 16% der Befragten würden hingegen einer Gruppe von 13-17 Jährigen ausweichen.

Tabelle 9: „Ich weiche einer Gruppe von 13 bis 17 Jährigen aus, wenn ich sie auf der Strasse sehe".

Ergebnis in Prozent

		Häufigkeit	Prozent	Gültige Prozente	Kumulierte Prozente
	ja	4	3,1	3,1	3,1
	eher ja	16	12,5	12,5	15,6
Gültig	eher nein	48	37,5	37,5	53,1
	Nein	60	46,9	46,9	100,0
	Gesamt	128	100,0	100,0	

Aussage E2: „Ich weiche einer Gruppe von 10 bis 12 Jährigen aus, wenn ich sie auf der Strasse sehen".

Bei einem Zusammentreffen mit der jüngeren Altersgruppe der 10 bis 12 Jährigen steigt der Prozentwert derer, die ihr Verhalten nicht ändern würde, auf gut 97% (siehe Tabelle 10). Lediglich 2,4% der Probanden entschied sich dafür, auch dieser Altersgruppe auszuweichen.

Tabelle 10: „Ich weiche einer Gruppe von 10 bis 12 Jährigen aus, wenn ich sie auf der Strasse sehe".
Ergebnis in Prozent

		Häufigkeit	Prozent	Gültige Prozente	Kumulierte Prozente
	ja	1	,8	,8	,8
	eher ja	2	1,6	1,6	2,3
Gültig	eher nein	30	23,4	23,4	25,8
	nein	95	74,2	74,2	100,0
	Gesamt	128	100,0	100,0	

Aussage E3: „Wenn ich von einem 13 bis 17 Jährigen, dessen Freunde in der Nähe stehen, angesprochen werde, reagiere ich nicht, sondern laufe einfach weiter".

Sofern den Befragten die Situation vorgegeben wurde, dass sie von einem 13 bis 17 Jährigen, dessen Freunde sich in der Nähe befinden, angesprochen werden, entschieden sich circa 72% dazu, nicht reaktionslos weiterzugehen (siehe Tabelle 11). Knapp 28% der Befragten würden stattdessen einfach weiterlaufen.

Tabelle 11: „Wenn ich von einem 13 bis 17 Jährigen, dessen Freunde in der Nähe stehen, angesprochen werde, reagiere ich nicht, sondern laufe einfach weiter".
Ergebnis in Prozent

		Häufigkeit	Prozent	Gültige Prozente	Kumulierte Prozente
Gültig	ja	12	9,4	9,4	9,4
	eher ja	24	18,8	18,8	28,1
	eher nein	53	41,4	41,4	69,5
	nein	39	30,5	30,5	100,0
	Gesamt	128	100,0	100,0	

Aussage E4: *„Wenn ich von einem 10 bis 12 Jährigen, dessen Freunde in der Nähe stehen, angesprochen werde, reagiere ich nicht, sondern laufe einfach weiter".*

Sobald das Alter der ansprechenden Person sowie der Gruppe sinkt, steigt erneut die Anzahl derer, die ihr Verhalten ob dieser Situation nicht ändern und beläuft sich auf knapp 79%. Circa 21% der Befragten reagieren nicht und laufen weiter.

Tabelle 12: „Wenn ich von einem 10 bis 12 Jährigen, dessen Freunde in der Nähe stehen, angesprochen werde, reagiere ich nicht, sondern laufe einfach weiter".
Ergebnis in Prozent

		Häufigkeit	Prozent	Gültige Prozente	Kumulierte Prozente
Gültig	ja	11	8,6	8,6	8,6
	eher ja	16	12,5	12,5	21,1
	eher nein	35	27,3	27,3	48,4
	nein	66	51,6	51,6	100,0
	Gesamt	128	100,0	100,0	

Aussage E5: „Wenn ich eine Gruppe Jugendlicher auf der Strasse stehen sehe, bin ich immer besonders achtsam".

Insgesamt entspricht die Anzahl derjenigen Befragten, die beim Erblicken einer Gruppe Jugendlicher eine besondere Achtsamkeit angibt (46,9%) ungefähr derer, die dies verneinen (53,2%), wie sich aus Abbildung 14 ergibt. Gleichwohl hat sich an den vorherigen Fragestellungen im Rahmen dieses Komplexes gezeigt, dass zumindest auch ein Teil der Personen, die einer solchen Situation aufmerksamer gegenübertritt, dennoch ihr Verhalten nicht ändern.

Tabelle 13:   „Wenn ich eine Gruppe Jugendlicher auf der Strasse sehe, bin ich immer besonders achtsam".

Ergebnis in Prozent

		Häufigkeit	Prozent	Gültige Prozente	Kumulierte Prozente
	ja	13	10,2	**10,2**	10,2
	eher ja	47	36,7	**36,7**	46,9
Gültig	eher nein	44	34,4	**34,4**	81,2
	nein	24	18,8	**18,8**	100,0
	Gesamt	128	100,0	**100,0**	

bb) Fazit Fragebogenkomplex E

Insgesamt ist somit festzustellen, dass der Großteil der Befragten ihr Verhalten nicht durch das Aufeinandertreffen mit Kindern oder Jugendlichen, denen sie in Gruppen begegnen, ändert, wenngleich ungefähr die Hälfte ein besonderes Augenmerk auf das Gebaren dieser Gruppe richtet. Sie weichen ihr weder aus, noch gehen sie reaktionslos weiter, sofern sie angesprochen werden. Zwar führt ein höheres Alter der Angetroffenen häufiger zu einer Verhaltensänderung als das Zusammentreffen mit Jüngeren, jedoch nicht in einem deutlichen Ausmaß.

g) Sicherheitsgefühl und Opferstatus der Stichprobe sowie nähere
Umstände zu widerfahrenen Straftaten (Fragebogenkomplex F)

Im ersten Teil des Fragebogenkomplexes F wurden der demographische
Hintergrund der Stichprobe und deren Opferstatus erfragt. Die Personen
mit Opfererfahrung (d.h. Personen, die selber Opfer waren und/ oder Personen, die eine ihnen nahestehende Person kennen, die schon einmal
Opfer war) sollten Auskunft über Art der Straftat und Täteralter geben, sowie ihre Zufriedenheit mit der staatlichen Reaktion auf diese Straftat bewerten. Darüber hinaus wurde in diesem Komplex das Sicherheitsgefühl
der Stichprobe erfragt.

Der demographische Hintergrund der Stichprobe und deren Opferstatus
wurden bereits im Rahmen der Stichprobenbeschreibung behandelt. Im
Folgenden werden die Antworten zum Sicherheitsgefühl und die Antworten
„rund um eine erfolgte Straftat" dargestellt.

aa) Sicherheitsgefühl in der Bundesrepublik Deutschland (F7)

Auf die Frage, wie sicher sich die Befragten in Deutschland fühlt, antworten
78% mit „sicher". 22% fühlen sich hingegen unsicher (siehe Abbildung 40).

Abbildung 40: Sicherheitsgefühl im Allgemeinen in Deutschland in Prozent

**Wie sicher fühlen Sie sich grundsätzlich in Deutschland
im Hinblick auf die Kriminalität?**

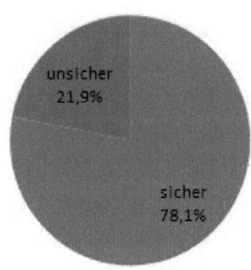

Geschlechtsspezifisch macht sich ein Unterschied aus, der in der kriminologischen Forschung nicht unbekannt ist. Die befragten Frauen fühlen sich

mit einer Differenz von 16% unsicherer als die befragten Männer (siehe Abbildung 41). Dies darf aber nicht darüber hinwegtäuschen, dass sich auch die Frauen der Stichprobe in der Bundesrepublik mehrheitlich sicher fühlen, nämlich mit weiterhin über 70%.

Abbildung 41: Geschlechtsspezifische Unterscheidung in Prozent

sicher

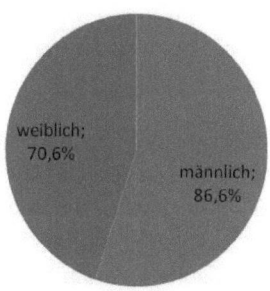

Die Betrachtung anhand der verschiedenen Altersgruppen der Befragten zeigt, dass sich die über 64 Jährigen mit 60% im Gegensatz zu den jüngeren Altersgruppen weniger sicher fühlen (Abbildung 42). Dies dürfte daran liegen, dass mit dem Alter die Fähigkeit zur Gegenwehr oder zumindest das Vertrauen in die eigene Person diesbezüglich sinkt.

Zwar ist in der Gruppe der 36 bis 50 Jährigen mit 73,9% Sicherheitsgefühl im Verhältnis zu den 18 bis 35 Jährigen mit 83,6% und den 51 bis 64 Jährigen mit 77,3% eine leichte Einbuße festzustellen, die aber mit 3,3% zu vernachlässigen ist, da dieser Prozentsatz in der vorliegenden Stichprobe lediglich eine Person ausmacht.

Altersspezifische Unterscheidung in Prozent

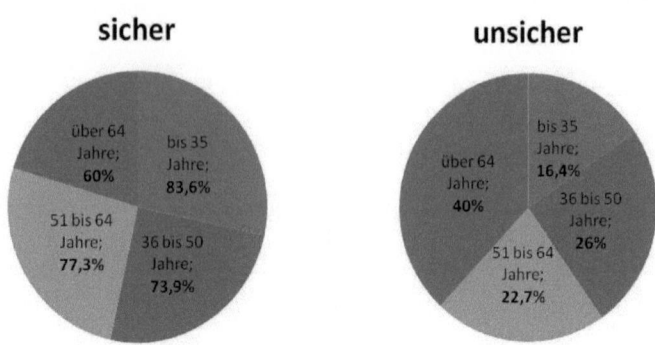

Der Opferstatus der befragten Personen, namentlich, ob sie selbst, eine nahestehende Person oder aber weder sie, noch jemand im engen Bekanntenkreis bereits Opfer einer Straftat wurden, zeigt keinen Einfluß auf die Beurteilung des Sicherheitsgefühls durch die Stichprobe (siehe Abbildung 43). Eine Korrelation zwischen etwaigen Opfererfahrungen und dem Sicherheitsempfinden liegt danach nicht vor.

Abbildung 43: Opferstatus der Befragten in Prozent

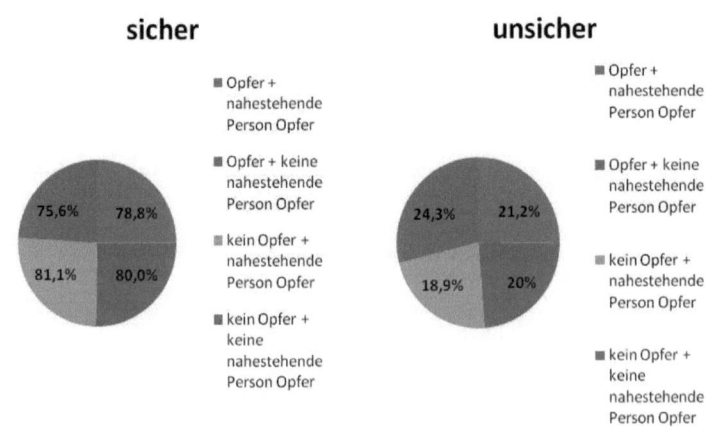

Als Fazit dieses Teilkomplexes läßt sich somit festhalten, dass sich die Mehrheit der Befragten in der Bundesrepublik sicher fühlt. Ein Zusammenhang zwischen Opferstatus und Beurteilung des Sicherheitsgefühls lässt sich nicht feststellen. Frauen fühlen sich jedoch, wenngleich mehrheitlich sicher, etwas weniger sicher als Männer dies tun. Zudem nimmt das Sicherheitsgefühl im Alter ab, wobei auch die über 64 Jährigen sich noch im Gros sicher fühlen.

bb) Widerfahrene Straftaten (F9), Täteralter (F13), Zufriedenheit mit der staatlichen Reaktion nach einer Straftat (F11) und Folgen der Straftat (F12)

Im zweiten Teilkomplex F wurden die Personen, die bereits selbst Opfer einer Straftat wurden oder aber eine Person in ihrem nahen sozialen Umkreis haben, der etwas Derartiges widerfahren ist hinsichtlich der Straftat und ihrer Zufriedenheit mit der staatlichen Reaktion darauf befragt.

Insgesamt verfügen 71% der Befragten über den beschriebenen Opferstatus. Diese berichten von folgenden Straftaten:

Tabelle 14: Erfahrene Straftaten (orientiert an der Straftatbezeichnung der Probanden)

Straftaten	Anzahl	Konkrete Bezeichnung durch die Befragten
Diebstahl (inkl. besonders schwerer Fall des Diebstahls (19 Fälle); ein angegebener Versuch)	61	Trickdiebstahl, (Hand)taschendiebstahl, Portemonnaie, Fahrrad- und Autodiebstahl, bzw. Gegenstände aus Kfz, Diebstahl aus Keller
Raub (inkl. Schweren Raubes bspw. wg. Einsatzes einer Waffe (2 Fälle); zwei angegebene Versuche)	20	Raub, Abziehen
Körperverletzung (inkl. zweimal unter Alkoholeinfluss)	17	Schlägerei, Tätlichkeit, Angriff mit körperlichen Schäden, Handgreiflichkeiten
Wohnungseinbruchsdiebstahl	15	Einbruch (in Wohnung)

Belästigung (davon einmal mit einer Stichwaffe)	9	Belästigung (von Kindern durch Pädophile), sexuelle Belästigung, Verfolgung
Bedrohung	5	Bedrohung; Gewaltandrohung
Gefährliche Körperverletzung	4	Gefährliche Körperverletzung, Körperverletzung durch Mehrzahl von Personen, mittels Waffe
Vergewaltigung (ein angegebener Versuch)	3	Vergewaltigung
Schwerer Raub	3	Abziehen mit Waffengewalt, schwerer Raub
Tötungsdelikte	3	Mord, Totschlag
Räuberische Erpressung	2	Räuberische Erpressung
Betrug	2	Betrug, Kreditkartenbetrug
Unfallflucht	2	Unfallflucht
„Überfall"	2	Überfall (auf offener Strasse)
Nötigung	1	Nötigung
Beleidigung	1	Beleidigung
Üble Nachrede	1	Üble Nachrede
Erpressung	1	Erpressung

Sofern der Plural durch die Befragten in ihren Angaben ohne konkrete Anzahl gewählt wurde, wurde die Tat nur einmal gelistet.

Betrachtet man in Tabelle 15 das Alter der Täter so wird deutlich, dass es sich bei dem Großteil der Täter, sofern deren Alter den Befragten bekannt war, knapp 37% der Opfer kannten das Alter der Täter nicht, um Erwachsene (28,6%) gehandelt hat. Der zweithöchste prozentuale Anteil entfällt auf Delinquenten im Alter zwischen 15 bis 17 Jahren. Die Altersgruppe der 18 bis 21 Jährigen belegt mit 9,8% den dritten Rang. Lediglich 5,4% der Täter waren zwischen 12 und 14 Jahren alt, zwischen 10 und 11 Jahren sogar nur 0,9%.

Tabelle 15: Zusammenfassung der Täter-Altersgruppen

Täter- Altersgruppen	Anzahl der Täter	Anteil in Prozent
10-11	1	0,9%
12-14	6	5,4%
15-17	21	18,8%
18-21	11	9,8%
Erwachsene	32	28,6%
Nicht bekannt	41	36,6%
Summe der Täter	112	100%

Befragt nach der Zufriedenheit mit der staatlichen Reaktion, geben 69,2% an, dass sie mehrheitlich damit unzufrieden (siehe Tabelle 16). Dabei ist zu beachten, dass dies nicht automatisch bedeutet, dass die Reaktion als zu milde betrachtet wurde. Ebenso könnte dies auf eventuelle nicht als sachgerecht empfundene Intensität der Verfolgung oder aber deren Zeitdauer bezogen sein.

Tabelle 16: Zufriedenheit mit der staatlichen Reaktion (F11)

Ergebnis in Prozent

		Häufigkeit	Prozent	Gültige Prozente	Kumulierte Prozente
	Ja	20	15,6	**30,8**	30,8
Gültig	Nein	45	35,2	**69,2**	100,0
	Gesamt	65	50,8	**100,0**	
Fehlende	Werte	63	49,2		
Gesamt		128	100,0		

In knapp 90% der Fälle kam es zu keiner Verurteilung (siehe Tabelle 17), wobei zu beachten ist, dass 16,2% angaben, nicht zu wissen, ob es zu einer Verurteilung kam (siehe Tabelle 18).

Tabelle 17: Kenntnis über den Eintritt einer Verurteilung i.S.v." Kam es zu einer Verurteilung?" (F12)

Ergebnis in Prozent

		Häufigkeit	Prozent	**Gültige Prozente**	Kumulierte Prozente
	Ja	6	4,7	**11,1**	11,1
Gültig	Nein	48	37,5	**88,9**	100,0
	Gesamt	54	42,2	**100,0**	
Fehlende	Werte	74	57,8		
Gesamt		128	100,0		

Tabelle 18: Kenntnis bzgl. des Eintritts einer Verurteilung im engeren Sinn (F12)

Ergebnis in Prozent

		Häufigkeit	Prozent	**Gültige Prozente**	Kumulierte Prozente
	nicht angekreuzt	62	48,4	**83,8**	83,8
Gültig	angekreuzt	12	9,4	**16,2**	100,0
	Gesamt	74	57,8	**100,0**	
Fehlende	Werte	54	42,2		
Gesamt		128	100,0		

cc) Fazit Fragebogenkomplex F

Zusammenfassend lässt sich somit festhalten, dass die Mehrheit der Befragten (69,2%) mit der staatlichen Reaktion unzufrieden war. Worin diese Unzufriedenheit konkret begründet liegt, kann jedoch nicht beurteilt werden. Zudem ist festzuhalten, dass von der gesamten Stichprobe (nur) 71% das Kriterium Opferstatus in irgendeiner Weise erfüllen. Von diesen wissen zudem 16,2% nicht, ob es zu einer Verurteilung kam, was darauf schließen lässt, dass sie über den Fortgang des Verfahrens an sich keine Informationen besitzen.

Abgesehen davon, dass, wie sich unter F13 a bis f zeigt, primär Erwachsene als Täter in Erscheinung traten, kommt hinzu, dass die Probanden innerhalb des D-Komplexes ihre konkret begehrten Reaktionsweisen bereits dargestellt haben, denen eine zuvorderst harte Intervention gegen Kinder und Jugendliche gerade nicht gemein war.

h) Kernaussagen der Ergebnisse des Fragebogens betreffend der Einstellung der Bevölkerung zu delinquenten Kindern und Jugendlichen und zum Umgang mit denselben bezogen auf die eingangs formulierten Fragen

Die Ergebnisse der Befragung sollten Hinweise zur Beantwortung der eingangs formulierten Fragen liefern und klären, inwieweit die Forderungen der Politik mit denen der Bevölkerung übereinstimmen.

Was und wen fürchtet die Majorität? Ab welchem Täteralter setzt diese Angst ein?

Es ist zunächst festzuhalten, dass sich die Mehrheit der Befragten in der Bundesrepublik sicher fühlt. Diese abstrakte Aussage wird durch die Erkenntnisse hinsichtlich des persönlichen Bedrohungsgefühls der Befragten bezüglich der verschiedenen Delikte und der Beurteilung ihrer Eintrittswahrscheinlichkeit gestützt. So zeigen sich die Probanden grundsätzlich bezogen auf alle möglichen Bedrohungssituationen eher unbesorgt. Der Beunruhigungsgrad relativiert sich weiter, wenn es um die Beurteilung des Eintritts der vorgegebenen Delikte innerhalb der nächsten zwölf Monate geht. Dabei hält nur ein verschwindend geringer Teil den entsprechenden Eintritt für sehr wahrscheinlich.

Unterschiede zeigen sich bei den verschiedenen Deliktsbereichen auf. Während bei der abstrakten Beurteilung durch die Befragten die größte Besorgnis bezogen auf die Gewaltdelikte besteht, messen sie gerade diesen Delikten innerhalb der nächsten zwölf Monate die geringste Wahrscheinlichkeit bei. Vielmehr sehen sie in diesem konkreten zeitlichen Rahmen einen Diebstahl oder eine Sachbeschädigung am wahrscheinlichsten an. Die tatsächliche Erwartung zeigt daher ein gänzlich anderes Bild als die abstrakte Beurteilung des Bedrohungsempfindens durch die Befragten. Eine Ausnahme bildet in jeglicher Weise die Konstellation von Gewaltanwendung gegenüber dem eigenen Kind. Hier ist sowohl die Angst der Befragten, als auch ihre Einschätzung der Eintrittswahrscheinlichkeit im Vergleich zu den übrigen vorgegebenen Deliktsituationen deutlich erhöht, was jedoch auf die Besonderheit des Sachverhalts zurückzuführen sein dürfte.

Eine weitere Bestätigung des geäußerten Sicherheitsgefühls der Befragten liefern die Aussagen zum Zusammentreffen mit einer Gruppe von Kindern, respektive Jugendlichen, die größtenteils keine Verhaltensänderung bei den Befragten nach sich zieht. Zwar ist circa die Hälfte der Respondenten besonders aufmerksam bezüglich des Verhaltens beim Zusammentreffen mit einer Gruppe von Kindern oder Jugendlichen, dies manifestiert sich jedoch nicht darin, dass sie diesen Gruppen aus dem Weg gehen oder die direkte Konfrontation mit ihnen scheuen.

Darüber hinaus steht das Sicherheitsgefühl der Befragten in engem Zusammenhang mit dem Alter der Täter. Es nimmt mit zunehmendem Täteralter ab. Je jünger die möglichen Täter sind, desto sicherer bzw. unbesorgter sind die Befragten. Der Gruppe der bis zu 10 Jährigen stehen die Probanden grundsätzlich sorglos gegenüber. Diese Sorglosigkeit reduziert sich bereits bei der Tätergruppe der 11 bis 13 Jährigen. Eine deutliche Zunahme der Beunruhigung zeigt sich jedoch durch alle Deliktsbereiche des B-Komplexes hinweg erst bei der Tätergruppe der 14 bis 17 Jährigen. Die Ergebnisse aus dem C-Komplex korrespondieren hierzu. Die Annahme des Eintritts eines strafrechtlichen Verhaltens wird wesentlich höher bewertet ab der Tätergruppe der 14 bis 17 Jährigen. Die vorgegebenen Tätergruppen lassen sich nach den Antworten der Befragten danach grob aufspalten in die Altersklassen der bis zu 13 Jährigen und der 14 bis 21 Jährigen. Während von ersterer sowohl die geringste Bedrohung als auch die größte Unwahrscheinlichkeit eines zeitnahen deliktischen Verhaltens empfunden wird, ändern sich die Einschätzungen deutlich bezogen auf die Altersgruppe der 14 bis 21 Jährigen.

Was hält die Masse für die adäquaten Reaktionen auf Fehlverhalten Kinder und Jugendlicher?

Bei der Auswahl der von den Befragten als angemessen angesehenen Reaktionsweisen auf das Fehlverhalten von Kindern und Jugendlichen zeigte sich, dass die Probanden hinsichtlich des Alters des Täters differenzieren.

Bei der jüngeren Altersgruppe entschieden sich die Befragten durchweg für mildere Maßnahmen, was teilweise erst bei der zweit- und dritthäufigsten Optionenwahl deutlich wurde, und befürworteten häufiger eine Einstellung. Die Verschiebung der Altersspanne der Tätergruppen führte zu keinen Unterschieden hinsichtlich der Intensität der als angemessen empfundenen Maßnahmen für die jeweilige Tätergruppe. Das ausschlaggebende Kriterium für die Sanktionsauswahl dürfte danach die obere Altersgrenze der älteren Tätergruppe sein. Gleichwohl zeigte sich auch, dass bei einem Täteralter von 14 Jahren primär die Maßnahme gewählt wurde, die bei der Beurteilung anderer Delikte für die ältere Tätergruppe mehrheitlich als angemessen empfunden wurde.

Insgesamt überwiegen bei allen Täteraltern ambulante und interaktive Maßnahmen. Bei Taten mit einem persönlichen Opfer werden stärkere Reaktionen befürwortet, als bei Eigentumsdelikten. Dabei werden grundsätzlich Reaktionsweisen gewählt, die mit dem verletzten Gut korrelieren, mithin bei Eigentumsdelikten die Verrichtung gemeinnütziger Arbeit oder die Zahlung eines Geldbetrages zugunsten einer gemeinnützigen Einrichtung und bei Delikten gegen die Person Täter-Opfer-Ausgleich. Lediglich bei den älteren Tätern wird teilweise an zweiter oder dritter Stelle Jugendarrest gefordert. Jugendstrafe findet sich bei keinem Delikt und keiner Altersstufe unter den mehrheitlich gewählten Reaktionsweisen.

Fordern die Befragten Veränderungen des Jugendstrafrechts, insbesondere eine Verschärfung desselben, bzw. eine Herabsetzung des Strafmündigkeitsalters?

Im Rahmen der kriminalpolitischen Fragestellungen waren die Befragten mehrheitlich der Ansicht, dass die Höchstdauer der Jugendstrafe von aktuell zehn Jahren ausreichend ist. Auch die bestehende Unterscheidung und andersartige Behandlung von jugendlichen und erwachsenen Straftätern fand mehrheitlich den Zuspruch durch die Respondenten. Ein Instrumentarium von erzieherischen wie repressiven Maßnahmen, wie es das derzeitige Jugendgerichtsgesetz vorsieht, wurde befürwortet. Dabei standen die Befragten der Erweiterung des Reaktionsapparates des Jugendgerichtsgesetzes durch Einführung von militärisch ausgerichteten Boot Camps nach amerikanischem Vorbild größtenteils ablehnend gegenüber.

Die vorstehenden Ergebnisse liefern danach keine Hinweise darauf, dass es nach Ansicht der Befragten einer Veränderung des Jugendstrafrechts bedarf.

Ein gegenteiliges Ergebnis wird auch nicht mittelbar durch die als angemessen empfundenen Reaktionen auf straffälliges Verhalten Kinder und Jugendlicher vermittelt. Hier wurden durchweg in der Mehrheit ambulante Maßnahmen gefordert und nicht in größerem Umfang Jugendarrest oder gar Jugendstrafe. Auch unterschieden die Befragten eindeutig zwischen den verschiedenen Täteraltern. Bei den jüngeren Tätern, die bis zu einem Alter von 13 Jahren, aufgrund der Strafmündigkeitsgrenze bei 14 Jahren, dem derzeitigen Jugendstrafrecht nicht zugänglich sind, wurden durchweg mildere Maßnahmen gefordert und vermehrt von der Möglichkeit einer Einstellung Gebrauch gemacht. Bei einem Täteralter von 14 Jahren entschieden sich die Befragten hingegen mehrheitlich für eine Reaktionsweise, die vielfach bei den übrigen, gleichgearteten Delikten, bei der älteren Tätergruppe gewählte wurde. Insoweit ist ein Einklang der Einschätzung der Befragten mit der derzeitigen Strafmündigkeitsgrenze festzustellen. Das Vorstehende vermittelt den Eindruck, dass nach Ansicht der Befragten Kinder aus dem Bereich des Strafrechts auszunehmen sind und bestätigt damit auch nicht die gleichfalls im kriminalpolitischen Fragekomplex mit 07,7% befürwortete Aussage, dass kriminelles Verhalten in jedem Alter zu staatlichen Sanktionen führen sollte.

Anhaltspunkte, vor allem für eine geforderte Senkung der Strafmündigkeitsgrenze, lassen sich auch nicht aus den Resultaten des persönlichen Bedrohungsgefühls der Befragten herleiten. Die Befragten stehen in der Mehrheit der Möglichkeit, einem der aufgeführten Deliktsbereiche zum Opfer zu fallen, eher unbesorgt gegenüber. Eine deutliche Zunahme der Beunruhigung zeigt sich erst ab einem Täteralter von 14 Jahren. Gleiches gilt bei der Beurteilung der Eintrittswahrscheinlichkeit der vorgegebenen Delikte innerhalb der nächsten zwölf Monate. Hier halten die Befragten ebenfalls eine Deliktsbegehung ab der dem Täteralter von 14 Jahren für erheblich wahrscheinlicher.

Die zuvor geschilderten Erkenntnisse, und die Feststellung, dass bei den, den Befragten in der Vergangenheit widerfahrenen, Straftaten von 71 Tätern, deren Alter den Opfern bekannt war, nur ein Täter im Alter von 10-11 Jahren, lässt die Forderungen nach Herabsetzung der Strafmündigkeitsgrenze obsolet erscheinen.

Nach den erlangten Ergebnissen wirken die Befragten mit den Eigenschaften und Möglichkeiten des Jugendstrafrechts einverstanden. Eine gewisse festgestellte Unzufriedenheit liegt wohl vielfach eher in der Handhabung durch die Justiz.

Leider gelingt es den Medien und der Politik immer wieder, die festgestellte Grundzufriedenheit und Grundsicherheit durch Berichte von extremen Einzelfällen kindlicher und jugendlicher Straftäter negativ zu beeinflussen. Fraglich ist, ob sich die Justiz dadurch verunsichern lässt und ob deshalb das Jugendstrafrecht Veränderungen erfahren muss.

2. Kinderfragebogen

Ziel des Kinderfragebogens war es, vor dem Hintergrund der immerwährenden Diskussion zur Herabsetzung des Strafmündigkeitsalters in Deutschland von momentan 14 Jahren, festzustellen, ob Kinder unter dieser Strafmündigkeitsgrenze tatsächlich in strafrechtlich reaktionsforderndem Maße Straftaten begehen.

An der Befragung nahmen die vierten Klassenstufen dreier Grundschulen der Stadt Delbrück in Deutschland teil.

Die Kinder sollten Fragen zur eigenen Delinquenz und zu delinquentem Verhalten der Mitschüler beantworten.

Tabelle 19: „Hast Du schon einmal etwas geklaut?"
Ergebnis in Prozent

		Häufigkeit	Prozent	Gültige Prozente	Kumulierte Prozente
	Ja	8	13,1	**13,1**	13,1
Gültig	nein	53	2	**86,9**	100,0
	Gesamt	61	100,0	**100,0**	

13% der befragten Schulkinder haben bereits einmal etwas geklaut.

Tabelle 20: „Hast Du bereits einmal jemand anderen verprügelt, ohne angegriffen worden zu sein?"

Ergebnis in Prozent

		Häufigkeit	Prozent	**Gültige Prozente**	Kumulierte Prozente
	Ja	15	24,6	**24,6**	24,6
Gültig	nein	46	75,4	**75,4**	100,0
	Gesamt	61	100,0	**100,0**	

Circa 25% der befragten Schulkinder haben in der Vergangenheit jeman-den verprügelt, ohne angegriffen worden zu sein.

Tabelle 21: „Hast Du Angst davor, dass Gleichaltrige Dich schlagen, ohne dass Du sie angegriffen hast?"

Ergebnis in Prozent

		Häufigkeit	Prozent	**Gültige Prozente**	Kumulierte Prozente
	ja	41	67,2	**70,7**	70,7
Gültig	nein	17	27,9	**29,3**	100,0
	Gesamt	58	95,1	**100,0**	
Fehlende	Werte	3	4,9		
Gesamt		61	100,0		

Mehr als zwei Drittel der befragten Schulkinder haben Angst davor, von Gleichaltrigen geschlagen zu werden, ohne sie angegriffen zu haben.

Tabelle 22: „Gibt es Kinder auf Deiner Schule, die andere Kinder schlagen, ihnen drohen oder ihnen Sachen wegnehmen, um sie dauerhaft für sich zu behalten?"

Ergebnis in Prozent

		Häufigkeit	Prozent	**Gültige Prozente**	Kumulierte Prozente
	ja	31	50,8	**53,4**	53,4
Gültig	nein	27	44,3	**46,6**	100,0
	Gesamt	58	95,1	**100,0**	
Fehlende	Werte	3	4,9		
Gesamt		61	100,0	·	

Nach Aussage ungefähr der Hälfte der befragten Schulkinder gibt es auf ihrer Schule Kinder, die andere Kinder schlagen, ihnen drohen oder ihnen Sachen dauerhaft wegnehmen.

Abbildung 23: „Hast Du schon einmal in der Öffentlichkeit etwas absichtlich kaputt gemacht?"

Ergebnis in Prozent

		Häufigkeit	Prozent	**Gültige Prozente**	Kumulierte Prozente
	ja	4	6,6	**6,6**	6,6
Gültig	nein	57	93,4	**93,4**	100,0
	Gesamt	61	100,0	**100,0**	

Circa 93% der befragten Schulkinder haben noch nie etwas absichtlich in der Öffentlichkeit kaputt gemacht.

„Hast Du schon einmal etwas in der Öffentlichkeit beschmiert?"

Ergebnis in Prozent

		Häufigkeit	Prozent	Gültige Prozente	Kumulierte Prozente
	ja	4	6,6	**6,6**	6,6
Gültig	nein	57	93,4	**93,4**	100,0
	Gesamt	61	100,0	**100,0**	

93% der befragten Schulkinder gaben an, bisher nie etwas in der Öffentlichkeit beschmiert zu haben.

Tabelle 25: „Bist Du bereits einmal mit der BVG gefahren, ohne einen Fahrschein besessen zu haben?"

Ergebnis in Prozent

		Häufigkeit	Prozent	Gültige Prozente	Kumulierte Prozente
	ja	2	3,3	**3,3**	3,3
Gültig	nein	58	95,1	**96,7**	100,0
	Gesamt	60	98,4	**100,0**	
Fehlende	Werte	1	1,6		
	Gesamt	61	100,0		

Gut 95% der Befragten sind ihren eigenen Angaben zur Folge noch nie ohne Fahrschein mit öffentlichen Verkehrsmitteln gefahren.

Die Verwendbarkeit der dargestellten Ergebnisse hängt maßgeblich von der Ehrlichkeit der Befragten ab. Betrachtet man die Ergebnisse der Kinderbefragung genauer, so fällt auf, dass bei den Fragen zur selbstberichteten Delinquenz im Schnitt 80% der Befragten das beschriebene Verhalten verneinen. Bei den Fragen, die sich mit dem delinquenten Verhalten der Mitschüler befassen, verkehrt sich das Bild ins Gegenteil. Mehr als die Hälfte der Kinder berichtet von oder befürchtet gewalttätige Übergriffe von Mitschülern. Es scheint also, als seien die Antworten der Kinder, trotz der

Zusicherung ihrer Anonymität, sozial verzerrt. Daher muss davon ausgegangen werden, dass sie sozial erwünscht geantwortet haben. Dabei wird eine Frage nicht mit der persönlich zutreffenden Situation beantwortet, sondern im Hinblick darauf, was nach Auffassung der befragten Personen gesellschaftlich erwartet wird. Die Antworten haben in diesen Fällen häufig nichts mit der Wirklichkeit zu tun. Hierbei handelt es sich um ein bekanntes Phänomen, vor allem auch im Zusammenhang mit selbst berichteter Delinquenz.

Im Hinblick auf das Vorstehende wurden die Ergebnisse des Kinderfragebogens nur sehr rudimentär dargestellt.

Trotz des unterstellten Dunkelfeldes aufgrund der oben genannten Problematik des sozial erwünschten Antwortverhaltens, ist der Stichprobe kein Umfang einer Kinderkriminalität zu entnehmen, die ein Instrumentarium strafrechtlicher Reaktionsmöglichkeiten erforderlich machen würde.

Die auch hier durch die Medien und damit die Öffentlichkeit geisternden Fälle von strafunmündigen Kindern, die, eben grade unter Ausnutzung ihrer Strafunmündigkeit, im großen Umfang delinquentes Verhalten zeigen und damit die Justiz vorführen, beschränkt sich auf Einzelfälle. Aufgrund dieser Tatsache alle Kinder dem Strafrecht zuzuführen, dürfte allerdings verfehlt sein und zu einer unangemessenen Kriminalisierung führen.

3. Ursprünglich geplante, weitere Erhebung

Ursprünglich war geplant, im Rahmen dieser Dissertation auch leitfadengestützte Interviews an einer Stichprobe von Insassen der Jugendstrafanstalt Berlin durchzuführen, um Einblicke in deren Sichtweisen zu erhalten und dadurch das Bild im Hinblick auf die verschiedenen Sanktionsvarianten zu komplettieren. Dabei sollte in Erfahrung gebracht werden, wie die verschiedenen Reaktionsweisen auf die Verurteilten gewirkt haben, da ein Inhaftierter grundsätzlich bereits unterschiedliche strafrechtliche Maßnahmen erfahren hat, um es zu einer Jugendstrafe „geschafft" zu haben und somit ein direkter Vergleich möglich wäre. Es sollte in Erfahren gebracht werden, welche Sanktionen wie empfunden wurden und welchen die Insassen selbst die größte Wirkung i.S.e. Einwirkens auf den Täter beimessen.

Leider wurde diese Möglichkeit durch den Leiter der Jugendstrafanstalt trotz mehrfacher Anfrage nicht eingeräumt.

D. Boot Camps, härtere Strafen, Untersuchungshaft und verbesserte Ausweisungsmöglichkeiten als Lösungsmöglichkeiten im Kampf gegen delinquente Jugendliche

I. Boot Camps – eine viel versprechende Alternative?

Im Zuge der derzeitigen Debatte um ein schärferes Jugendstrafrecht in Deutschland wird auch die Einführung von Erziehungslagern nach amerikanischem Vorbild vermehrt diskutiert. Befürworter führen an, dass dadurch neben der Beachtung von Regeln, den Delinquenten eine feste Lebensstruktur vermittelt werden soll, ohne die eine Resozialisierung nicht möglich sei. Die Gegner hingegen argumentieren, dass entsprechende Camps bereits wegen drohender Verstöße gegen die Menschenrechte abzulehnen seien[54].

In einer Hochphase des Wahlkampfes Anfang Januar 2008 wurde seitens des damaligen nordrhein-westfälischen Familienministers, Armin Laschet (CDU), gegenüber der Zeitung „Rheinischer Post" erklärt, dass ab März des Jahres 2008 das erste Erziehungscamp in Nordrhein-Westfalen, in Neukirchen-Vluyn, für circa 25 Intensivtäter im Alter von 14 bis 18 Jahren geschaffen werden solle. Das daraufhin sofort einsetzende Interesse kam für den Bürgermeister der betroffenen Gemeinde aus heiterem Himmel, hatte er doch keinerlei Informationen über das unmittelbare Bevorstehen eines entsprechenden Vorhabens. Das wiederum lag daran, dass das beschriebene Projekt gar nicht existierte. Zwar startete ein Konzept namens „Ausblick" in Bedburg-Hau, getragen von der Diakonie und dem EJF-Lazarus Berlin, jedoch handelt es sich dabei nicht um ein geschlossenes Heim, das zudem nur acht Delinquenten Platz bietet, deren Altersspanne von zwölf bis 15 Jahren geht. Als diese Unternehmung vor drei Jahren begann und selbst, als sie im November 2007 öffentlich vorgestellt wurde, interessierte sich nicht wirklich jemand dafür. Erst im Wahlkampf gewinnen solche Themen an Bedeutung. Um ein hartes Durchgreifen und schnelle Hand-

---

54 So auch die ehemalige Bundesjustizministerin Deutschlands, Brigitte Zypries.

lungsbereitschaft zu demonstrieren und die Gunst der Wähler zu erlangen, werden dabei, wie das Beispiel zeigt, zum Teil Vorhaben anders dargestellt, als sie es tatsächlich sind.

Im Hinblick auf die präsente Diskussion und Überlegungen zur Einführung von Boot Camps in Deutschland stellt sich die Frage, ob diese tatsächlich, wie vielfach postuliert, einen Gewinn im Umgang mit delinquenten Jugendlichen und für ihre zukünftige Legalbewährung darstellen und was genau darunter zu subsumieren ist.

1. Wesen eines Boot Camps und sein Ursprung, sowie dessen Ausgestaltung in den USA

Unter Boot Camps sind in ihrer bisherigen Existenz in verschiedenen Ländern sowohl staatlich, als auch privat betriebene Erziehungslager zu verstehen. Dabei kann der Begriff „Erziehungslager" trügen und ist keinesfalls bloß als eine Art strengeres Schullandheim abzutun. Das zeigt sich schon an der Bedeutung des englischen Wortes „boot", was übersetzt soviel heißt wie „jemandem einen Fußtritt geben".

Ihren Ursprung haben die Camps in den USA, wo 1983 in Oklahoma das erste seiner Art eröffnet wurde. Bis zum Jahre 1996 entstanden in 32 Bundesstaaten der USA Boot Camps mit fast 9500 Plätzen, primär für männliche Delinquenten[55]. Dabei betreffen bei weitem nicht alle den jugendstrafrechtlichen Sektor, sondern sind vielfach auch für Erwachsene ausgestaltet. Ursprünglich für junge, jedoch bereits volljährige, Straftäter konzipiert, wurden abgesehen von der Eröffnung des „Parish Prison" Boot Camps in Orleans Parish, Louisiana im Jahre 1985, erst ab 1990 derartige Programme speziell für Jugendliche eingerichtet[56]. Seither ist ihre Anzahl deutlich gestiegen[57]. Genaue aktuelle Daten über den Boot Camp-Bestand in den USA existieren derzeit nicht. Bis Mitte der neunziger Jahre entstan-

---

55 Bourque/ Han/ Hill, „Boot Camp Aftercare Provisions", S. 2 f.; Gescher, Boot-Camp-Programme in den USA, S. 46.

56 Poole/ Slavick, Boot camps: a Washington State update and overview of national findings, S. 5; Gescher, Boot-Camp-Programme in den USA, S. 129; Bourque/ Han/ Hill, „Boot Camp Aftercare Provisions", S. 3.

57 Poole/ Slavick, Boot camps: a Washington State update and overview of national findings, S. 5.

den verschiedenen Quellen[58] zur Folge zwischen drei und 48 Boot Camp Programme für Jugendliche.

Neben der Altersstruktur ist eine weitere Differenzierung nach freiwilligem und unfreiwilligem Aufenthalt vorzunehmen, wobei diese Unterscheidung nicht ganz zutrifft. Unter „unfreiwillig" soll hier die Einweisung von (vermeintlichen) Problemkindern durch die Eltern verstanden werden, während „freiwillig" die Form der teils selbstgewählten Alternative zur Gefängnisstrafe bei straffällig gewordenen Jugendlichen meint. Die Verurteilten werden entweder direkt durch das erkennende Gericht zu einem Aufenthalt in einem Erziehungscamp verurteilt, die zuständige Jugendbehörde trifft diese Wahl oder den Jugendlichen wird die Entscheidung geboten, die gegen sie verhängte, meist mehrjährige, Freiheitsstrafe in einer Haftanstalt oder mit verkürzter Dauer in einem Boot Camp zu verbringen[59]. Die Dauer des Boot Camp-Aufenthalts auf dem Jugendsektor beträgt größtenteils 90 bis 120 Tage[60]. Ein „Tauschkurs", der verlockend erscheint.

Im Folgenden soll nur das Boot Camp als gleichfalls repressive Alternative zur Gefängnisstrafe Jugendlicher behandelt werden.

Aufgenommen werden grundsätzlich nur Täter, denen kein Sexualdelikt, schweres Gewaltverbrechen oder bewaffneter Raub zur Last gelegt wird und die nicht vorbestraft sind[61]. Die Altersspanne beträgt durchschnittlich 14 bis 18 Jahre, wobei auch Camps existieren, die sich einer noch jüngeren Klientel annehmen, wie das „Mississippi Rehabilitative Camp", das schon Zehnjährige aufnimmt[62].

Die Ausgestaltung der einzelnen Boot Camps ist unterschiedlich.

---

58 Parent, „Correctional Boot Camps: Lessons from a Decade of Research", S. 2; Gescher, Boot-Camp-Programme in den USA, S. 46; Bourque/ Han/ Hill, „Boot Camp Aftercare Provisions", S. 2.
59 Gescher, Boot-Camp-Programme in den USA, S. 132 i.V.m. S. 18, 56, 188; Polsky/ Fast, Child and Youth Care Forum, Volume 22, Number 6, S. 403.
60 Armstrong/ MacKenzie, Encyclopedia of Juvenile Justice, S. 31; Gescher, Boot-Camp-Programme in den USA, S. 129; Polsky/ Fast, Child and Youth Care Forum, Volume 22, Number 6, S. 403.
61 Gescher, Boot-Camp-Programme in den USA, S. 131 i.V.m. S. 44.
62 Gescher, Boot-Camp-Programme in den USA, S. 131.

Zum einen existieren solche, bei denen allein der militärische Drill im Vordergrund steht und die von der Zielesetzung geleitet werden, den Willen der Insassen zu brechen, um ihn dann wieder neu, auf einen rechtschaffenden Lebenswandel fokussiert, aufzubauen. Orientiert an dem Training und den Grundregeln für die Rekruten der Marines, werden die Jugendlichen hier täglich an ihre physischen und psychischen Grenzen und darüber hinaus getrieben. Hierzu gehört auch die totale Erniedrigung. Die Strategie lautet „break-'em-down-build-'em-up"[63]. Im Internet wird der Ausbilder eines Boot Camps zitiert mit den Worten: „If I can't make a kid puke or piss in his pants on his first day, I'm not doing my job."[64]. Es gelten strenge Regeln, die Antwort auf Fragen der Ausbilder hat „Yes Sir!"[65] zu lauten, ein Teil des absoluten Gehorsams, den alle Insassen zu leisten haben. So lautet auch die zentrale Regel im Camp „Roulston" (Cleveland, Ohio) „I will obey all orders quickly, willingly, and without question"[66]. Bei Widersetzungen droht der Abbruch des Programms und damit unweigerlich die Gefängnisstrafe, ebenso wie bei schweren Verletzungen und anderen körperlichen Gebrechen, die einer Teilnahme am Trainingsprogramm des Boot Camps entgegenstehen[67].

Zum anderen existieren Camps, bei denen neben militärischen Drill und harte Arbeit resozialisierende Elemente treten, bis hin zum Mehrheitsanteil, wie sich im Folgenden zeigt.

So entfallen im denverschen Camp „Foxfire" von der, ohne Schlafzeit zur Verfügung stehenden, Zeit vier Stunden auf militärisches Training, Drill und Inspektion[68]. Je zwei weitere Stunden dienen dem körperlichen Training und der Arbeit, während vier Stunden für Unterricht inklusive allgemeiner Beratung sowie dreieinhalb Stunden für Essen, Hygiene und Studierzeit zur Verfügung stehen[69].Im Camp „Roulston", Cleveland beträgt der Anteil tägli-

---

63 Riak, Synopse zu „A Mississippi Gulag", S. 1.
64 http://www.nospank.net/boot.htm.
65 Bourque, Boot Camps for Juvenile Offenders, S. 46; Armstrong/ MacKenzie, Encyclopedia of Juvenile Justice, S. 31.
66 Polsky/ Fast, Child and Youth Care Forum, Volume 22, Number 6, S. 407.
67 Vgl. Gescher, Boot-Camp-Programme in den USA, S. 138.
68 Bourque, Boot Camps for Juvenile Offenders, S. 51; Gescher, Boot-Camp-Programme in den USA, S. 135.
69 Gescher, Boot-Camp-Programme in den USA, S. 135; Bourque, Boot Camps for Juvenile Offenders, S. 51.

cher Arbeit, körperlichem Training und militärischem Drill nur gute 20%[70]. Dafür werden insgesamt 6,75 Stunden täglich für Unterricht, allgemeine Beratung und spezielle Beratung veranschlagt[71].

Die verplante Tageszeit beträgt im Durchschnitt 16 Stunden und sieht keine Freizeit vor[72]. Nach dem obligatorischen Abrasieren der Haare und dem Überstreifen der Uniform, versinkt jeder „Rekrut" in der Masse Gleichaussehender[73]. Gleichaussehende, die, beim Regelverstoß eines Einzelnen zum summary punishment (Gruppenstrafe) herangezogen werden[74].

Selbst im Camp „Roulston" in Cleveland/ Ohio, das, wie bereits erwähnt, therapeutische Komponenten aufweist und einen vergleichsweise geringen militärischen Bestandteil hat, werden die Delinquenten bei ihrer Ankunft noch in den transportspezifischen Hand- und Fußfesseln ohne Rücksicht auf Stürze, zu ihrem Quartier gescheucht, wo sie sich mit dem Gesicht zur Wand auf den Boden knien müssen, um unter lautstarken Beschimpfungen von den „Drill-Instructors" durchsucht zu werden[75]. Sodann um die Fesseln erleichtert, werden ihnen im Anschluss körperlich anspruchsvolle Leibesübungen abverlangt. Für den Fall, dass ein Mitglied des „Platoons" zu langsam ist oder die Vorgaben nicht erfüllt, werden entweder ihm oder aber der ganzen Gruppe eine zusätzliche Anzahl genau dieser Übungen auferlegt.
Das Erlangen von Qualifikationen und das Vermitteln von Strategien zur Vermeidung einer erneuten Delinquenz stehen bei den amerikanischen Boot Camps somit nicht im Vordergrund.

Grund für die Schaffung entsprechender Camps war die chronische Gefängnisüberbelegung in den USA. Im internationalen Vergleich weisen die

---

70 Bourque, Boot Camps for Juvenile Offenders, S. 51; Gescher, Boot-Camp-Programme in den USA, S. 135.
71 Gescher, Boot-Camp-Programme in den USA, S. 135; Bourque, Boot Camps for Juvenile Offenders, S. 51.
72 Armstrong/ MacKenzie, Encyclopedia of Juvenile Justice, S. 31; Gescher, Boot-Camp-Programme in den USA, S. 287.
73 Encyclopedia of crime and Punishment, MacKenzie/ Gover, S. 123.
74 Encyclopedia of crime and Punishment, MacKenzie/ Gover, S. 123.
75 Hierzu und zu dem Folgenden: Gescher, Boot-Camp-Programme in den USA, S. 135 f.; Polsky/ Fast, Child and Youth Care Forum, Volume 22, Number 6, S. 407 ff.

USA mit Abstand eine der höchsten Gefangenenzahlen auf[76]. Diese Aussage gilt sowohl für die absolute Anzahl, als auch im Verhältnis zum Bevölkerungsanteil. Von 1992 bis 2002 ist die Inhaftierungsrate um mehr als 100% gestiegen[77]. Und der Anstieg reißt nicht ab. Mittlerweile liegt die Zahl bei über zwei Millionen. Wie aus Tabelle 26 ersichtlich ist, fand allein von 2000 bis 2006 ein Zuwachs von 16,6%, nämlich von 1.937.482 auf 2.258.983 Inhaftierte absolut statt[78]. In Bezug zur Bevölkerung gesetzt, befanden sich im Jahr 2000 684 Personen je 100.000 Einwohner in Haft, während es 2006 bereits 751 Menschen waren[79]. Damit liegt die Expansion bezogen auf die Bevölkerungsanzahl bei 9,8%. Im Vergleich dazu bewegen sich entsprechende Zahlen in Westeuropa zwischen 60 und 100 Inhaftierten pro 100.000 Einwohner[80].

Tabelle 26: Bestand und Entwicklung der Inhaftierten in den USA in den Jahre 2000 bis 2006

	Number of persons held in State or Federal prisons or in local jails, 2000-2006							Percent change 2005-2006	Average change 2000-2005[a]
	2000	2001	2002	2003	2004	2005	2006		
Total inmates in custody	1,937,482	1,961,247	2,033,022	2,081,580	2,135,335	2,195,873	2,258,983	2.9%	2.6%
Federal prisoners[b]									
Total	140,064	149,852	158,216	168,144	177,600	186,364	190,844	2.4%	5.3%
Prisons	133,921	143,337	151,618	161,673	170,535	179,220	183,381	2.3	5.4
Federal facilities	124,540	130,601	137,942	146,279	152,832	159,318	163,118	2.4	4.6
Privately operated facilities	9,381	12,736	13,676	15,394	17,703	19,902	20,263	1.8	13.7
Community Corrections Centers[c]	6,143	6,515	6,598	6,471	7,065	7,144	7,463	4.5	3.3
State prisoners									
Total	1,176,269	1,180,155	1,209,331	1,222,135	1,243,745	1,261,980	1,302,129	3.2%	1.7%
State prison facilities	1,121,326	1,125,957	1,153,982	1,167,865	1,186,133	1,198,705	1,224,205	2.1	1.5
Privately operated facilities	75,292	71,661	73,638	73,842	73,860	80,387	86,065	7.1	2.3
Inmates held in local jails[d]	621,149	631,240	665,475	691,301	713,990	747,529	766,010	2.5	3.6%
Incarceration rate[e]	684	685	701	712	723	737	751		

Note: Counts include all inmates held in public and private adult correctional facilities and in local jails.

[a] Average annual percentage increase from 2000 through 2005.

[b] As a result of the National Revitalization Act of 1997, District of Columbia (D.C.) inmates sentenced to more than 1 year were transferred to the Federal Bureau of Prisons. This transfer was completed in 2001.

[c] Non-secure, privately operated community corrections centers.

[d] Inmates held in local jails are for June 30 each year. Counts were estimated from the Annual Survey of Jails in every year except 2005 when a Census was conducted.

[e] Number of prison and jail inmates per 100,000 U.S. residents as of January 1 in each year following the reference year.

Quelle: Sabol/ Couture/ Harrison, Prisoners 2006, S. 4.

---

76 Kaiser/ Schöch, Strafvollzug, S. 69; Vgl. Deutsches Institut für Wirtschaftsforschung unter http://www.diw.de/sixcms/detail.php?id=diw_01.c.96110.de.
77 Kaiser/ Schöch, Strafvollzug, S. 69.
78 Sabol/ Couture/ Harrison, Prisoners 2006, S. 4.
79 Sabol/ Couture/ Harrison, Prisoners 2006, S. 4.
80 Aebersold, Kriminologie 3, S. 18.

Die hohe Inhaftierungsquote ist nicht etwa in einer steigenden Kriminalitäts-rate in Amerika begründet, denn eine solche konnte nicht verzeichnet wer-den, vielmehr liegt die Ursache in der dortigen Kriminalpolitik[81]. Allein das „three strikes" Gesetz führt dazu, dass bei der dritten Verurteilung eine lebenslange Freiheitsstrafe wartet, teilweise völlig unabhängig von der Schwere des begangenen Deliktes.

Eine stetige Überlastung der Gefängnisse ist somit unweigerliche Folge der Kriminalpolitik in den USA und führte zu Handlungsbedarf, um die Masse der Strafhaftverurteilten unterbringen zu können.

Zudem sind die Kosten für den Strafvollzug der immens hohen Anzahl von Gefängnisinsassen astronomisch. Circa 68 Milliarden Dollar fallen jährlich für Haftanstaltsbetrieb und Wachpersonal an[82].

Um der chronischen Überbelegung der Gefängnisse und den stetig anstei-genden Kosten Herr zu werden, wurde das Konzept der Boot Camps ent-wickelt, das zum einen als eher unkonventionelle Sanktionsmaßnahme ei-nen schnellen Erfolg bringen und zum anderen den Staatshaushalt scho-nen soll.

So werden nach entsprechenden Berechnungen insbesondere wegen des kürzeren Verbleibs in einem Boot Camp, Einsparungen von monatlich $ 2303 pro Delinquent erzielt[83]. Dabei ist jedoch fraglich, ob es sich gerade im Hinblick auf mögliche Folgekosten die aus einem Boot Camp Aufenthalt resultieren können, bei diesen Einsparungen bleibt.

2. Boot Camps in anderen Ländern

Andere Länder haben die Idee der Boot Camps aus Amerika aufgegriffen und selbst entsprechende Institutionen aufgebaut, die im Folgenden näher beschrieben werden.

---

81 Kaiser/ Schöch, Strafvollzug, S. 69.
82 The PEW Center on the States, „On in 31: The long reach of American corrections", S. 11.
83 Gescher, Boot-Camp-Programme in den USA, S. 206.

a) Kanada

In Kanada öffnete im Juli 1997 das, bereits 2004 wieder geschlossene[84], erste Boot Camp für Jugendliche in Simcoe County im Medonte Township, Ontario[85]. Das Projekt mit dem Namen „Turnaround" bot Platz für 32 männliche, jugendliche Wiederholungstäter im Alter zwischen 16 und 18 Jahren[86], die keine aktuelle oder frühere Verurteilung wegen Mordes, Brandstiftung oder eines Sexualdeliktes aufwiesen[87]. Im Unterschied zu den Boot Camp Programmen in den USA, wo vermehrt Ersttäter, denen kein schweres Gewaltdelikt zur Last gelegt wird, den Boot Camps zugewiesen werden, bilden in Kanada gerade Gewalt- und Wiederholungstäter das Gros der Teilnehmer[88]. Zudem durften die Jugendlichen keine körperlichen Behinderungen und keine ernsthaften psychischen Störungen haben[89]. Das Tagesprogramm umfasste 16 Stunden und beinhaltete Unterricht, soziales Training und spezielle Beratung, in aller erster Linie aber hartes körperliches Training und militärischen Drill[90] (vgl. Abbildung 44).

Abbildung 44: Tagesprogramm Projekt „Turnaround"

Daily Schedule for Squad 1 (Entry-level) Cadets			
Weekday		Weekend	
Time	Activity	Time	Activity
06:00	Reveille	06:00	Reveille Washroom parade
06:05	Prep. for inspection	06:15	Prep. for inspection
06:45	Washroom/inspection parade	06:45	Shower parade
07:15	Breakfast parade	07:15	Breakfast parade
07:45	Hygiene parade	08:00	Inspection parade
07:50	Inspection parade	08:15	Deep cleaning parade, incl. Kitchen, laundry, gym, rotunda, admin, dorm, classroom, sumproom, washroom

---

84 John Howard Society, Fact Sheet #23, S. 4.
85 John Howard Society of Alberta, Boot Camps: Issues for Canada, S. 10.
86 Prison Privatisation Report International; John Howard Society of Alberta, Boot Camps: Issues for Canada, S. 10; John Howard Society, Fact Sheet #14, S. 4.
87 Wormith/ Wright/ Sauve/ Fleury, „Ontario's strict discipline facility is not just another 'boot camp'", S. 34.
88 Gescher, Boot-Camp Programme in den USA, S. 273.
89 Hierzu und dem Folgenden: Wormith/ Wright/ Sauve/ Fleury, „Ontario's strict discipline facility is not just another 'boot camp'", S. 34 ff.
90 John Howard Society of Alberta, Boot Camps: Issues for Canada, S. 10.

08:00	Mess hall cleanup parade	09:30	Movie/discussion
08:10	Drill & ceremony parade	11:30	Performance guide
09:15	Phys ed. (Mon, Wed, Fri)	12:30	Lunch parade Vocational (Tue, Thu)
10:45	PPC groups/core program	13:00	Sports parade
11:30	PPC groups/core program	15:00	PPC
12:15	Prep. for lunch	16:00	Drill
12:30	Lunch parade	17:00	Supper parade
12:55	Hygiene parade	17:30	Dorm time – reading, homework
13:00	School parade & physical ed. 13:00 English classroom B 15:50 Math classroom A 15:40 Break 15:50 Personal Life Management Health (Wed)	18:10	Telephone calls, privilege Parade incentives — guitar, radios, games, magazines
17:00	Supper parade	19:10	Sports parade
17:25	Hygiene parade	20:00	Area cleanup — showers Last laundry
17:30	Dorm time — reading, homework	20:30	Evening snack parade
18:15	Telephone calls	20:45	Bunk area parade — medication Performance guide, prep for next day, cleaning
19:15	Sports parade	22:00	Lights out parade
20:15	Dorm time		
20:30	Evening snack parade		
20:45	Hygiene parade		
21:00	Mess hall, rotunda, bathroom cleanup		
21:45	Lights out — kit lockup		

Quelle: Wormith/ Wright/ Sauve/ Fleury, „Ontario's strict discipline facility is not just another 'boot camp'", S. 35.

Ein vierwöchiges und insgesamt zwölf Sitzungen umfassendes Programm zum Erlernen kognitiver Fähigkeiten war für alle Kadetten obligatorisch. Ziel des Konzepts war es, dass die Jugendlichen lernen, mit Problemsituationen umzugehen und einen Lösungsweg außerhalb strafbewehrten Verhaltens zu finden. Weiterhin fand ein Kurs gleichen Umfangs zum Thema Drogenmissbrauch statt, der die kurz- und langfristigen Auswirkungen des jeweiligen Konsums aufzeigte und wiederum die kognitiven Fähigkeiten fördern und ausbilden sollte. In einem 24 Stunden-Lehrgang sollte der Umgang mit der eigenen Wut erlernt werden. Destruktive Verhaltensweisen sollten in diesem Zusammenhang ausgemerzt und alternative Wege, diesem Gefühl Ausdruck zu verleihen, aufgezeigt werden. Weitere, bis zu 20 Einheiten dauernde Programme sollten den Kadetten soziale Werte vermitteln und helfen, kriminelles Verhalten zu minimieren. In einigen Programmen wurden die Jugendlichen in Kategorien wie Hausarbeiten, Beziehungen zu Gleichaltrigen, Beziehungen zu den Mitarbeitern, der Teilnahme am Programm, akademischen Leistungen, Benehmen und natürlich Fitness und militärisches Verhalten beurteilt. Das Tragen von Militärkleidung gehörte zum Programm.

Nach Absolvierung des Camps waren die Jugendlichen verpflichtet, sich in Tagesprogrammen an der Gemeindearbeit in Toronto zu beteiligen, um Stück für Stück gefestigt, ein zukünftiges Legalverhalten in Freiheit erreichen zu können[91].

Diese Programmausgestaltung zeigte mithin bereits deutliche Unterschiede zu den Boot Camps in dem Ursprungsland Amerika auf.

b) Großbritannien

Als in England die Rufe um schärfere Sanktionen für jugendliche Straftäter Anfang der Neunziger laut wurden, starteten 1996 und 1997 zwei Boot Camp Pilotprojekte[92]. Bei den beiden Camps für 18 bis 21 jährige Straftäter handelt es sich um die Projekte „Thorn Cross" (siehe Abbildung 45), das bereits im Jahre 1998 wieder geschlossen wurde, und „Colchester Young Offender Institution"[93]. Während beim erstgenannten neben die militärischen Elemente auch solche der Rehabilitation und Wohlfahrt, wie Aggressionstherapie, Geburtsvorbereitungskurs, Berufsausbildung und Drogenberatung treten, war das zweite vollends auf militärischen Drill ausgerichtet[94].

---

91 Prison Privatisation Report International.
92 Farrington/ Ditchfield/ Hancock/ Howard/ Jolliffe/ Livingston/ Painter, Evaluation of two intensive regimes for young offenders, S. v; Gescher, Boot-Camp-Programme in den USA, S. 277 f.
93 Farrington/ Ditchfield/ Hancock/ Howard/ Jolliffe/ Livingston/ Painter, Evaluation of two intensive regimes for young offenders, S. v.
94 Herz, Jugendstrafrecht in Europa, S. 126.

Abbildung 45: „Thorn Cross" in Warrington, Cheshire

Quelle: HM Prison Service.

„Thorn Cross" steht für 70 Delinquenten offen, die zu einer Freiheitsstrafe von einem bis zwei Jahren verurteilt wurden und im Minimum noch ein Jahr im Vollzug verbringen müssen[95]. Zudem müssen sie für den offenen Vollzug geeignet sein, mithin darf ihnen kein Gewalt-, Sexual- oder Drogendelikt angelastet worden sein. Nach Abschluss des sechsmonatigen Aufenthalts schließt sich eine Bewährungsüberwachung als Nachsorgemaßnahme an.

Die „Colchester Young Offender" Institution bietet nur Platz für 32 Jugendliche und befindet sich in einem ehemaligen Kriegsgefangenenlager, auf dem Gelände des Militärgefängnisses.

Beiden ist ein 16 stündiges Tagesprogramm gemein, sowie die Möglichkeit, durch gutes Verhalten Privilegien zu erhalten.
„Thorn Cross" weist Parallelen zu den „Glen Mills Schools auf", da auch hier besonderer Wert auf die Bildung gelegt wird. Das gesamte Programm dauert 25 Wochen und ist in fünf Stufen à fünf Wochen aufgeteilt[96]. Während der Aufnahmephase wird für jeden Jugendlichen ein speziell auf ihn abgestimmtes Programm erstellt. In der zweiten Phase liegt der Fokus auf den schulischen Grundlagenfächern, die sich an den nationalen Standards orientieren. Phase drei hat einen künstlerischen Einschlag und beschäftigt

---

95 Hierzu und dem Folgenden: Gescher, Boot-Camp-Programme in den USA, S. 278.
96 Hierzu und dem Folgenden: Farrington/ Ditchfield/ Hancock/ Howard/ Jolliffe/ Livingston/ Painter, Evaluation of two intensive regimes for young offenders, S. 5 ff;

sich vor allem mit Musik und Zeichnen. In der vierten Phase liegt das Augenmerk bereits auf der Entlassungsvorbereitung. Die letzte Phase ermöglicht den Jugendlichen unter der Woche ein Leben in Freiheit mit Unterstützung eines Mentors. An das 25 wöchige Programm schließt sich eine Bewährungsüberwachung mit zusätzlichen Folgemaßnahmen an[97].

In der „Colchester Young Offender Institution", herrschte primär militärischer Drill[98]. Die Delinquenten durchliefen während der 26 Wochen drei Stadien[99]. Das Erreichen der nächsten Phase war nach einer Mindestdauer stets abhängig von der Konformität des Einzelnen. Telefonieren und Fernsehen war den Jugendlichen während der ersten Phase gar nicht gestattet. Der gesamte Tagesplan wurde bestimmt durch körperliche Arbeit bzw. Training und Marschieren. Um 20 Uhr folgte der Einschluss. Zimmer und persönliche Habe wurden regelmäßig durchsucht. Selbst auf dem Gelände war nur eskortiertes Bewegen gestattet. Unterricht erfolgte nur am Rande und war dem Anschein nach, nur der Vollständigkeit halber mit in den Ablauf integriert.

Die schrittweise Lockerung während der fortschreitenden Phasen umfasste den Verzicht des Einschlusses, die Möglichkeit unter Begleitung die Anlage zu verlassen, sowie den Zugang zu Radio und Fernsehen und Berufsvorbereitungskursen vollzogen.

c) Neuseeland

In Neuseeland besteht seit 1981 eine Reaktionsweise auf jugendlich delinquentes Verhalten in Form des 90 tägigen „Corrective Trainings". Zugang haben Ersttäter beider Geschlechter im Alter von 16 bis 19 Jahren[100]. Ein Maximum an Gehorsam und Disziplin, gepaart mit harter, körperlicher Arbeit bildet auch hier den Alltag. Ein Sprechen ist den Teilnehmern nur im Stillgestanden und zudem mit vorheriger Erlaubnis gestattet[101]. Nur anderthalb Stunden pro Tag werden täglich in die Bildung und soziales Training

---

97 Gescher, Boot-Camp-Programme in den USA, S. 278.
98 Farrington/ Ditchfield/ Hancock/ Howard/ Jolliffe/ Livingston/ Painter, Evaluation of two intensive regimes for young offenders, S. 38.
99 Hierzu und dem Folgenden: Farrington/ Ditchfield/ Hancock/ Howard/ Jolliffe/ Livingston/ Painter, Evaluation of two intensive regimes for young offenders, S. 38 ff.
100 Department of corrections, "The Correction of young offenders in New Zealand", S. 4.
101 Gescher, Boot-Camp-Programme in den USA, S. 273.

investiert[102]. Im Anschluss an den Aufenthalt im „Corrective Training" schließt sich mittlerweile eine Betreuung durch einen Bewährungshelfer für sechs Monate an[103].

d) Niederlande

Die in den Niederlanden 1994 entstandene und in Veenhuizen gelegene „Jeugdwerkinrichting", ist nicht mit den Boot Camp Programmen aus Amerika vergleichbar, da sie jeglichen militärischen Einschlags entbehrt. Im Vordergrund des anderthalb Jahre dauernden Programms, das nach Auskunft des Botschaftsrates für Sicherheit und Verwaltung des Königsreichs der Niederlande in Berlin im Jahre 2000 wieder abgesetzt wurde, stand vielmehr das Ziel, den Delinquenten, einen Arbeitsplatz oder einen Schulabschluss zu ermöglichen, flankiert von Disziplinierung, harter Arbeit und dem Erlernen kognitiver Fähigkeiten[104]. Das Programm war für vorbestrafte Straftäter zwischen 18 und 23 Jahren konzipiert, die eine Freiheitsstrafe zwischen einem halben und zwei Jahren zu verbüßen hatten und vielfach eine mangelnde Erziehung und Bildung aufwiesen[105]. Dabei konnten die Verurteilten, die mit über 18 Jahren dem Jugendalter bereits entwachsen waren, zwischen einer regulären Gefängnisstrafe und der Programmteilnahme wählen[106]. Die „Jeugdwerkinrichting" war dabei nur Personen ohne psychiatrische Erkrankung, die kein ernsthaftes Suchtproblem hatten und zur Verrichtung von schweren, körperlichen Arbeiten fähig waren, zugänglich[107].

3. Rückfallquote und andere Gefahren

a) Missbrauchsfälle

Der größtenteils harte, wie erniedrigende Umgang mit Boot Camp Teilnehmern blieb nicht ohne Folgen. Die erschreckenden Berichte über das Leben

---

102 Gescher, Boot-Camp-Programme in den USA, S. 273.
103 Department of corrections, „The Correction of young offenders in New Zealand", S. 4.
104 Spaans, „De Jeugdwerkinrichting binnenstebuiten gekeerd", S. 1.
105 Spaans, „De Jeugdwerkinrichting binnenstebuiten gekeerd", S. 1 .
106 Spaans, „De Jeugdwerkinrichting binnenstebuiten gekeerd", S. 1.
107 Spaans, „De Jeugdwerkinrichting binnenstebuiten gekeerd", S. 1.

in den Boot Camps, vor allem in ihrem Ursprungsland Amerika, häufen sich.

Seit den Anfängen in den achtziger Jahren bis heute wird mit über 60 zu Tode gekommenen Jugendlichen gerechnet[108]. Zwischen 1990 und 2004 starben alleine zehn von ihnen[109].

2006 starb der 14 Jährige Martin Lee Anderson an den Folgen eines nur dreistündigen Boot Camp-Aufenthalts[110]. Wegen Verletzung seiner Bewährungsauflagen aus einer Verurteilung wegen schweren Raubes, wurde er verhaftet und in das Camp von Bay County, Florida überstellt. Videoaufnahmen einer Überwachungskamera zeigen, wie sieben Wärter den Jugendlichen traten, schlugen und ihm Ammoniak einflößten, weil sie seine Bitte um eine Verschnaufpause als Provokation empfanden. Eine Boot Camp eigene Krankenschwester stand daneben und schaute zu. Im Anschluss musste Martin Lee Anderson, dessen Leber und Niere nicht mehr funktionstüchtig waren und dessen Gesicht eine aufgesprungene Lippe, einen blauen Fleck und eine blutige Nase aufwiesen, künstlich beatmet werden. Die Geräte wurden später abgeschaltet. Das Gericht sprach die Wärter und die Krankenschwester jedoch hinsichtlich des Vorwurfs des Totschlages frei. Auf dem Zivilrechtswege wurden der Familie des Jungen fünf Millionen Dollar Entschädigung zugesprochen.

Vielfach spielen auch Suizide eine Rolle[111], z.B. als Reaktion auf das erzwungene Essen von Schmutz gegen den Hunger[112], des eigenen Erbrochenen oder des Liegens in Urin und Kot[113]. Diese Art des Vorgehens stellt

---

108 Trankovits, Laszlo, dpa-Mitteilung über n-tv Online, „US- Boot Camps, Manche überleben nicht"; Tageszeitung Welt Kompakt vom 02.01.2008 zu dem Thema „Straffällige Jugendliche auf den Trainingsplatz?".

109 Kutz/ O´Connell, „Concerns Regarding Abuse and Death in Certain Programs for Troubled Youth", S. 2.

110 Vgl. hierzu und dem Folgenden: Langer, Annette im spiegel-online vom 12.10.2007, „Tod im Boot Camp – Freisprüche für Aufseher"; Schmitt, Uwe in Welt online vom 13.01.2006, „14jähriger stirbt im militärischen Umerziehungslager"; Trankovits, Laszlo, dpa-Mitteilung über n-tv Online, „US- Boot Camps, Manche überleben nicht".

111 MacKenzie/ Armstrong, Correctional Boot Camps, S. 324.

112 Kutz/ O´Connell, „Concerns Regarding Abuse and Death in Certain Programs for Troubled Youth", S. 26, 27.

113 Gregory Kutz , Ermittler des US Kongresses, in einem Interview mit der Times vom 12.10.2007 unter dem Titel „Torture, starvation and death:how American Boot Camps abuse boys".

einen Missbrauch der Autorität in Form von Misshandlungen dar. Nach Angabe des US – Rechnungshofes waren allein im Jahre 2005 in 33 Staaten 1619 Mitarbeiter von Boot Camps in Missbrauchsfälle verwickelt[114].

In der „Oakley Training School" in Raymond, Mississippi und der „Columbia Training School" in Columbia, Mississippi setzen die Aufseher nach Berichten der dortigen Generalstaatsanwaltschaft Pfefferspray ohne besonderen Grund ein, machen übermäßigen Gebrauch von der Verhängung der Einzelhaft[115], gehen die Jugendlichen körperlich an, versetzen sie in die „Schweinsfesselung" („hog-tying", vgl. Abbildung 46) oder binden sie an einen Mast fest[116]. An einer pönologischen Rechtfertigung fehlt es hierbei.

Abbildung 46: „hog-tying"

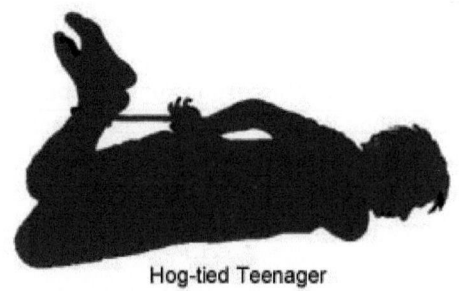

Hog-tied Teenager

Quelle: Riak, Synopse zu „A Mississippi Gulag", S. 1.

Zur Isolation dient der „dark room"[117]. Dabei handelt es sich um einen fensterlosen, verschlossenen Raum, dessen künstliches Licht durch die Mitarbeiter von außen bedient wird. Sofern das Licht ausgeschaltet ist, ist der Raum komplett dunkel, kein Schimmer dringt herein. In ihm befindet sich rein gar nichts mit Ausnahme eines Abflusses, der als Toilette dient. Bevor sie den Raum betreten, müssen die Jugendlichen ihre Kleider ablegen. Be-

---

114 Kutz/ O´Connell, „Concerns Regarding Abuse and Death in Certain Programs for Troubled Youth", S. 2.

115 MacKenzie/ Armstrong, Correctional Boot Camps, S. 323.

116 Boyd, „A Mississippi Gulag", S. 7 f.

117 Hierzu und dem Folgenden: Boyd, „A Mississippi Gulag", S. 7.

richten von ehemaligen Insassen zur Folge, wurden diese teilweise drei Tage ohne Licht dort belassen[118].

Da stellt sich die Frage, wie weit im Kampf gegen die Jugenddelinquenz gegangen werden darf. Den Angestellten wird abverlangt, als durchgriffsstarke „drill instructors" aufzutreten. Eine Erwartung, die schnell außer Kontrolle geraten und in Missbrauch enden kann. Man erinnere sich an den Film „Das Experiment" von Oliver Hirschbiegel aus dem Jahre 2001.Dabei wurden die freiwilligen Teilnehmer zufällig in Gruppen von Wärter und Gefangenen eingeteilt und seitens eines Teams aus Wissenschaftlern über Kameras beobachtet. Der Film fußt auf einer wahren Begebenheit. Das echte Experiment fand an der Universität Stanford unter Leitung von Philip Zimbardo im Jahre 1971 statt. Im Unterschied zur Darstellung im Film wurde das „Stanford-Prison-Experiment„ frühzeitig nach sechs Tagen von zwei geplanten Wochen, aufgrund moralischer Unvertretbarkeit abgebrochen[119]. Die Wärter zeigten extrem sadistische Verhaltensweisen, während die Gruppe der Gefangenen depressiv wurde und extreme Stresssymptome aufwies[120].

Experten aus dem Bereich des Strafvollzugs und des Militärs sind sich zudem einig, dass provokantes Verhalten, Demütigung und Einschüchterung gegenüber den meisten jugendlichen Straftätern kontraproduktive Wirkung entfaltet[121]. Entsprechende Schikanen führen nicht zum Erlernen sozialen Verhaltens und dem Empfinden von Empathie, was jedoch gerade einen wichtigen Punkt für die Delinquenten darstellen würde.

Problematisch erscheint vor allem auch, dass es keine Kontrolle durch den Staat gibt. Zum einen sind die Bundesstaaten in der Führung der Boot Camps frei, ohne dass eine zentrale Kontrollstelle existiert, zum anderen ist auch die Einweisung in einer der vielen privat geführten Camps möglich. Gerade hierbei obliegt aber noch nicht einmal die Überwachung der fachgerechten Ausbildung des Personals dem jeweiligen Bundesstaat. Der

---

118 Boyd, „A Mississippi Gulag", S. 7 f.
119 Stanford Prison Experiment.
120 Stanford Prison Experiment.
121 Riak, Synopse zu „A Mississippi Gulag", S. 1; MacKenzie/ Gover/ Armstrong/ Mitchell, „A National Study Comparing the Environments of Boot Camps With Traditional Facilities for Juvenile Offenders", S. 1 f.

Sadismus kann sich ausweiten, eine Fachaufsicht fehlt. Dortige Missstände sind dem Staat nicht ohne Weiteres zurechenbar. Zudem entscheiden Private darüber, ob ein Delinquent hinsichtlich des Programms als gescheitert gilt und die Gefängnisstrafe antreten muss oder nicht.

b) Folgemaßnahmen

Folgemaßnahmen, die sich dem eigentlichen Boot Camp Programm anschließen und speziell auf Boot Camp Absolventen zugeschnitten sind, finden sich nur bei vier Einrichtungen in den USA. Drei davon sind die Modelprojekte des „Office of Juvenile Justice and Delinquency Prevention", bei denen diese Tatsache Voraussetzung für ihre Existenz war. Bei der vierten Institution handelt es sich um die „South Kortwright Youth Leadership Academy and City Challenge" in New York. Bei Letzterer findet im Anschluss an den Campaufenthalt ein Nachbehandlungsprogramm in der Weise statt, dass die Jugendlichen für die Dauer von drei Monaten täglich Schulunterricht, Berufs- und Familienplanungskurse, ebenso – im Falle von Drogen- und Alkoholproblematiken – ihre entsprechenden Programme fortsetzen, die Nächte jedoch zu Hause verbringen[122].

Die „New Pride Inc.", die von der „Colorado Division of Youth Services" für das denversche Boot Camp Projekt ausgewählt wurde, ist gleichfalls für die Nachbetreuung zuständig. Zu diesem Zwecke schließt sich an den Campaufenthalt ein halbjähriger Schulbesuch an der „Wyatt Academy" an[123], bei dem neben den normalen Unterrichtsfächern auch militärische Kurse zum Erlernen von Führungsqualitäten angeboten werden. Im Falle der Notwendigkeit wird hier ebenso wie in New York Beratungen bei Drogen- und Alkoholproblematiken angeboten.

Während die Boot Camp Phase des „Cuyahoga County Programs" in Cleveland selbst nur drei Monate umfasst, geht die Nachbetreuungsmaßnahme über neun Monate. Hierbei findet eine Untergliederung in drei Abschnitte statt. Innerhalb des ersten Monats, in dem sich die Absolventen noch im Boot Camp befinden, werden sie täglich in das „Cleveland City

---

122 Hierzu und dem Folgenden: Bourque/ Han/ Hill, „Boot Camp Aftercare Provisions", S. 10 f.; Bourque, Boot Camps for Juvenile Offenders, S. 68 ff.; Gescher, Boot-Camp Programme in den USA, S. 144 ff; Peterson, „Juvenile Boot Camps: Lessons Learned".

123 Peters/ Thomas/ Zamberlan, „Boot Camps for Juvenile Offenders", S. 14.

Center" gebracht. Case Manager, Berater, Lehrer und Sachbearbeiter nehmen sich dort der Jugendlichen an und bieten ein eigens auf ihre Verhältnisse abgestimmtes Unterrichtsprogramm an. Nach Ablauf des ersten Monats ist es den Jugendlichen erlaubt, das Wochenende zu Hause zu verbringen und, sofern vorhanden, ihre ursprünglichen Schulen zu besuchen. Die übrige Zeit verbringen sie weiterhin im Boot Camp und dem City Center. Mit Beginn des vierten Monats ist nur noch das Verbringen von drei Abenden die Woche im City Center obligatorisch. Dort finden weiterhin Unterrichtseinheiten, Beratungen und gemeinsame Aktivitäten, ebenso statt wie die Unterstützungen bei beruflichen Integrationsmaßnahmen.

Diejenigen, die das Boot Camp in Mobile hinter sich gebracht haben, werden im Anschluss an einen der in Alabama ansässigen sieben „Boys and Girls Clubs"[124] verwiesen, der sich in der jeweiligen Nähe ihres Wohnortes befindet und haben an den dortigen, speziell auf sie zugeschnittenen, Programmen teilzunehmen[125]. Diese umfassen Nachmittags- und Wochenendunterricht, Freizeitbeschäftigungen wie Kurse in Lebens und Sozialkunde, gemeinnützige Arbeit und ein vielfältiges Sportprogramm. Die Bewährungshelfer kommen regelmäßig zu Hausbesuchen, zudem findet wöchentlich ein Treffen aller Boot Camp Absolventen statt.

Beim „Thorn Cross" Projekt in Großbritannien schloss sich als Nachsorgemaßnahme eine Bewährungsüberwachung mit weiteren Folgemaßnahmen an, wie bereits unter Punkt D.I.2.b) erwähnt wurde, ebenso in Neuseeland (vgl. Punkt D.I.2.c).

c) Rückfallquote bei Boot Camps

Nachdem die Ausgestaltung der Boot Camps in den verschiedenen Ländern dargestellt wurde, stellt sich die Frage ihrer Effektivität und des nachhaltigen Erfolges.

---

[124] Weitere Informationen über „Boys and Girls Clubs of Amerika" unter http://www.bgcircaorg/.
[125] Peters/ Thomas/ Zamberlan, „Boot Camps for Juvenile Offenders", S. 14.

aa) Rückfallquote der Boot Camp Absolventen in den USA

In drei Studien, die das Justizministerium dem U.S. Congress zum Thema „What works, what doesn´t, what´s promising" Ende des letzten Jahrtausends vorlegte, konnten im Hinblick auf die Rückfallquote keine aussagekräftigen Unterschiede zwischen den Boot Camp Absolventen und einer Kontrollgruppe, die in einer Strafvollzugsanstalt eingesessen hatte, festgestellt werden[126]. In einer vierten Studie wurde sogar bekannt, dass die Kandidaten des Boot Camp Programms schlussendlich öfter erneut inhaftiert wurden, als die Kontrollgruppe[127].

Bestätigt wird dies durch eine Studie des „Office of Juvenile Justice & Delinquency Prevention" (Ministerium für Jugendstrafrecht und Kriminalitätsprävention) Anfang der neunziger Jahre anhand der Camps in Cleveland (Camp „Roulston"), Denver (Camp „Foxfire") und Mobile („Environmental Youth Corps"). Diese drei Projekte waren 1991 von dem Ministerium subventioniert worden und wurden bereits unter Punkt D.I.1 beschrieben. Danach wiesen in der Mehrheit der Fälle die Boot Camp Absolventen eine höhere Rückfallquote auf, als ihre Vergleichsgruppe aus dem normalen Strafvollzug und wurden zudem schneller wieder straffällig[128].

Dasselbe Schicksal teilen die Ergebnisse einer umfassenden Studie zur Effektivität von Boot Camps an sich des National Institute of Justice (Justizministerium der USA) beginnend 1990. In deren Rahmen wurden Boot Camp Programme in acht verschiedenen Bundesstaaten zum Vergleich ausgewählt[129]. Allen war eine militärische Grundausrichtung gemein, Unterschiede fanden sich jedoch in der Beachtung des rehabilitativen Elements. Die Beobachtungsdauer betrug zwölf bis 24 Monate. Die daraus resultierenden Rückfallquoten der Boot Camp Absolventen wurden mit denen von

---

126 MacKenzie, „Criminal Justice and Crime Prevention", S. 9-34; Linton, „Restorative Justice Conferencing and the Youth Criminal Justice Act", S. 48; John Howard Society, Fact Sheet #14, S. 4.

127 John Howard Society, Fact Sheet #14, S.4; MacKenzie, „Criminal Justice and Crime Prevention", S. 9-34; John Howard Society, Fact Sheet #14, S. 4; Linton, „Restorative Justice Conferencing and the Youth Criminal Justice Act", S. 48.

128 Peters/ Thomas/ Zamberlan, „Boot Camps for Juvenile Offenders", S. 22; Peterson, „Juvenile Boot Camps: Lessons Learned"; Schram, „Delinquency Programs That Failed", S. 31.

129 Hierzu und dem Folgenden: Schram, „Delinquency Programs That Failed", S. 31.

vorzeitig aus dem Programm ausgeschiedenen, vorzeitig bedingt aus der Haft entlassenen und zur Bewährung Verurteilten verglichen. Die regionalen Unterschiede berücksichtigt, waren die Rückfallquoten teils vergleichbar, teils sogar schlechter im Vergleich zu der Kontrollgruppe aus Bewährungsprobanden und vorzeitig aus der Haft entlassenen[130]. Eine leichte positive Abweichung zu Gunsten der Boot Camp Absolventen ließ sich nur in Staaten feststellen, bei deren Camps das rehabilitative Element stärkere Beachtung findet[131].

bb) Rückfallquote der Boot Camp Absolventen in Kanada

Einer Evaluationsstudie aus dem Jahre 2001 zur Folge war die Rückfallquote der 16 und 17 Jährigen, die das Projekt „Turnaround" erfolgreich abgeschlossen hatten, mit 33% um circa ein Drittel geringer als bei einer Vergleichsgruppe mit 50%, die in einer regulären Jugendstrafanstalt ihre Strafe verbüßt hatte[132],[133]. Die Aussage der Strafvollzugsbehörde (Ministry of Correctional Services) ist mit Vorsicht zu genießen, da eine Vergleichbarkeit der Kontrollgruppen hinsichtlich gleicher Vorgeschichte, gleichem Beobachtungszeitraum und Gleichartigkeit der Straftat unabläßlich ist, um verlässliche Aussagen treffen zu können[134], ein Problem, dem Rückfallstatistiken geweiht sind, wie bereits unter Punkt A VI beschrieben wurde. Was in jedem Fall eindeutig feststeht, ist, dass fast 40%[135] der Absolventen des Projektes „Turnaround" innerhalb des ersten Jahres nach ihrer Entlassung

---

130 Armstrong/ MacKenzie, Encyclopedia of Juvenile Justice, S. 33; John Howard Society of Alberta, Boot Camps: Issues for Canada, S. 6.

131 Begin, Boot Camps: Issues for consideration, S. 6, 9; MacKenzie/ Brame/ McDowall/ Souryal, Criminology, Volume 33, Number 3, S. 352 f.; Gescher, Boot-Camp Programme in den USA, S. 175; Farrington/ Ditchfield/ Hancock/ Howard/ Jolliffe/ Livingston/ Painter, Evaluation of two intensive regimes for young offenders, S. 1; MacKenzie/Wilson, „Boot Camps", S. 80; MacKenzie/ Gover/ Armstrong/ Mitchell, „A National Study Comparing the Environments of Boot Camps With Traditional Facilities for Juvenile Offenders", S. 2; John Howard Society of Alberta, Boot Camps: Issues for Canada, S. 7.

132 MLA Correctional Services Review Committee, The Changing Landscape of Corrections, S. 42; Ministry of correctional services, Business Plan 2001-2002, S. 6.

133 Anderen Quellen zur Folge war der Unterschied nicht erwähnenswert: vgl. Linton, „Restorative Justice Conferencing and the Youth Criminal Justice Act", S. 49, Rn. 141; John Howard Society, Fact Sheet #23, S. 3.

134 John Howard Society, Fact Sheet #14, S. 4.

135 John Howard Society, Fact Sheet #14, S. 4.

rückfällig wurden. Zudem zeigten sich bei der Vielzahl psychologischer Tests zum sozialen Umgang und sozialen Einstellungen in der Betrachtung vor und nach dem Vollzug keine Unterschiede[136].

Trotz Ermangelung wissenschaftlich fundierter Beweise zur Effektivität der Boot Camp Programme bestand die zu dem Zeitpunkt amtierende Regierung auf den Fortgang des Projektes und sprach sich darüber hinaus dafür aus, das Model auf andere Einrichtungen auszuweiten[137].

Die neu gewählte Regierung fällte im November 2003 die Entscheidung, das Projekt „Turnaround" zum nächst möglichen Zeitpunkt zu schließen, was Ende Januar 2004, wie bereits erwähnt, umgesetzt wurde. Als Gründe wurden finanzielle und betriebsbedingte Gesichtspunkte angeführt[138].

cc) Rückfallquote der Boot Camp Absolventen in Großbritannien

Hinsichtlich erneuter Straffälligkeit in einem Zeitraum von zwei Jahren nach der Entlassung gab es keine signifikanten Unterschiede zwischen den Absolventen von „Thorn Cross" und einer Kontrollgruppe[139]. Jedoch wurden die „Thorn Cross" Abgänger innerhalb dieses Zeitraums später rückfällig (nach durchschnittlich 228 Tagen nach Entlassung) als die andere Gruppe (nach durchschnittlich 177 Tagen) und begingen mit 3,5 Straftaten gegenüber 5,1 Taten auffallend weniger Delikte im Rahmen ihrer erneuten Straffälligkeit[140]. Zwar war das Projekt „Thorn Cross" finanziell aufwendiger als die übrigen, jedoch relativierten sich diese Mehrausgaben durch die geringeren Folgekosten aufgrund der reduzierten Anzahl der Gesamtheit der Folgekriminalität.

Die Probanden des „Colchester Young Offender Institution" Experiments wiesen ebenfalls keine geringere Rückfallquote auf als die Vergleichsgruppe, ihre Folgestraftaten waren jedoch deutlich schwerer und gewalttätiger als die ursprünglichen Taten und damit kostenintensiver, wodurch sich die höheren Kosten für das Programm, im Vergleich zum herkömmlichen

---

136 John Howard Society, Fact Sheet #23, S. 3.
137 John Howard Society, Fact Sheet #23, S. 4.
138 John Howard Society, Fact Sheet #23, S. 4.
139 Farrington/ Ditchfield/ Hancock/ Howard/ Jolliffe/ Livingston/ Painter, Evaluation of two intensive regimes for young offenders, S. vi, 22 ff., 28.
140 Farrington/ Ditchfield/ Hancock/ Howard/ Jolliffe/ Livingston/ Painter, Evaluation of two intensive regimes for young offenders, S. 22, 24.

Strafvollzug, nicht auszahlten und keine finanziellen, staatlichen Einsparungen erzielt werden konnten[141]. Zudem kam es bei den Absolventen des „Colchester Young Offender Institution" Programms nur sieben Tage später zu einer Rückfälligkeit als bei der Kontrollgruppe[142].

In einer Vielzahl von psychologischen Tests traten nur minimale Unterschiede zwischen den „Vorher-Nachher"-Ergebnissen aller Gruppen auf. Auffallend war jedoch die deutlich positivere Einstellung der „Colchester Young Offender Institution"-Gruppe gegenüber dem Personal und anderen Insassen am Ende des Vollzuges[143]. Zudem blickten sie hoffnungsvoller in die Zukunft als die Probanden der Kontrollgruppe[144].

Im Vergleich zu den herkömmlichen Methoden wies somit nur das „Thorn Cross" Projekt einen Erfolg auf und zwar im Hinblick auf die Rückfalldichte des Einzelnen.

Problematisch bei den Aussagen der Evaluationsstudie zur Effektivität der beiden Programme ist jedoch die Tatsache, dass die Vergleichsgruppen nicht wirklich miteinander vergleichbar waren[145]. Aufgrund der Kriterien, mithin Eignung für den offenen Vollzug bei einer Verurteilung zu Freiheitsstrafe von einem bis zwei Jahren, gab es nur eine beschränkte Anzahl von Probanden, die überhaupt für die Projekte geeignet war und dafür in Frage kam. Diese Anzahl reichte jedoch nicht aus, um sie aufzuteilen für die Projekte und die Kontrollgruppen. Daher entsprachen die Teilnehmer der Kontrollgruppen vom Alter und/ oder der Art der Vortat nicht unbedingt den Jugendlichen, die an den Projekten „Thorn Cross" oder „Colchester Young Offender Institution", partizipierten. Zwar wurde dieser Umstand bei der prognostischen Rückfallbeurteilung berücksichtigt, der Charakter einer Fehlerquelle ist dadurch jedoch nicht beseitigt.

---

141 Farrington/ Ditchfield/ Hancock/ Howard/ Jolliffe/ Livingston/ Painter, Evaluation of two intensive regimes for young offenders, S. vii, 57 ff.

142 Farrington/ Ditchfield/ Hancock/ Howard/ Jolliffe/ Livingston/ Painter, Evaluation of two intensive regimes for young offenders, S. 55.

143 Farrington/ Ditchfield/ Hancock/ Howard/ Jolliffe/ Livingston/ Painter, Evaluation of two intensive regimes for young offenders, S. 47.

144 Farrington/ Ditchfield/ Hancock/ Howard/ Jolliffe/ Livingston/ Painter, „Evaluation of two intensive regimes for young offenders", S. 47.

145 Hierzu und dem Folgenden: Farrington/ Ditchfield/ Hancock/ Howard/ Jolliffe/ Livingston/ Painter, Evaluation of two intensive regimes for young offenders, S. vi f.

Das Projekt „Colchester Young Offender Institution", wurde, wie eingangs erwähnt, bereits im März 1998 wieder geschlossen. Tragender Grund wird sicherlich nebst finanziellen Gesichtspunkten die Ineffektivität gewesen sein, die die höheren Kosten zum herkömmlichen Strafvollzug eben gerade nicht zu rechtfertigen vermochte.

dd) Rückfallquote der Boot Camp Absolventen in Neuseeland

Die Rückfallquote des Programms in Neuseeland lag verschiedenen Studien zur Folge bei 71% bis 92% und wurde zum Teil auf die strafende Ausgestaltung des Projekts zurückgeführt[146]. 1999 wurde anlässlich der Konferenz der Strafvollzugsbehörden (correctional administrators) in Shanghai erläutert, dass man sich von der früheren paramilitärischen Ausrichtung der Programme distanziert habe und nunmehr die 16 bis 19 Jährigen Straftäter zwei Monate in den Camps vordergründig bei Arbeiten auf einem Bauernhof und in der Forstwirtschaft verbringen, woran sich sechs Monate unter der Aufsicht eines Bewährungshelfers anschließen[147]. Gleichwohl werden die Campinsassen im Vergleich zu Insassen einer Strafanstalt stärker reglementiert, müssen härter arbeiten, sich physischen Trainings unterziehen und haben weniger Privilegien. Auch hierbei stellte sich jedoch eine Rückfallrate von 94% innert der ersten fünf Jahre nach ihrer Entlassung heraus, wobei 70% von den erneut Straffälligen inhaftiert wurden. Aufgrund dessen bestehen nun Anstrengungen, die Programme rehabilitativer auszugestalten[148].

ee) Rückfallquote der Boot Camp Absolventen in den Niederlanden

Im Rahmen einer Evaluationsstudie fand ein Vergleich der „Jeugdwerkinrichting" Absolventen mit Probanden aus dem offenen Vollzug, die ebenfalls an einem Programm mit dem Ziel der Vermittlung eines Arbeitsplatzes oder einer Schulbildung namens „Binnenste Buiten" teilgenommen hatten, und einer weiteren Kontrollgruppe aus dem normalen Vollzug selben Alters,

---

146 Gescher, Boot-Camp-Programme in den USA, S. 273.
147 Hierzu und dem Folgenden: Department of corrections, „The Correction of young offenders in New Zealand", S. 4.
148 Department of corrections, „The Correction of young offenders in New Zealand", S. 9.

die auch zu einer Freiheitsstrafe von sechs bis 24 Monaten verurteilt worden waren, statt[149].

Weder bei der Rückfallquote von über 50% bei allen drei Gruppen, noch hinsichtlich der Einstellung zur Erwerbstätigkeit oder Bildung war ein Unterschied feststellbar[150]. Allerdings wichen die Voraussetzungen der Teilnehmer der drei Gruppen dahingehend ab, dass 90% der Teilnehmer der „Jeugdwerkinrichting" vorbestraft waren und zudem gravierendere Delikte begangen hatten[151]. Hinsichtlich der neu begangenen Straftaten ergaben sich jedoch keinerlei Unterschiede hinsichtlich der Häufigkeit und Schwere der Folgedelikte[152]. Um genauere Aussagen treffen zu können, welche Faktoren jeweils zur erneuten Straffälligkeit führten und die einzelnen Wirksamkeiten darzulegen, standen nicht genügend Daten aller drei Gruppen zur Verfügung, bzw., waren die Probandengruppen zu klein[153]. Erwähnenswert ist aber in jedem Fall, dass von den Teilnehmern des „Binnenste Buiten" Programms, die einen Arbeitsplatz hatten oder eine Schule besuchten, nur 38% wieder mit dem Gesetz in Konflikt kamen und bei den Absolventen der „Jeugdwerkinrichting" 50%[154]. Bei den ehemaligen Teilnehmern, die nach Abschluss des Programms keiner entsprechenden Verrichtung nachgingen, wurden 76% erneut straffällig[155]. Für die Abgänger der „Jeugdwerkinrichting" wurden ein erhöhtes Maß an Selbstdisziplin, Entschlossenheit und sozialen Fertigkeiten nach Abschluss festgestellt[156].

Dennoch wurde die Schließung des Programms 1997 durch den damaligen niederländischen Justizminister beschlossen. Im Jahre 2000 wurde das Projekt „Jeugdwerkinrichting", wie bereits erwähnt, schließlich eingestellt. Die Gründe hierfür sollen darin gelegen haben, dass es zur Weiterführung des Programmes verschiedener Gesetzesänderungen bedurft hätte, während das „Binnenste Buiten" Programm im Einklang mit der bestehenden Rechtslage stand und zudem bei vergleichbarer Zielsetzung ähnliche Ergebnisse lieferte[157].

---

149 Spaans, „De Jeugdwerkinrichting binnenstebuiten gekeerd", S. 2.
150 Spaans, „De Jeugdwerkinrichting binnenstebuiten gekeerd", S. 5.
151 Spaans, „De Jeugdwerkinrichting binnenstebuiten gekeerd", S. 3.
152 Spaans, „De Jeugdwerkinrichting binnenstebuiten gekeerd", S. 5.
153 Spaans, „De Jeugdwerkinrichting binnenstebuiten gekeerd", S. 5.
154 Spaans, „De Jeugdwerkinrichting binnenstebuiten gekeerd", S. 5.
155 Spaans, „De Jeugdwerkinrichting binnenstebuiten gekeerd", S. 5.
156 Spaans, „De Jeugdwerkinrichting binnenstebuiten gekeerd", S. 6.
157 Gescher, Boot-Camp-Programme in den USA, S. 276.

ff) Abschlussbetrachtung der Rückfallquoten bei Boot Camp Insassen in anderen Ländern

Die Rückfallquoten der Boot Camp Teilnehmer unterscheiden sich im Allgemeinen nicht im Geringsten von Gefängnis- bzw. Jugendstrafanstaltinsassen. Eine Reduktion erneuter Straffälligkeit von Boot Camp Absolventen ist daher nicht zu verzeichnen.

Einen ganz entscheidenden Grund für die hohe Rückfallquote stellt sicherlich die unzureichende Nachbetreuung dar. Da die Prozedur, bis auf das Programm in den Niederlanden, stark an die Ausbildung von Militäreliteeinheiten angelehnt ist, ist deren Ergebnis möglicherweise auch mehr für militärische Einsätze, als für ein Zivilistenleben geeignet. Eine nachträgliche Angleichung an ein Leben fernab militärischer Einsätze scheint daher unabdingbar. Mit Sicherheit ist das auch eine Kostenfrage, jedoch gilt es dabei zu berücksichtigen, dass mehr Kosten entstehen können, wenn auf eine erneute Straffälligkeit reagiert werden muss, als wenn in Prävention investiert wird und die Jugendlichen nach Absolvierung des Programms in der „normalen" Welt anfänglich begleitet werden würden. Andernfalls findet auch keine Verfestigung des Erlernten statt, vielmehr wird nur versucht, die Zeit des Aufenthalts zu überstehen. Danach erfolgt eine Rückkehr in die alten Strukturen, nur mit einem geschundeneren Geist am Ruder. Die teilweise erlernten Fertigkeiten, Probleme anzugehen sowie verbesserte Umgangsformen sind nur von kurzer Dauer. Diese temporären Veränderungen führen, abgesehen von ein paar Ausnahmefällen, nicht zu einer verminderten Rückfälligkeit. Die positiven Veränderungen weichen, sobald die Jugendlichen wieder in ihre alte Umgebung zurückkehren. Dieselben alten Freunde, dasselbe soziale Umfeld, dieselben Voraussetzungen, die herrschten, als sie aufgrund ihrer kriminellen Handlungen verurteilt wurden, finden sie nun wieder vor. Veränderungen im Gepräge sind grundsätzlich nicht vorhanden. Bei der kurzfristigen Abwesenheit aus ihrem sozialen Umfeld für die Dauer des Boot Campaufenthalts, die deutlich kürzer ist, als die alternative Haftstrafe, scheint dies nicht weiter verwunderlich.

Zudem mangelt es an der Jugendspezifität der Maßnahmen. In Cleveland wurde zwar anfänglich Personal aus dem Jugendhilfesektor angestellt, dies brachte jedoch Probleme mit der militärischen Akzeptanz seitens des Personals mit sich, weshalb dazu übergegangen wurde, nur Mitarbeiter mit militärischem Hintergrund einzustellen, aber unter der Prämisse, dass möglichst Erfahrungen mit Jugendlichen bestehen[158]. Dass diese Probleme überhaupt auftauchten, bei Personen, die sich durch ihre Erfahrung mit Jugendlichen auszeichneten, hätte eigentlich alarmieren müssen. Denn dies war sicherlich nicht grundlos der Fall. Dennoch wurde nicht dahingehend interveniert, die militärischen Strukturen zu hinterfragen und auf ein jugendverträgliches Maß anzugleichen, sondern es wurde das Personal ersetzt.

Es sollte auch nicht unbeachtet bleiben, dass die Delinquenten quasi auf Staatskosten „fit" gemacht werden. Bei einem so harten Training ist Muskelaufbau eine unweigerliche Folge. Mit der damit einhergehenden, gesteigerten körperlichen Kraft wächst das Selbstbewusstsein, die Grenzen, die der eigenen Körper setzt, werden nach hinten verschoben. Auseinandersetzungen, die früher aufgrund körperlicher Unterlegenheit gemieden wurden, werden nun angenommen, wenn nicht sogar forciert. Die neu erlangte Kraft kann bei der Deliktsverwirklichung mit eingeplant werden und bietet neue Möglichkeiten kriminellen Verhaltens. Das zeigt sich auch daran, dass, wie bereits oben unter Punkt D.I.2.b) beschrieben, die Absolventen des „Colchester Young Offender Institution"„ Programms in Großbritannien eine stärkere Gewaltbereitschaft bei ihren Folgedelikten offenbarten.

Ein Boot Camp bedarf daher, um überhaupt effektiv sein zu können, zunächst der bereits erwähnten rehabilitativen Ausrichtung des gesamten Programms und der Vermittlung von Fähigkeiten, mit denen andere als kriminelle Wege zur Erreichung der verfolgten Ziele eingeschlagen werden können. Eine verbesserte Bildung ist hierbei von entscheidender Bedeutung.

Hinzu treten müssen die Bekämpfung von Drogenproblematiken und eine an dem individuellen Fall ausgerichtete Begleitbehandlung. Dem muss sich eine individualisierte Nachsorge anschließen. Eine „one size fits all" – Strategie gibt es hierbei nicht. Andernfalls hindert die nur kurze, wenn auch intensive, Einwirkung auf den jugendlichen Delinquenten diesen nicht daran, in seine alten Strukturen zurückzukehren. Es ist anstrengend, den legalen Weg zu wählen, deutlich anstrengender, als wieder in alte Verhaltensweisen zu verfallen und mit dem Althergebrachten zu bestehen. In

---

[158] Gescher, Boot-Camp-Programme in den USA, S. 137.

ihrem kriminellen Leben finden sich die Jugendlichen zurecht. Sie haben ihre Kontakte und ihre routinierten Vorgehensweisen.

Oftmals ist bei der Arbeit mit den Jugendlichen keine **Re**sozialisierung, sondern eine erstmalige Sozialisierung von Nöten. Dafür allerdings benötigen die Jugendlichen eine längerfristige Unterstützung, um den kriminellen Versuchungen widerstehen zu können. Sie brauchen Hilfe bei Niederlagen, wenn die Umsetzung der neuen Strukturen anfangs mit Schwierigkeiten verbunden ist. Für das Akzeptieren der Realität und dem Festhalten an der Legalität, auch bei Enttäuschungen, ist mehr erforderlich, als ein Gruppenprogramm für ein paar Monate.

4. Boot Camps in Deutschland

In Deutschland sind bislang keine Boot Camps nach amerikanischem Vorbild existent, was eine Diskussion um ihre Einführung entfacht hat. Es bestehen jedoch stationäre Maßnahmen für jugendliche Straftäter unterhalb der Jugendstrafe, die im weiteren Verlauf ausschnittsweise dargestellt werden.

a) Jugendarrest

Eine existierende Maßnahme i.S.e. stationären Aufenthaltes unterhalb der Jugendstrafe, ist der Jugendarrest nach § 16 JGG, wobei die maximale Dauer bei der stärksten Form des Arrestes, dem Dauerarrest, bei vier Wochen liegt (§ 16 Abs. 4 JGG) und somit weit entfernt ist von der durchschnittlichen Mindestdauer eines Boot Campaufenthalts von 90 Tagen. Eine militärische Ausgestaltung ist ebenfalls nicht Bestandteil. Der Arrest dient vielmehr als strafrechtlich induzierter Schock, eine darüber hinausgehende Leistung und Wirkung ist ihm jedoch grundsätzlich nicht möglich. Für eine individuelle Arbeit mit den Insassen, dem Erlernen, der Verfestigung und Verinnerlichung von Strukturen, sowie der Thematisierung der kriminogen wirkenden Faktoren und dem Aufzeigen von Alternativen für ein zukünftiges Legalverhalten ist seine Dauer nicht ausreichend. Dies wird allein dadurch deutlich, dass beispielsweise im Jugendheim Lory (Schweiz, Kanton Bern) in das, nach früher geltendem StGB (CH) gemäß Artt. 84 Abs. 1, 91 Nr. 1 Unterbringung in einem Erziehungsheim als Erziehungsmaßnahme und nach heutigem Art. 15 Abs. 1 S. 1 2. Alt. JStG (CH) als Schutzmaßnahme durch eine Einweisung, sowohl auf Grundlage des Jugendstrafgesetzes, wie des Schweizerischen Zivilgesetzbuches erfolgen kann, allein für die Eintrittsphase, die die Anpassung, Orientierung und Erstellung eines Erziehungsplans beinhaltet, mindestens zehn Wochen eingeplant werden. In diesem Zuge wird der allgemeine Entwicklungsstand festgestellt, pädagogische Hypothesen für die Aufstellung der Erziehungsziele anhand von ersten Einschätzungen verfasst und mit dessen Hilfe ein individueller Erziehungsplan erstellt. Für die Entwicklungsphase werden im Minimum zwölf Monate veranschlagt, die der Vermittlung von Fertigkeiten in verschiedenen Lebensbereichen dienen soll. Allmählichen Lockerungen schließt sich die Austrittphase an, für die mindestens drei Monate einzukalkulieren sind. Dafür bedarf es einer Festigung der Sozialkompetenz und Persönlichkeit, gepaart mit einem gewissen Grad an Selbständigkeit. Somit umfasst eine entsprechende Arbeit wenigstens 18 Monate. Das Vorgenannte zeigt beispielhaft, wieviel Zeit für eine nachhaltige Arbeit mit einem verhaltensauffälligen Jugendlichen von Nöten ist. Maximal vier Wochen Dauerarrest, resp. vier Monate Boot Camp-Dauer können dies nicht bewirken.

Zudem wird den Jugendlichen in der Arrestanstalt relativ viel Zeit zum passiven Verbringen bereitgestellt. Nicht zuletzt sicherlich, weil die Mittel für eine noch stärkere Auslastung der Insassen fehlen. Dies zeigt ein beispielhafter Wochenplan der Jugendarrestanstalt Berlin. Der Stufenplan dient dazu, dass der Jugendliche durch gute Führung und Mitarbeit ein Mehr an Freizeit erlangen kann, wie Abbildung 47 zeigt.

Abbildung 47: Erreichbare Stufen in der Jugendarrestanstalt Berlin, die dazu erforderlichen Noten und die dabei gewährte Freizeit

Zugangstag: Ab Ankunft 24 Stunden Einschluss, Keine Freizeit

Stufe 3: Bei guter Führung automatisch

Freizeit von 15.30 Uhr bis 18.00 Uhr

Stufe 2: Nach 2 Tagen in der Stufe 3 und mind. Note 3,0

Freizeit von 15.30 Uhr bis 19.30 Uhr

Stufe 1: Nach 2 Tagen in der Stufe 2 und mind. Note 2,0

Freizeit von 15.30 Uhr bis 21.00 Uhr

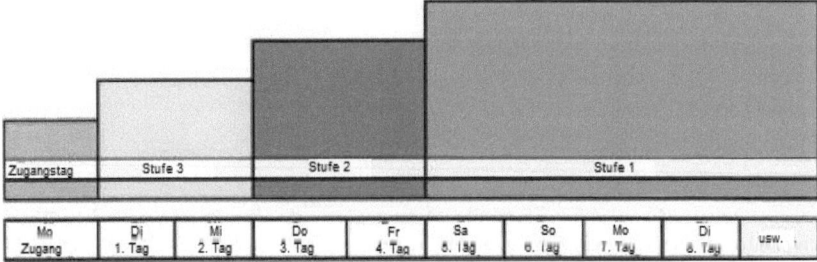

Quelle: Jugendarrestanstalt Berlin, Konzeption für den Vollzug des Jugendarrestes im Land Berlin, S. 16.

Bleibt festzuhalten, dass der Jugendarrest als erzieherisch nachhaltige Wirkung aufgrund des Zeitfaktors nicht fungiert und fungieren kann und bis auf die Tatsache, dass er eine stationäre Maßnahme vor der Jugendstrafe darstellt, keine Vergleichbarkeit mit einem Boot Camp aufweist. Positive Wirkung ist ihm zudem nur bei den Jugendlichen möglich, bei denen diese Maßnahme wirklich als Schock i.S.e. Appels an das Ehrgefühl und als ein Wachrütteln empfunden wird und sich der Insasse ein zukünftiges Legalverhalten quasi selbst zum Ziel macht. Dies dürfte nur bei einer kleinen Gruppe, die ohnehin über ein gefestigtes Sozialnetzwerk und gewisse strukturelle Einbindungen verfügt, der Fall sein. Ein etwaiger Erfolg hat jedoch nichts mit der Ausgestaltung des Jugendarrestes in seiner bestehenden Form zu tun, denn bei der Entlassung aus dem Arrest sind die sozialen Umstände dieselben, ein anderer Umgang mit ihnen wird während des Arrestes nicht vermittelt. Die Zeit und Kapazitäten geben dies nicht her.

b) Jugendhilfeeinrichtung „Trainingscamp Lothar Kannenberg"

Eine weitere stationäre Maßnahme stellt die Jugendhilfeeinrichtung „Trainingscamp Lothar Kannenberg" in Diemelstadt-Rhoden (Hessen, BRD) dar. Zugang zu diesem Projekt wird in erster Linie über das Achte Sozialgesetzbuch (SGB VIII) als sonstige betreute Wohnform (§ 34 SGB VIII, bzw. über § 12 Nr. 2 JGG i.V.m. § 34 SGB VIII als Erziehungsmaßregel), Eingliederungshilfe für seelisch behinderter Kinder und Jugendliche (§ 23 a SGB VIII), Hilfe für junge Volljährige/ Nachbetreuung (§ 41 SGB VIII) und aus strafrechtlicher Sicht zur Untersuchungshaftvermeidung nach §§ 71 Abs. 2, 72 Abs. 4 JGG gewährt.

Die Einrichtung wirbt mit dem Slogan „Durchboxen im Leben" und ist sowohl im Hinblick auf die Programmausgestaltung, als auch die Dauer die einem Boot Camp am nächsten kommende Reaktionsmöglichkeit, die Deutschland derzeit zu bieten hat. Bekannter ehemaliger Teilnehmer dieses Programms ist Arthur Abraham, IBF-Boxweltmeister im Mittelgewicht.

Ihr Leiter, Lothar Kannenberg (geb. 1957), gibt an, selbst ein krimineller und drogenabhängiger Jugendlicher gewesen zu sein, der seine Grenzen nicht kannte. Harte Disziplin und Respekt, Elemente, die er durch den Boxsport lernte, brachten ihn auf den rechten Weg. Ein Blick auf seinen Lebenslauf[159] zeigt jedoch, dass er seine „Drogenkarriere", wie sie selbst beschreibt, erst mit 35 Jahren startete. Mit 23 Jahren absolvierte er eine sechsmonatige Alkoholtherapie. Dennoch ein Mann mit einschlägigen, persönlichen Erfahrungen.

Durch den Boxsport sollen die Zöglinge ihre aggressiven Impulse unter Kontrolle kriegen, lernen, Regeln einzuhalten und Respekt gegenüber anderen zu entwickeln. Das Camp nimmt bis zu 20 männliche Jugendliche zwischen 14 und 17 Jahren, in Einzelfällen auch über 17 Jahren auf. Die Aufenthaltsdauer beträgt durchschnittlich sechs Monate, wobei für Kriseninterventionen im Rahmen der Kapazitäten auch Schützlinge für anderthalb Monate aufgenommen werden. Bauliche Sicherheitsvorkehrungen, die dem Camp den Charakter einer geschlossenen Einrichtung geben, existieren nicht.

---

159 Homepage „Trainingscamp Lothar Kannenberg" unter
http://www.lothar-kannenberg.de/2/lebenslauf.html.

Auch hier bestimmt, wie bei den Boot Camps, ein straff durchorganisierter Tagesplan den Alltag. Ein beispielhaftes Programm fängt um 5:55 Uhr mit dem Wecken der Insassen an. Fünf Minuten später schließt sich der Frühsport an, nach dessen Abschluss, eine halbe Stunde später, Zeit zum Duschen bleibt. Von 7 Uhr bis 7:30 Uhr wird gefrühstückt. Danach folgt das Zähneputzen und um 8 Uhr ein Überlebenstraining, das die Teilnehmer an ihre körperlichen Grenzen bringt. Zwei Stunden später, um 10 Uhr, besteht wieder die Möglichkeit des Duschens, bevor sich um 10:30 Uhr das Respekttraining anschließt. Nach einer Stunde werden dann um 11:30 Uhr 500 Liegestütze gefordert. Im Anschluss findet das Mittagessen von 12:00 bis 12:30 Uhr statt. Nach der Mittagsruhe von 12:30 bis 14 Uhr wird ein 10 km Lauf absolviert. Das Abendessen findet um 18 Uhr statt. Um 19:30 ist es Zeit für das Erstellen des Tagesberichtes. Um 20 Uhr folgt der „Spiegel". Diese Begrifflichkeit umfasst den Austausch hinsichtlich verschiedener Themen oder die Klärung von gruppeninternen Problemen und wird in Form der Selbstorganisation von den Jugendlichen ohne Beteiligung der Respekttrainer durchgeführt. Um 21 Uhr schließt sich der Nachtlauf an und um 22:30 Uhr endet das Tagesprogramm in der Nachtruhe.

Dies stellt nur einen exemplarischen Tagesablauf dar. Feste Programmpunkte für jeden Tag sind Aufstehen, Frühsport, Mittagsruhe, Tagesbericht, Mahlzeiten und Bettruhe, die jeden Tag, mit Ausnahme leichter Verschiebungen am Sonntag, zur selben Uhrzeit stattfinden. Die verbleibende Zeit wird in erster Linie mit Sport, daneben aber auch mit Gruppengesprächen, Respekttraining, Einzelförderung, handwerklichen Projekten und Hausarbeit gefüllt. Die Sporteinheiten als Hauptbestandteil des Campalltages divergieren inhaltlich. So wechseln sich Schwimmtraining, Erkundungsläufe, Boxtraining, Krafttraining, Mountainbiking, Zirkeltraining, Fußballtraining, Volleyballtraining und Überlebenstraining ab. Der Sonntag lässt alles etwas ruhiger angehen. Weckzeit ist erst um 8 Uhr, zudem wird gemeinsam DVD geschaut und es besteht gegebenenfalls die Möglichkeit, zu telefonieren. Doch selbst an diesem Tag ist jede Minute verplant.

Am Anfang ihres Aufenthaltes tragen die Jugendlichen für circa ein bis zwei Monate weiße T-Shirts. Diese symbolisieren die Aufnahmephase, in der Eingewöhnung und Orientierung vorherrschen. Die Kennzeichnung des Stadiums, in der sich der jeweilige Teilnehmer befindet, hier anhand unterschiedlicher T-Shirt-Farben, findet sich gleichfalls in einer Vielzahl amerikanischer Juvenile Boot Camps[160].

Jedem Neuankömmling wird ein Jugendlicher, dessen Aufenthaltsdauer schon fortgeschritten ist, als Pate zur Seite gestellt, der ihn in das Camp einweist und ihm zukünftig zur Seite steht. Für sechs Monate wird eine Kontaktsperre verhängt. Die Rangordnung im Camp wird durch jedes neue Mitglied neu gebildet.

Sofern die Campmitarbeiter der Ansicht sind, dass ein Jugendlicher bereit ist, sich von seiner kriminellen Vergangenheit zu distanzieren, wird er für das Grabritual ausgesucht. Dabei werden ein Loch ausgehoben und symbolisch bestimmte Gegenstände, die mit den strafbewehrten Handlungen in Verbindung stehen, vergraben. Auf das Grab wird ein Holzkreuz mit dem Namen des jeweiligen Teilnehmers und eventuellen Kommentaren seinerseits gestellt.

Die der Aufnahmephase nachfolgende Identitätsphase, in der die Zöglinge hellblaue Shirts tragen, dauert abermals ein bis zwei Monate. Ab diesem Zeitpunkt werden sie auch als Paten für die Neuankömmlinge eingesetzt. Die Auseinandersetzung mit der eigenen Person und Vergangenheit rückt in dieser Phase den Vordergrund. Den Schluss bildet die Ablösephase, die erneut circa zwei Monate einnimmt. Sie wird durch Tragen eines dunkelblauen T-Shirts symbolisiert. Die Zukunft wird zum zentralen Thema. Mittels Außenorientierung und vermehrten Besuchen findet eine schrittweise Ausgliederung statt.

In „Exklusiv – die Reportage: Harte Schule für schwere Jungs – letzte Chance Erziehungscamp" wurde das Camp Kannenberg vorgestellt, der dortige Alltag begleitet und gefilmt. Zu sehen ist u.a. das Begrüßungsritual für einen Neuankömmling. Dieser wird im Hof von den anderen Campmitgliedern, die einen Kreis bilden, in die Mitte genommen. Nachdem alle zusammen 3 x 20 Liegestütze und 1x 50 Kniebeugen absolviert haben, wird kollektiv „1,2,3 – wir schaffen es" gebrüllt. Im Anschluss an die Klarstellung, dass weder Alkohol, noch Gewalt oder Drogen erlaubt seien, findet das gruppeninterne Aufnahmegespräch statt, bei dem der Debütant in der Mitte der Gruppe sitzt, sich vorstellt und seine Vorgeschichte preisgibt.

---

160 Bourque, Boot Camps for Juvenile Offenders, S. 46.

Mit Abschluss des Programms wird der Absolvent zum Respektbotschafter ernannt und erhält hierüber eine Urkunde. Zu Ehren des Ausscheidenden werden Liegestütze gemacht und am Ende des Kreisrituals heißt der Ruf „Du hast es geschafft!".

Trotz einzelner Gemeinsamkeiten bestehen gravierende Unterschiede zu entsprechenden Lagern in den Vereinigten Staaten. Gerade das militärische Moment und die zelebrierte Degradierung fehlen hier. Einige dieser Elemente finden sich jedoch versteckt auch hier wieder. So sind neben persönlichen Radios, CD/ MP 3 Playern, Fernseher, Mobiltelefonen, Schmuck und Parfums auch Deos verboten. Während sich die Untersagung der Elektronik im Hinblick auf die Vermeidung der inneren Isolation des Einzelnen rechtfertigen lässt und unter dem Gesichtspunkt, dass sich keiner durch Schmuck oder ein teures Parfum von den anderen abheben soll, auch diese Direktive erklärlich ist, so fehlt der Verfasserin für das Verbot von Deodorants das Verständnis. Eine sinnvolle Begründung kann dafür nicht aufgetan werden, so dass die Intention und die Wirkung auf die Jugendlichen fragwürdig erscheinen.

Ebenso wie in den amerikanischen Boot Camps werden auch im Camp Kannenberg Gruppenstrafen verhängt, wenn ein Einzelner zu spät kommt oder gänzlich fehlt. Diese beinhalten als Beispiel Kniebeugen oder Liegestütze.

Die entsprechend des exemplarischen Tagesablaufs abverlangte Anzahl von 500 Liegestützen dürfte die Jugendlichen zudem an ihre Grenzen bringen und zu der Frage führen, ab wann Förderung in Quälerei übergeht. Selbst für einen trainierten Sportler stellt dies eine große Herausforderung dar. Für die meisten Ankömmlinge hingegen dürfte es unschaffbar sein. Bleibt offen, wie verfahren wird, wenn jemand, wohl der Großteil, dieses Vorgaben anfangs nicht im Geringsten erfüllen kann. Gegen den Leiter des Trainingscamps, Lothar Kannenberg, wurde im Zuge seiner Campführung bereits Anzeige wegen Misshandlung von Schutzbefohlenen erstattet. Das heißt nicht, dass hier ein Missbrauch stattfindet, jedoch ist eine kritische Hinterfragung und Kontrolle unumgänglich, um einen Qualitätsstandart sicherzustellen und etwaigen Gefahren entgegenzuwirken.

Nach Aussage des Leiters der Einrichtung, Lothar Kannenberg, haben nach dem Training 80% der Teilnehmer der Kriminalität dauerhaft entsagt[161]. Diese Zahl dürfte nach den ersten Ergebnissen der am 01.07.2008 begonnenen Evaluationsstudie zu dem „Trainingscamp Lothar Kannenberg" nicht haltbar sein. Danach sind an dem formalen Kriterium eines neuen Eintrags im Bundeszentralregister gemessen, 75,4% derjenigen, bei denen das Programm vorzeitig abgebrochen wurde, und 59,1% derjenigen, die die gesamten sechs Monate absolviert haben, rückfällig geworden[162]. Dabei wurden von den rückfälligen Absolventen in der Folge insgesamt 31,6% zu einer Jugendstrafe mit und 20% zu einer Jugendstrafe ohne Bewährung verurteilt[163]. Darüber, ob diese Sanktion das Resultat der Schwere der Folgedelinquenz oder des Umfangs der mittlerweile bestehenden kriminellen Karriere war, konnte im Rahmen dieser Evaluation keine Aussage getroffen werden.

Bei den Ergebnissen zu den Rückfallquoten darf jedoch nicht außer Acht gelassen werden, dass die Mehrheit der Teilnehmer bereits vor dem Trainingscamp über Vorstrafen verfügte. Unter diesem Blickwinkel ist eine Quote von gut 40% derer, die in dem Erhebungszeitraum keine Folgedelikte begingen, nicht zu verachten.

Im Jahre 2004 wurde Lothar Kannenberg durch den damaligen Bundespräsidenten, Horst Köhler, als Vorbild in Deutschland geehrt. 2005 folgte die Verleihung des Bundesverdienstkreuzes und 2009 der Erhalt des Deutschen Förderpreises für Kriminalprävention.

c) Intensivpädagogische Auslandsmaßnahmen

Erwähnenswert sind auch noch andere Programme, die nicht in das klassische Klischée Jugendarrest oder Jugendstrafe als stationäre Maßnahmen passen und über einen längeren Zeitraum gehen.

Hierbei handelt es sich um im Ausland betreute Jugendliche. Intensivpädagogische Auslandsmaßnahmen können über § 12 JGG als „Hilfe zur Erziehung" i.R.d. Erziehungsmaßregeln im Urteil als Folge kriminellen Verhaltens Jugendlicher ausgesprochen werden.

---

161 Freiburg, Friederike/ Hengst, Björn/ Wittrock, Philipp in Spiegel Online vom 03.01.2008, „Jugendliche Intensivtäter, Kniebeugen im Kinderknast".
162 Galuske/ Böhle, ZJJ 1/2010, S. 57.
163 Galuske/ Böhle, ZJJ 1/2010, S. 57.

Wenngleich diese Variante nicht entsprechend des Boot Camps die körperliche Anstrengung als Ziel in den Vordergrund stellt, so werden die Jugendlichen hierbei mit einer besonderen Situation konfrontiert und dadurch an ihre Grenzen gebracht. Im Dschungel, in der Wüste, auf hoher See[164] oder in Sibirien, um nur einige der möglichen Orte zu nennen, soll auf die Delinquenten eingewirkt werden, für die es besonders wichtig ist, sich aus ihrem kriminogenen Umfeld zu lösen. In reizarmer Umgebung konfrontiert mit Extremsituationen, geboten durch die klimatographische oder sonstige Eigenart des neuen Lebensmittelpunktes, sollen die Delinquenten lernen, sich mit der eigenen Person auseinanderzusetzen. Unterstützt wird der Jugendliche durch seinen Betreuer, der in rund 90%[165] der Fälle im Verhältnis eins zu eins vorgesehen ist.

Bei ein paar Hundert jugendlichen Delinquenten pro Jahr ist dies die Reaktion auf ihre Gesetzesüberschreitungen. Die Zahl derer, die zu pädagogischen Maßnehmen ins Ausland verschickt werden, ist allerdings seit 2003 um 30% gesunken[166]. Im Dezember 2006 befanden sich nur noch 595 Kinder und Jugendliche in intensivpädagogischen Auslandsmaßnahmen[167,168]. Eindeutig ist der Trend dahingehend, Intensivtäter möglichst im Inland, zumindest aber im europäischen Ausland[169] zu behandeln.

Berichterstattungen über Intensivpädagogische Auslandsmaßnahmen sind immer wieder im Zuge der Diskussionen um ein härteres Jugendstrafrecht zu finden. So verwundert es nicht sonderlich, dass die Welt Kompakt in ihrer Ausgabe vom 18. Januar 2008 unter der Überschrift „In Sibirien fan-

---

164 Segelfrachtenschoner „Undine", als eines der ganz wenigen Reiseprojekte und einziges bekanntes Schiffsprojekt im Gegensatz zu den übrigen Standortprojekten.

165 Genaue Zahl: 90,4% im Dezember 2006 laut AGJ, Stellungnahmen und Positionen; Fischer/ Pforte/ Ziegenspeck/ Wendelin, „Intensivpädagogische Maßnahmen im Ausland und ihre Folgen – Zwischenbericht", S. 27.

166 Fischer/ Ziegenspeck, Betreuungs- Report Ausland, S. 81.

167 Fischer/ Pforte/ Ziegenspeck/ Wendelin, „Intensivpädagogische Maßnahmen im Ausland und ihre Folgen – Zwischenbericht", S. 14; Fischer/ Ziegenspeck, Betreuungs-Report Ausland, S. 68.

168 Hoops/ Permien zur Folge liegen bei den Landesjugendämtern in der Regel keine genauen Zahlen zu Auslandsmaßnahmen vor, vgl. „Mildere Maßnahmen sind nicht möglich!", S. 24.

169 79,6% im Dezember 2006 laut Fischer/ Pforte/ Ziegenspeck/ Wendelin, „Intensivpädagogische Maßnahmen im Ausland und ihre Folgen – Zwischenbericht", S. 26.

gen Crashkids ein neues Leben an"[170] fast wortwörtlich und mit denselben Protagonisten den gleichen Artikel abdruckte, wie er bereits am 02. Juni 2002 unter dem Titel „180 Straftaten – da musste Marc nach Sibirien"[171] in der Welt erschien. Hieran wird deutlich, wie bewusst manche Themen rezidivierend der Bevölkerung zugänglich gemacht werden.

Dabei werden die intensivpädagogischen Auslandsmaßnahmen von den einen als drastisches, hartes Durchgreifen gegenüber straffälligen Jugendlichen angepriesen, gestützt von Berichten, wonach jugendliche Straftäter sich mit dem Ausheben einer Plumpstoilette oder dem Hacken von Holz in Ermangelung einer richtigen Heizung sowie dem Leben in einer Holzhütte konfrontiert sehen und bei minus 40 °C einen Fußweg von 2,5 km zur Schule[172] zu absolvieren haben. Von den anderen werden sie als „Urlaub auf Staatskosten" betitelt. Zwar fallen pro Tag und Jugendlichem 100 bis 200 Euro an[173], die anfallenden Aufwendungen sind aber günstiger als der Aufenthalt in einem geschlossenen Heim für den gleichen Zeitraum, der bei 220 bis 300 Euro liegt[174].

Langzeitstudien, die eine Erfolgsaussage über diese Maßnahmen zulassen würde, existierten lange Zeit nicht. Eine am 01. November 2006 begonnene Studie der Universität Lüneburg, hat nun u.a. zur Klärung der Frage beigetragen, welchen Einfluss erlebnispädagogische Auslandsprojekte auf abweichendes Verhalten bei schwierigen Kindern und Jugendlichen haben. 2009 wurden die Ergebnisse präsentiert. Was den Erfolg intensivpädagogischer Maßnahmen angeht, so konnte von den Wissenschaftlern Empathie, Zufriedenheit, positive soziale Orientierung, Leistungsbereitschaft, sowie Verringerung von Erregbarkeits- und Aggressionspotentialien bei den Jugendlichen festgestellt werden[175]. Dabei waren diese Eigenschaften grundsätzlich ausgeprägter, je länger die Maßnahme andauerte, weshalb die Auslandmaßnahmen daher im Hinblick auf ihre Effizienz die Dauer von ei-

---

170 Welt Kompakt vom 18.01.2008 zu dem Titel „In Sibirien fangen sie ein neues Leben an".

171 Hartmann, Jens in Welt Online vom 02.06.2002, „180 Straftaten – da musste Marc nach Sibirien".

172 Welt Kompakt vom 17.01.2008 zu dem Titel „Strafarbeit bei minus 55 Grad".

173 Fischer/ Ziegenspeck, Betreuungs- Report Ausland, S. 204.

174 Permien, „Geschlossene Unterbringung- immer noch oder schon wieder?", S. 7.

175 Fischer/ Ziegenspeck, Betreuungs- Report Ausland, S. 205 f.

nem Jahr nicht unterschreiten sollten[176]. Kritik wurde im Zuge dieser Studie jedoch vor allem daran geübt, dass die Projekte teilweise über keine angemessene Vorbereitungszeit für die Kinder und Jugendlichen verfügten, um sich mit der Situation auseinanderzusetzen, Problembewusstsein entwickeln und sich auf die anstehenden Umstände einstellen zu können[177]. Auch die erforderlichen Sprach- wie Fachkenntnisse der Auslandsbetreuer lagen nur bei weniger als der Hälfte vor und erschwerten damit die so wichtige Arbeit mit den Jugendlichen. Die Einhaltung von Qualitätsstandards ist damit nicht gewährleistet.

Zu einer Rückfallquote äußert sich diese Studie jedoch nicht.

d) Zukunftsperspektive von Boot Camps in Deutschland

Dass Boot Camps mit militärischer Ausgestaltung nicht tragbar sind und vom kriminologischen Standpunkt aus keinesfalls eine Alternative für Deutschland darstellen, sollte bereits ausreichend deutlich geworden sein.

Sie stellen ein Probleme der Vereinbarkeit mit der Menschenwürde aus Art. 1 Abs. 1 GG dar, sofern Demütigung und Erniedrigungen gezielt eingesetzt werden. Unterstrichen wird diese Problematik durch Regel 1 der Europäischen Gefängnisregeln (European Prison Rules). Darin heißt es: „Alle Personen, denen die Freiheit entzogen wurde, sind unter Achtung ihrer Menschenrechte zu behandeln". Bei den European Prison Rules handelt es sich jedoch um so genanntes weiches Recht, was bedeutet, dass diese Regeln nur empfehlenden Charakter haben. Sie sind mithin weder internationales, noch nationales Recht und entfalten somit keine Bindungswirkung, untermauern aber den Grundrechtsgedanken, der verbindlich ist. Zudem würde die Ausgestaltung als private Einrichtung, wie sie vielfach gerade in Amerika besteht, in Deutschland zusätzlich mit dem Rechtsstaatsprinzip kollidieren. Darüber hinaus dürfte das Maß der Bestimmtheit der Grundrechtsbindung durch Private fragwürdig sein. Außerdem würde die Arbeitspflicht der Jugendlichen dabei in den Problemkreis verbotener Zwangsarbeit kommen.

---

176 Fischer/ Ziegenspeck, Betreuungs- Report Ausland, S. 201.
177 Hierzu und dem Folgenden: Fischer/ Ziegenspeck, Betreuungs- Report Ausland, S. 201 f.

Zudem weisen Boot Camps wie sie in Amerika und andernorts bestehen, gerade keine geringere Rückfallquote auf, wie oben unter Punkt D.I.3.c)dd) dargelegt wurde. Sie verfehlen damit das gesetzte Ziel eines erfolgreicheren, zukünftigen Legalverhaltens. Lediglich Programme, bei denen die Rehabilitation vordergründig ist, zeigten eine positivere Bilanz. Vom Kostenstandpunkt her, sind diese selbstredend deutlich intensiver, können somit nicht zur Minimierung derselben führen. Diese zweite Zielsetzung ist somit auch nicht realisierbar. Zumindest dann nicht, wenn es primär wirklich auf die Resozialisierung und das künftige Legalverhalten und nicht nur ein Wegsperren und Entlassen bis zur nächsten Straftat ankommt. Der dritte Zweck, namentlich die Entlastung der Haftanstalten, bedarf keiner militärischen Ausrichtung, so dass diese auch von diesem Standpunkt aus nicht gerechtfertigt, da eindeutig nicht erfolgversprechend, ist.

Das Boot Camp, so wie es bislang in anderen Ländern existiert, hat damit keines der gesetzten Ziele erreicht. Dennoch wird vor allem in Amerika daran festgehalten. Sicherlich ist ein Grund dafür, dass gerade in den USA dem militärischen Verhalten ein extrem hoher Stellenwert zukommt. Darüber hinaus wird dort wie hier und überall auf der Welt seitens der Politik ein rigoroses Durchgreifen im Kampf gegen Straftaten demonstriert und Handlungsbereitschaft signalisiert, damit die Bürger ihrerseits Handeln und für die (Wieder)wahl sorgen – ein quit pro quo. Nicht außer Acht gelassen werden darf zudem, dass für entsprechende Programme Geld bereitgestellt wird. Geld, das der Strafvollzug dringendst nötig hat. Diese zusätzlichen Haushaltmittel wird sich wohl kaum jemand der Verantwortlichen entgehen lassen wollen, indem er die Ineffektivität der Boot Camps proklamiert. Stattdessen werden die Einrichtungen vielerorts seit mehr als zwei Jahrzehnten weiter am Laufen gehalten und als kurzzeitige Inverwahrnahme genutzt.

Nur weil Boot Camps andernorts trotz ihrer Ineffektivität weiter Bestand haben sollte hier zu Lande nicht derselbe Fehler begangen werden. Selbst wenn sich die Grundrechtsproblematik durch das Freiwilligkeitskriterium, einmal losgelöst von der Frage des tatsächlichen Umfangs dieser Freiwilligkeit und ein ausreichendes Maß, wie bei jedem strafrechtlichen Deal, unterstellend, bei der Entscheidung für ein solches Programm und gegen die längere Haftstrafe entkräften ließe, ist kein Anhaltspunkt ersichtlich, warum dieser wirkungs- wie aussichtslose Weg einschlagen werden sollte.

Es ist sinnvoller, aus den Erkenntnissen Schlussfolgerungen zu ziehen und neue Wege zu gehen. Dank des Ausschlussprinzips ist zumindest schon einmal sicher, was (unter anderem) NICHT wirkt – nämlich Boot Camps in ihrer momentanen Ausgestaltung.

Einzig diskutabel wäre aufgrund der erlangten Erfahrungen somit ein Erziehungslager ohne militärischen Einschlag.

Im Hinblick auf die zur positiven Beeinflussung erforderliche Zeitspanne, die der Jugendarrest nicht bietet, bliebe neben der Hilfe zur Erziehung nach § 12 JGG, nur die Möglichkeit, eine neue Alternative als Verbindungsglied zwischen Jugendarrest und Jugendstrafe (Mindestdauer gemäß § 18 Abs. 1 S. 1 JGG sechs Monate) zu schaffen, oder aber ein Erziehungslager als Wahlmöglichkeit zu einem Aufenthalt in einer Jugendstrafanstalt. Hierbei müsste mittels eines erzieherisch ausgeprägten Konzepts ohne militärischen Einschlag und sich anschließender Nachbetreuung in der für eine solche Arbeit zwangsweise benötigten längeren Zeitspanne und der gebotenen Intensität auf die Jugendlichen eingewirkt werden.

Klar ist aber auch, dass individuelle (Nach) Betreuung zwar wünschenswert ist, aber es weder finanziell, noch personell realisierbar ist, diese für alle jugendlichen Delinquenten bereit zu stellen

Wir finden uns in einem Spagat wieder, zwischen dem, was am erfolgversprechendsten ist und dem, was zu leisten ist.

Die Gefahr des nicht zu rechtfertigenden „widening of the net"-Effektes muss zusätzlich in Betracht gezogen werden. Gerade dieser Zustand ist in Amerika zu beobachten gewesen. Jugendliche Straftäter, die für gewöhnlich zu einer Bewährungsstrafe oder gemeinnütziger Arbeit verurteilt worden wären, waren nunmehr Teilnehmer in einem Boot Camp[178].

Zu guter letzt darf auch nicht vergessen werden, dass bereits ein breit gefächertes Instrumentarium an Reaktionsweisen durch das Jugendgerichtsgesetz bereitgestellt wird und genauso wenig, wie Kriminalität monokausal ist, es DAS Wundermittel gibt.

---

[178] John Howard Society, Fact Sheet #8, S. 3.

II. Härtere Strafen als vielbezeichnetes Mittel der Wahl

Um die Jugendkriminalität in den Griff zu bekommen, werden trotz aller vorstehenden Erkenntnisse häufig pauschal härtere Strafen gefordert. Die Justiz muss sich immer wieder dem Vorwurf zu milder Strafen stellen. Härtere Strafen sind indes leider nicht die Lösung, da sie nicht zwangsläufig zu einer geringeren Rückfallwahrscheinlichkeit führen.

Für die Formel härtere Strafen = größere abschreckende Wirkung = Verminderung der Kriminalitätsrate konnte der Beweis nie erbracht werden. Empirische Belege hierfür fehlen. Anhaltspunkte ergeben sich stattdessen in die entgegengesetzte Richtung.

So nimmt die Rückfallquote nach jugendstrafrechtlichen Sanktionen tendenziell mit der Eingriffsintensität der Vorsanktion zu[179]. Die verschiedenen Statistiken, die allesamt einen Zeitraum von circa fünf Jahren nach der Freilassung erfassten, zeigen Quoten von 56% bis 90%[180] auf. Auch die deutsche Bundesregierung ließ auf eine entsprechende Anfrage 2008 verlauten, dass Jugendliche, deren Jugendstrafe zur Bewährung ausgesetzt wurde, mit 59,6% deutlich seltener rückfällig waren, als solche, denen die Bewährung nicht zu Teil wurde. Deren Rezidivquote belief sich auf 77,8%.

Aus dem Jahre 1994 ergeben sich die Werte, wie sie aus Tabelle 27 ersichtlich sind. Danach sind nach der Verhängung von Jugendstrafe ohne Bewährung und Jugendarrest die höchsten Rückfallraten mit 77,8% und 70,0% zu verzeichnen. Die geringste Rückfallrate zeigte sich nach Maßregeln und den übrigen Zuchtmittel ohne Arrest (55,2%) und Diversion (40,3%) als Reaktionsmaßnahme.

---

179 Sonnen, ZJJ 4/ 2004, S. 358; Heinz, ZJJ 1/ 2004, S. 41, 47; Heinz, „Mehr und härtere Strafen = mehr Innere Sicherheit! Stimmt diese Gleichung?", S. 6; Aussage bezogen auf Straftäter im Allgemeinen: Kunz, Kriminologie, § 26, Rn. 15.

180 Rehling, Jugendkriminalität und Freiheitsentzug, S. 101; Schaffstein/ Beulke, Jugendstrafrecht, S. 167; DVJJ – Journal, Abschlussbericht 2001/02, S. 87.

Tabelle 27: Legalbewährung und Rückfall (1994)

Bezugsentscheidungen (BE)	Rückfall *			Schwerste Folgeentscheidung ** (in % der jew. Rückfallentscheidungen)			
	insgesamt	in % der jew. Bezugsentscheidung	Freiheits-/Jugendstrafe		(sonst.) formelle Sanktion 1)	§§ 45, 47 JGG	
				Unbedingt	bedingt		
(1)	(2)	(3)	(4)	(5)	(6)	(7)	(8)
BE insgesamt	946.107	337.853	35,7	13,9	23,3	56,1	6,8
Formelle BE nach allgemeinem Strafrecht	717.758	234.059	32,6	14,9	25,9	59,1	0,1
Freiheitsstrafe insg.	105.011	49.205	46,9	37,4	28,6	34,0	0,0
Freiheitsstrafe ohne Bew.	19.551	11.028	56,4	52,1	22,9	24,9	0,0
Freiheitsstrafe mit Bew.	85.460	38.177	44,7	33,2	30,2	36,6	0,0
Geldstrafe	612.747	184.854	30,2	8,9	25,2	65,8	0,1
Formelle BE nach Jugendstrafrecht	62.254	36.907	59,3	19,8	25,1	48,0	7,2
Jugendstrafe insg.	11.941	7.715	64,6	38,5	25,4	33,8	2,2
Jugendstrafe ohne Bew.	3.265	2.541	77,8	57,9	22,7	19,0	0,4
Jugendstrafe mit Bew.	8.676	5.174	59,6	29,0	26,7	41,1	3,2
Jugendarrest	9.610	6.726	70,0	25,2	29,7	39,3	5,8
Jugendrichterl. Maßnahmen	40.701	22.464	55,2	11,7	23,6	55,5	9,3
Jugendstrafrechtliche Diversion (§§ 45, 47 JGG)	166.093[2]	66.886	40,3	7,1	12,9	49,8	30,1

Legende:

1) Geldstrafe, Jugendarrest, Erziehungsmaßregel, Zuchtmittel, § 27 JGG und isolierte Maßregeln.

2) Berichtigte Zahl, die gegenüber der Übersichtstabelle 4.3a (Jehle, Heinz und Sutterer, 2003) die sonstigen Entscheidungen ausschließt. Die Größenordnungen bleiben erhalten.

Quelle: Heinz, „Mehr und härtere Strafen = mehr Innere Sicherheit! Stimmt diese Gleichung?", S. 26 f.

Als zudem in Deutschland Ende der sechziger, Anfang der siebziger Jahre die Höhe der Strafe, die zur Bewährung ausgesetzt werden durfte, erhöht wurde, und seither auch Delinquenten in den Genuss einer Bewährungsstrafe kommen konnten, die vorbelastet waren, zeigte sich statt einer Steigerung der Rate der Bewährungswiderrufe das genaue Gegenteil[181]. Somit weisen härtere Strafen auch in spezialpräventiver Hinsicht nicht automatisch einen größeren Nutzen auf.

Im Bereich der leichten bis mittelschweren Kriminalität ist festgestellt worden, dass unterschiedliche strafrechtliche Reaktionsweisen keinen Unterschied in ihrer Wirkung zeigen, sie mithin ohne Folgen untereinander aus-

---

181 Heinz, „Mehr und härtere Strafen = mehr Innere Sicherheit! Stimmt diese Gleichung?", S. 7.

tauschbar sind[182]. Dies stellt eine folgenschwere Feststellung dar, da es im Jugendstrafrecht von besonderer Relevanz ist, dass eine Sanktion darin ihre Legitimation findet, dass sie notwendig und verhältnismäßig ist. Die Beachtung dieses zuletzt genannten Grundsatzes erfordert ein hohes Maß an Flexibilität, insbesondere im Jugendstrafrecht.

Auch darf natürlich die grundsätzlich angebrachte kritische Hinterfragung der Aussagekraft von Rückfallstatistiken nicht außen vor gelassen werden. Ist es doch von Gewicht, dass in den verschiedenen Statistiken zum Teil bereits die Begehung geringfügiger Delikte als Rückfall gewertet wurde, während bei anderen nur Verurteilungen zu einer erneuten Freiheitsstrafe berücksichtigt wurden. Der Erfolg einer Maßnahme lässt sich daher nur schwer anhand von Rückfallstatistiken belegen. Am ehesten sind in diesem Rahmen die Fälle heranzuziehen, bei denen die Delinquenten erneut in den Strafvollzug eingekehrt sind, mithin abermals einen gravierenden Rechtsbruch begangen haben. Dabei gilt es zu beachten, dass Jugendstrafe nur bei schädlichen Neigungen oder Schwere der Schuld verhängt wird, mithin grundsätzlich nur schwer kriminelle Straftäter betrifft. Diese Klientel ist jedoch ohnehin vorbelasteter und stellt somit bereits eine Negativauslese dar.

Ein Vergleich sämtlicher Rechtsfolgen verbietet sich zudem aufgrund der verschiedenen Täter- und Tatstrukturen. Pauschal von einer folgenlosen Austauschbarkeit oder der Ineffizienz der einzelnen Reaktionsweisen zu sprechen, wäre verfehlt. In der Regel handelt es sich um unterschiedliche Täterpersönlichkeiten bei denjenigen, die zu Jugendarrest oder Jugendstrafe verurteilt wurden, und denjenigen, denen eine Weisung auferlegt wurde. Dass jemand, der bereits kriminell gefestigt ist, eher rückfällig wird, als ein Ersttäter, sollte nicht weiter verwundern. Die kausale Wirkung einer Sanktion ist daher nicht allein ursächlich für die Rückfallrate. Ein Nachweis über den Erfolg oder Misserfolg einer Sanktion könnte daher nur dann geführt werden, wenn identische Gruppen zur Verfügung ständen, die allein einen Unterschied in der Sanktionierung erfahren hätten.

Auf Intensivtäter sollen härtere Strafen, nach Erfahrungen von Praktikern, sogar positive Wirkung zeigen, worauf im weiteren Verlauf dieser Arbeit

---

182 Heinz, „Mehr und härtere Strafen = mehr Innere Sicherheit! Stimmt diese Gleichung?", S. 7 f.

noch detaillierter eingegangen werden wird. Allein diese Unterscheidung zwischen den verschiedenen „Arten" von jugendlichen Straftätern ist, wie bereits i.R.d. Darstellung der Intensivtäter erwähnt, ein schwieriger Punkt im Jugendstrafrecht. Hier ist es elementar, den Einzelfall zu betrachten. Intensivtäter mit jugendlichen Straftätern an sich gleichzusetzen wäre fatal. existiert zwischen ihnen doch von vorneherein ein immenser Unterschied.

Das Vorgenannte im Hinterkopf warnt davor, die durch die Rückfallstatistiken gewonnenen Erkenntnisse als gegeben anzunehmen. Hieraus die Unwirksamkeit der Jugendstrafe abzuleiten, ist daher nicht zu empfehlen. Jedoch sollte eins ganz klar sein und in der aktuellen Diskussion sowie dem weiteren Verlauf nie vergessen werden: ein Beweis für die Wirksamkeit der Jugendstrafe steht gleichfalls aus.

Der Reaktion des sozialen Umfelds, einer bestehenden moralischen Verbindlichkeit, eventueller Akzeptanz straffälligen Verhaltens im Verwandten- und Freundeskreis, sowie dem subjektiven Strafempfinden kommt, jedenfalls bei dem „normalen" jugendlichen Straftäter, ist viel eher ein Gewicht beizumessen als einer abstrakten, härteren Strafandrohung. Diese Bereiche sind vom generalpräventiven Standpunkt eher geeignet, den (möglichen) Täter zu beeinflussen.

Dort, wo das gesellschaftliche Gefüge funktioniert, wo das Umfeld soziale Werte schätzt und entsprechend reagiert, wenn jemand aus dem sozialen Nahbereich kriminelles Verhalten zeigt, führt die soziale Ächtung zu weitaus größeren Erfolgen, als es im Gerichtssaal jemals erreichen werden kann.

Folgender Fall aus der amtsgerichtlichen Praxis soll dies verdeutlichen.

Ein, zugegeben bereits erwachsener, Straftäter Anfang zwanzig saß wegen eines Eigentumsdeliktes auf der Anklagebank. Im Zuge der Hauptverhandlung berichtete er glaubhaft, wie ihn seine Freundin, seine Eltern und Großeltern, die allesamt der Verhandlung als Zuhörer beiwohnten, aufgrund des strafrechtlichen Vorfalls derart gemaßregelt hatten und auch ein Nachbar, ein Polizeibeamter, ein intensives und konfrontatives Gespräch mit ihm geführt hatte. Das Gericht sah sich der Situation gegenüber, dass der Angeklagte bereits das Unrecht seiner Tat wirklich eingesehen hatte und glaubhaft schilderte, dies werde nie wieder vorkommen. Das Gericht traf daran keinerlei „Mitverschulden". Sicherlich wurde das Verhalten gerichtsseits, sanktioniert, in diesem Fall mittels einer Geldstrafe, um das begangene Unrecht auszugleichen. Aber das, worauf es entscheidend ankommt, nämlich die Strafe nicht nur anzunehmen, sondern sich mit der Tat auseinanderzusetzen, einzusehen, dass dies Unrecht war und für sich den Schluss daraus zu ziehen, Derartiges nicht zu wiederholen, war bereits außerhalb des Gerichtssaals geschehen.

Eine Verschärfung des Jugendstrafrechts müsste aufgrund der Prämisse der Verfassungsmäßigkeit und der davon umfassten Verhältnismäßigkeit geeignet, erforderlich und angemessen sein. Wenn aber nun härtere Sanktionen nicht den gewünschten Erfolg bringen können, bzw. nicht besser wirken als mildere, sowie die vorhandenen Mittel, dürfte es an der Erforderlichkeit fehlen.

Zudem hat sich im Rahmen der dieser Arbeit zu Grunde liegenden Befragungen gezeigt, dass die Probanden in der Mehrheit die derzeitig geltende Höchstdauer der Jugendstrafe von zehn Jahren als ausreichend erachten. Bei der Wahl der Reaktionsweise auf verschiedene Tat-/ Täterkonstellationen entschieden sich die Befragten mehrheitlich gerade nicht für die gravierensten Maßnahmen, sondern hielten Auflagen und Weisungen für die angemessene Reaktionsweise. Würde tatsächlich per se ein härteres Jugendstrafrecht gefordert werden, dürfte davon auszugehen sein, dass Jugendstrafe und Jugendarrest ausschließlich oder doch zumindest deutlich häufiger gewählt worden wären. Dies scheint jedoch von den Befragten nicht als angebracht angesehen worden zu sein. Es mutet an, dass die Stichprobe bei der konkreten Tatbeurteilung das derzeitige Jugendstrafrecht als ausreichend empfindet. Diese konkrete Art der Auseinandersetzung mit der jeweiligen Delinquenz findet aber in der öffentlichen Diskussion keinen Eingang und es bestehen die Forderungen nach repressiveren Rechtsfolgen fort.

Zudem hält das geltende Jugendgerichtsgesetz eine Vielzahl von scharfen Reaktionsweisen bereit, die der Justiz ein adäquates Handeln ermöglichen. Es wird auch im Jugendstrafrecht zu freiheitsentziehenden Maßnahmen gegriffen; nämlich in Fällen, bei denen es seitens der Gerichte als angemessen angesehen wird und die hierfür erforderlichen Voraussetzungen erfüllt sind.

Auch im Fall der eingangs beschriebenen „Münchner U-Bahn-Schläger" zeigt sich, dass das Jugendstrafrecht hart ist, wo Härte geboten ist.

Die 1. Jugendkammer des Landgerichts München sprach mit Urteil vom 08.07.2008 die beiden Angeklagten Serkan A. und Spyridon L. des versuchten Mordes in Tateinheit mit gefährlicher Körperverletzung schuldig. Serkan A. wurde, aufgrund seiner von den Tatrichtern festgestellten weitgehend gefestigten, dissozialen Persönlichkeit, unter Anwendung des Erwachsenenstrafrechts zu einer Freiheitsstrafe von 12 Jahren verurteilt. Gegen Spyridon L. wurde eine Jugendstrafe von acht Jahren und sechs Monaten ausgesprochen. Das Urteil ist seit dem 28.04.2009 rechtskräftig, nachdem der 1. Strafsenat des Bundesgerichtshofs die Revision der Angeklagten gegen dieses Urteil mit Beschluss vom 28.04.2009 einstimmig als offensichtlich unbegründet verworfen hat. Die Bundesrichter sahen keinen Rechtsverstoß gegeben.

Beiden Tätern wurde durch psychologisches Gutachten eine starke Neigung zu ungehemmten Aggressionen attestiert. Sie seien zudem Ich-bezogen, impulsiv und täten sich sehr schwer damit, Regeln zu akzeptieren und Grenzen gesetzt zu bekommen.

Im Fall „Dominik Brunner" wurde der zum Tatzeitpunkt 18 jährige Haupttäter Markus S. durch die Jugendkammer des Landgerichts München I am 06. September 2010 wegen Mordes zu einer Jugendstrafe von neun Jahren und zehn Monaten verurteilt. Die Verteidigung von Markus S. hat gegen das Urteil Revision eingelegt. Der damals 17 jährige Sebastian L. wurde der Körperverletzung mit Todesfolge für schuldig befunden. Gegen ihn wurde eine siebenjährige Jugendstrafe verhängt.

Im Rahmen des Einsatzes des bestehenden Reaktionsinstrumentariums ist es gerade bei Jugendlichen von entscheidender Bedeutung, möglichst schnell auf begangenes Unrecht zu reagieren. Dadurch werden die Zusammenhänge von Tat und Folgen aufgezeigt und es kann ein Lerneffekt eintreten.

Um eine effektive Durchsetzung des, im Jugendstrafrecht besonders geltenden, Beschleunigungsgrundsatzes zu erreichen, existiert mittlerweile seit 01.06.2010 in Gesamtberlin das, ursprünglich für den Bezirk Neukölln entwickelte und dort im Januar 2008 begonnene, „Neuköllner Modell"[183].

---

183 Vgl. hierzu und dem Folgenden: Heisig, Das Ende der Geduld, S. 177 ff.

Dabei handelt es sich um eine besondere Ausgestaltung des vereinfachten Verfahrens nach §§ 76 ff. JGG. Zwischen Anzeige und Aburteilung liegen hierbei zwischen drei und sechs Wochen. Ermöglicht wird dies durch die frühzeitige Kontaktaufnahme zwischen Polizei, Staatsanwaltschaft, Jugendgerichtshilfe und Jugendrichter. Zur leichteren Durchführung dieser konsequenten, systemübergreifenden Zusammenarbeit zwischen den Beteiligten, sieht der Geschäftsverteilungsplan des Amtsgerichts Berlin Tiergarten die Zuständigkeit der Richter für bestimmte Polizeiabschnitte und der dazu regional zuständigen Abteilungen der Jugendgerichtshilfe vor. Für die verschiedenen Berliner Stadtbezirke und die damit korrelierenden Polizeiabschnitte ist jeweils ein Staatsanwalt zentraler Ansprechpartner für die Polizei, die bereits eine erste Auswahl der in Frage kommenden Fälle trifft. Sofern diese Einschätzung von dem Staatsanwalt geteilt wird, leitet die Polizei umgehend die förmliche Vernehmung des Beschuldigten, sowie die Vernehmung etwaiger Zeugen ein. Sobald die Akten im Anschluss an die Ermittlungen bei der Staatsanwaltschaft eingehen und dem zuständigen Staatsanwalt übergeben werden, nimmt dieser mit dem zuständigen Jugendrichter Kontakt auf. Nach Eingang des staatsanwaltschaftlichen Antrags auf Durchführung des vereinfachten Verfahrens, erfolgt durch den Jugendrichter eine Terminierung an einem der nächsten Verhandlungstage. Die zwischenzeitlich von der Polizei oder Staatsanwaltschaft informierte Jugendgerichtshilfe bereitet bis zum anstehenden Hauptverhandlungstermin ihren Bericht vor.

Aufgrund dieser Eigenart ist das Verfahren selbstverständlich nur für einfach und klar gelagerte Einzelrichterfälle ausgelegt. Das Verfahren findet keine Anwendung bei Intensivtätern, da es schon von gesetztes wegen nur in Frage kommt, wenn eine Gefängnisstrafe nicht im Raum steht.

Von Juli 2008 bis Januar 2010 wurden auf diese Weise circa 180 Fälle für die Berliner Bezirke Neukölln und Friedrichshain-Kreuzberg bearbeitet. Die vergleichsweise geringe Anzahl dürfte neben der noch fehlenden Manifestation der neuen Vorgehensweise[184] auch an der Arbeitsbelastung der mit dem Projekt betrauten Justizmitarbeiter liegen.

Resümierend bleibt festzuhalten, dass das aktuelle Jugendstrafrecht aus heutiger Sicht eine ausreichende Bandbreite an Maßnahmen bereithält, um auf die jeweiligen Straftaten und Täter flexibel zu reagieren. Es bietet die

---

184 Heisig, Das Ende der Geduld, S. 185.

Möglichkeit einer stufenweisen Steigerung der Sanktionen. So kann auf den, die Mehrheit bildenden, Jugendstraftäter, dessen Fehlverhalten nur episodenhaft ist, bspw. durch Auflagen und Weisungen entsprechend reagiert werden. Allerdings stehen eingriffsstärkere Maßnahmen und nicht zuletzt auch die Jugendstrafe zur Verfügung, wenn es sich um einen weitaus sanktionsresistenten Intensivtäter handelt.

Gleichwohl sollte dies nicht dazu führen, dass wir aufhören, an Verbesserungen zu arbeiten, allerdings nur in dem Maße wie diese sowie sinnvoll und effektiv zu sein scheinen.

Die Problematik liegt darin, dass erfahrungswissenschaftliche, kriminologische Erkenntnisse selten bis gar nicht in der Kriminalpolitik Berücksichtigung finden. Zumal, wenn Kriminalpolitik mit Strafrecht gleichgesetzt wird, obgleich sie kein Synonym dafür darstellt, sondern vielschichtiger aufgebaut und nicht auf die Mittel des Strafrechts begrenzt ist.

Die Politiker bedienen sich der kriminalwissenschaftlichen Erfahrung nur in dem Rahmen, wie sie sie als Unterstützung für ihr jeweiliges Programm gerade benötigen[185]. Das Fordern härterer Vorgehensweisen gegen jugendliche Straftäter in der Öffentlichkeit dürfte darin begründet sein, dass Repression, im Gegensatz zur Prävention, schneller vermeintliche Erfolge verzeichnen kann. Ob besagte Repression dauerhaft von Erfolg gekrönt ist, ist dabei nicht weiter wichtig und fällt nicht mehr in den Verantwortungsbereich der jeweils gerade amtierenden Regierung.

III. Das Instrument der Untersuchungshaft

Obgleich härtere Strafen weder geeignet, noch erforderlich sind, um Jugendkriminalität zu minimieren und von den Befragten auch nicht gefordert werden, sollen, wie bereits unter dem vorstehenden Punkt erwähnt, freiheitsentziehende Maßnahmen auf Intensivtäter nach Aussagen von Praktikern aus dem Jugendstrafrechtsbereich überwiegend positive Wirkungen zeigen.

Nach Reusch[186] hat sich in zahlreichen Fällen durch Anfertigungen von Lebensläufen ergeben, dass weder polizeiliche Vorladungen, noch Verneh-

---

185 Baechtold, „Trendsetter oder Anachronismus?", S. 10.
186 Reusch, „Migration und Kriminalität", S. 11.

mungen oder der Eindruck einer Hauptverhandlung auf Intensivtäter auch nur die geringste Wirkung zeigen. Sogar kurzzeitige Freiheitsentziehungen, wie vorläufige Festnahmen und Arreste, berühren die Täter nicht. Dasselbe Schicksal teilen der Erlass eines Haftbefehls mit sofortiger Haftverschonung oder eine Bewährungsstrafe, bzw. Vorbewährung. Einzig die Haft scheint nachhaltig zu wirken. Nach der Erfahrung der Polizei und der Intensivtäterabteilung der Berliner Staatsanwaltschaft lenken Jugendliche, die eine Haft über sich ergehen lassen mussten, deutlich ein[187]. Selbst wenn die Jugendlichen erneut straffällig werden, so weisen die zukünftig begangenen Taten größtenteils zumindest eine erheblich geringere Intensität und Anzahl auf[188].

Aus diesem Grunde gedachte der ehemalige Leiter der Intensivtäterabteilung der Staatsanwaltschaft Berlin, Oberstaatsanwalt Roman Reusch, das Instrument der Untersuchungshaft als vorgreifende Sanktionierung einzusetzen[189]. In Anbetracht der Problematik im Hinblick auf die Verfassungsmäßigkeit plädierte er für eine Änderung des Haftrechts dergestalt, dass bereits die Begehung einer schweren Tat, insbesondere eines Verbrechens[190] i.S.d. § 112 Abs. 2 StPO, als Haftgrund ausreicht, und diese Möglichkeit auch, bzw. gerade bei jugendlichen Täter zur Verfügung stehen sollte[191].

Bislang ist die Verhängung von Untersuchungshaft gegenüber Minderjährigen[192] nur begrenzt zulässig. § 72 JGG beschränkt die Anwendbarkeit von Untersuchungshaft nach § 112 StPO für Jugendliche dahingehend, dass Untersuchungshaft nur dann angewendet werden darf, wenn ihr Zweck nicht durch eine vorläufige Anordnung über die Erziehung oder durch andere Maßnahmen erreicht werden kann. Gemäß § 72 Abs. 1 S. 2 JGG sind bei der Prüfung der Verhältnismäßigkeit nach § 112 Abs. 1 S. 2 StPO auch die besonderen Belastungen des Vollzuges für Jugendliche zu berücksich-

---

187 Reusch, „Migration und Kriminalität", S. 11.
188 Reusch, „Migration und Kriminalität", S. 11.
189 Reusch, „Migration und Kriminalität", S. 14.
190 „Verbrechen" sind gemäß § 12 Abs. 1 StGB rechtswidrige Taten, die im Mindestmaß mit Freiheitsstrafe von einem Jahr oder darüber bedroht sind.
191 Reusch, „Migration und Kriminalität", S. 14.
192 Anders als bei Jugendlichen kann Untersuchungshaft bei Heranwachsenden selbst bei Anwendung des Jugendstrafrechts angeordnet werden, da gemäß § 105 Abs. 1 JGG die Regelung des § 72 JGG auf Heranwachsende keine Anwendung findet.

tigten. § 72 Abs. 2 JGG konstatiert eine weitere Einschränkung bei unter 16 Jährigen indem die Anordnung der Untersuchungshaft wegen Fluchtgefahr nur zulässig ist, wenn sich der Jugendliche dem Verfahren bereits entzogen hatte, Anstalten zur Flucht getroffen hat oder aber im Geltungsbereich des Gesetztes keinen festen Wohnsitz oder Aufenthalt hat. Zudem darf nicht verkannt werden, dass Untersuchungshaft, abgesehen von dem Haftgrund der Wiederholungsgefahr als insoweit präventiv wirkendes Element, vorrangig der Verfahrenssicherung zu dienen bestimmt ist.

Bei Betrachtung von Tabelle 28 fällt jedoch auf, dass die Freiheitsentziehungsdauer bei Berliner Intensivtätern am häufigsten zwischen zwei und sechs Monaten beträgt. Bei der angeordneten freiheitsentziehenden Maßnahme kann es sich weder um Jugendarrest, noch um Jugendstrafe handeln, da die Maximaldauer des Jugendarrestes gemäß § 16 Abs. 4 JGG bei vier Wochen liegt, das in § 18 Abs. 1 S. 1 JGG normierte Mindestmaß der Jugendstrafe bei sechs Monaten. Die beschriebene Mehrheit der Freiheitsentziehungen muss danach aufgrund von Untersuchungshaftanordnung, Unterbringung, sowie Abschiebegewahrsam erfolgt sein. Aus den Akten, die dieser Erhebung zu Grunde lagen, ergaben sich drei Fälle von Unterbringungen in einem psychiatrischen Krankenhaus und zwei Fälle von Abschiebegewahrsam[193]. Den restlichen Teil machen die Verhängung von Untersuchungshaft und die Unterbringung in einer Einrichtung zur Untersuchungshaftvermeidung nach § 71 Abs. 2 JGG aus[194]. Da letzte nur bei einem Fünftel angeordnet wurden, kommt zumindest in Berlin das Instrument der Untersuchungshaft auch zum Tragen, wenn eine spätere Jugendstrafe nicht verhängt wird. Anders lässt sich der Freiheitsentzug von zwei bis hin zu unterhalb von sechs Monaten nicht erklären. Ob dabei von vorneherein auch apokryphe Haftgründe wie bspw. Abschreckung, Vorwegahme der Strafe zur Vermeidung späterer Strafhaft, Erreichen einer Schockwirkung und daraus resultierender Selbstreflexion und Therapiemotivation, Berücksichtigung fanden, muss offen bleiben.

---

[193] Ohder/ Huck, BFG Nr. 26, 2006, S. 55.
[194] Ohder/ Huck, BFG Nr. 26, 2006, S. 54.

Tabelle 28: Dauer der Freiheitsentziehung bei Intensivtätern der Abteilung 47 der Staatsanwaltschaft Berlin, Erhebung aus dem Jahre 2005

Dauer Freiheitsentziehung	n=560
bis 2 Wochen	13,0%
2 bis 4 Wochen	13,4%
2 bis 3 Monate	20,9%
3 bis 6 Monate	20,2%
6 bis 12 Monate	12,1%
über 12 Monate bzw. anhaltend	20,4%
Gesamt	100,0%

Quelle: Ohder/ Huck, BFG Nr. 26, 2006, S. 55.

Bei der Häufigkeit der Straftatbegehung im Bezug zum Täteralter zeigt sich bei Berliner Intensivtätern das aus der folgenden Abbildung 48 ersichtliche Bild.

Abbildung 48: Verlauf straffälligen Verhaltens bei Berliner Intensivtätern

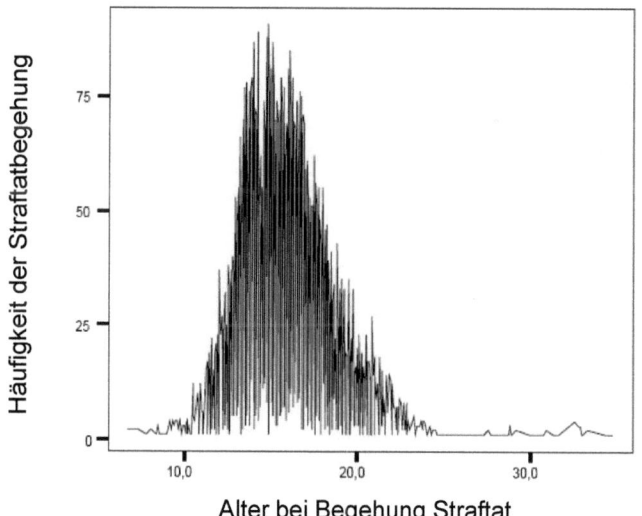

Alter bei Begehung Straftat

Quelle: Ohder/ Huck, BFG Nr. 26, 2006, S. 26.

Ob die mit dem 16. Lebensjahr beginnende Abnahme der Häufigkeit delinquenten Verhaltens nach dem Hoch mit 15 Jahren auf die häufigere Durchführung freiheitsentziehender Maßnahmen zurückzuführen ist, oder schlichtweg an einem einsetzenden Reifungsprozess der Jugendlichen liegt, kann nicht abschließend beurteilt werden.

Ein zwingender Schluss auf die spezialpräventive Wirkung freiheitsentziehender Sanktionen kann daher nicht gezogen werden. Gleichsam kann die Wirksamkeit aber auch nicht ausgeschlossen werden.

Kurzfristige Inhaftierung Jugendlicher sollen gemäß des in § 18 Abs. 1 S. 1 JGG normierten Mindestmaßes der Jugendstrafe von sechs Monaten und der in § 72 JGG festgeschriebenen Einschränkungen bei der Untersuchungshaftverhängung jedoch gerade vermieden werden. Grundlage für hierfür ist die Vorstellung, dass eine erzieherische Wirkung in einem kürzeren Zeitraum als sechs Monaten, nicht anzunehmen ist, sowie die Vermeidung möglicher haftbedingter Entwicklungsstörungen[195].

Aktuelle empirische Studien zu den Auswirkungen von Untersuchungshaft auf Jugendliche bestehen jedoch nicht[196]. Als Gefahren der Untersuchungshaft werden die, gerade bei einem noch in der Persönlichkeitsentwicklung befindlichen Jugendlichen, schwerwiegende Einwirkung des kriminellen Haftumfeldes, das Herausreißen aus dem gewohnten sozialen Gefüge verbunden mit der räumlichen Einschränkung, sowie die aus dieser Situation möglicherweise resultierenden, dauerhaften psychischen Störungen gesehen[197]. Die bisherigen Untersuchungen konnten dauerhafte Haftschäden kognitiver, emotionaler oder behavioraler Art bislang jedoch nicht nachweisen[198]. Kurz nach der Inhaftierung entstehende Beeinträchtigungen der psychischen Befindlichkeit regulieren sich im weiteren Verlauf der Haft[199].

Positive Wirkungen könnten das unmittelbare Erleben der sofortigen staatlichen Reaktion auf das begangene Unrecht sein, sowie eine heilsame Wir-

---

195 Eisenberg, JGG, § 18, Rn. 4, 6.
196 Dörlemann, Möglichkeiten einer Reduktion der Untersuchungshaft im Jugendstrafverfahren, S. 36.; Villmow, ZJJ 3/2009, S. 230.
197 Villmow, ZJJ 3/2009, S. 229.
198 Greve, „Die Entwicklungsfolgen der Jugendstrafe", S. 163; Greve/ Hosser, „Strafhaft als Entwicklungskrise", S. 235.
199 Greve/ Hosser, „Strafhaft als Entwicklungskrise", S. 235.

kung durch den erschütternden Eindruck der Untersuchungshaft[200]. Dadurch würde der erzieherische Effekt erzielt werden, dass dem jugendlichen sein Fehlverhalten in besonderem Maße verdeutlicht wird und nicht durch eine mögliche lange Verfahrensdauer unverhältnismäßig spät erfolgt[201]. Auch das vielfach als Gefahr der Untersuchungshaft angesehene Herausreißen aus dem gewohnten Umfeld hat als positiven Effekt eben gerade den Kontaktabbruch zu dem schädigenden, kriminalitätsfördernden Umfeld zur Folge[202]. Ohne Zweifel stellt eine Untersuchungshaft, wie Haft im Allgemeinen, ein einschneidendes Erlebnis im Leben eines Jugendlichen dar[203]. Darin liegt aber auch gewisser Maßen ihr Sinn[204]. Die extremen Veränderungen der Lebensbedingungen in der Haft sollen die Entschlusskraft des Jugendlichen zu kriminellen Verhaltensweisen aufhalten und im Idealfall durch zukünftiges Legalverhalten ersetzen[205].

Zu beachten ist in diesem Zusammenhang, dass einer Haftdeprivation, besonders bei Jugendlichen, vorgebeugt und zudem der Gefahr einer weiteren Kriminalisierung des Jugendlichen durch Kontakt mit kriminell vorbelasteten und „erfahrenen" Mithäftlingen[206] nach Möglichkeit begegnet werden muss.

Eine Änderung des Haftrechts durch Erweiterung der Haftgründe in oben beschriebener Ausgestaltung, würde auch nicht automatisch dazu führen, dass von da an allen jugendlichen Straftätern bei Begehung eines Bagatelldeliktes Untersuchungshaft drohen würde. Die Voraussetzung des dringenden Tatverdachts eines Verbrechens wäre hierbei nicht erfüllt. Die Idee der Erweiterung der Haftgründe ist konzipiert für jugendliche Intensivtäter,

---

200 So auch Dörlemann, Möglichkeiten einer Reduktion der Untersuchungshaft im Jugendstrafverfahren, S. 30.
201 Dörlemann, Möglichkeiten einer Reduktion der Untersuchungshaft im Jugendstrafverfahren, S. 30.
202 Dörlemann, Möglichkeiten einer Reduktion der Untersuchungshaft im Jugendstrafverfahren, S. 30.
203 Greve/ Hosser, „Strafhaft als Entwicklungskrise", S. 235.
204 Greve/ Hosser, „Strafhaft als Entwicklungskrise", S. 235.
205 Greve/ Hosser, „Strafhaft als Entwicklungskrise", S. 235.
206 Dörlemann, Möglichkeiten einer Reduktion der Untersuchungshaft im Jugendstrafverfahren, S. 33.; Villmow, ZJJ 3/2009, S. 231.

die weitgehend sanktionsresistent sind und bei denen das abgestufte Sanktionsprinzip keine Wirkung zeigt[207].

Die Einführung des Haftgrundes des Verbrechens würde zu einer Erweiterung der Flexibilität des Jugendstrafrechts führen. Angst vor Missbräuchen, die eine solch einschneidende Maßnahme mit sich bringen würde, gibt es immer. Es sollte jedoch dem Jugendstrafrecht und vor allen denen, die es anwenden, Vertrauen entgegengebracht werden.

IV. Verbesserung der Ausweisungsmöglichkeiten

Um speziell der Ausländerkriminalität effektiver begegnen zu können, wird zum Teil die Verbesserung von Ausweisungsmöglichkeiten in Erwägung gezogen.

Fraglich ist, inwieweit die Forderungen nach einer Ausweisung nicht deutscher Täter umsetzbar sind.

Das europäische Recht, das über innerstaatlichem Bundesrecht steht, lässt nur begrenzt Verschärfungen zu. Danach ist entscheidend, wo die Delinquenten ihre soziale Prägung erfahren haben. Ist dies in Deutschland der Fall, dann sind und bleiben sie auch ein deutsches Problem.

Eine Abschiebung in ihr Heimatland, zu dem sie keinen Bezug haben, ist grundsätzlich nicht möglich.

Unionsbürger genießen ohnehin innerhalb der Unionsländer gemäß des Gesetzes über die allgemeine Freizügigkeit von Unionsbürgern (Freizügigkeitsgesetz/ EU, FreizügG/ EU), das die Freizügigkeitsrechte aus dem EG-Vertrag (EGV)[208], bzw. seit 01.12.2009 aus dem Vertrag über die Arbeitsweise der Europäischen Union (AEUV)[209], innerstaatlich normiert, freies

---

207 Reusch, „Migration und Kriminalität", S. 11.
208 Konsolidierte Fassung des Vertrages zur Gründung der Europäischen Gemeinschaft (EGV) veröffentlicht im Amtsblatt der Europäischen Gemeinschaften Nr. C 325 vom 24.12.2002.
209 Konsolidierte Fassung des Vertrages über die Arbeitsweise der Europäischen Union veröffentlicht im Amtsblatt der Europäischen Gemeinschaften Nr. C 83/49 vom 30.03.2010.

Aufenthaltsrecht. Auch dieses kann jedoch nach § 6 FreizügG/ EU[210] entzogen werden, was die Ausreisepflicht nach § 7 FreizügG/ EU[211] zur Folge hat. Ein solches Vorgehen ist jedoch an strenge Voraussetzungen geknüpft und nur möglich, wenn dies aus Gründen der öffentlichen Ordnung, Sicherheit oder Gesundheit gerechtfertigt ist. Dabei ist das Begehen einer Straftat gemäß § 6 Abs. 2 FreizügG/ EU nicht zwingend als Gefahr für die öffentliche Sicherheit und Ordnung zu verstehen und führt, obgleich jede Gesetzesverletzung formal eine Störung der öffentlichen Ordnung beinhaltet, nicht per se zu einer Ausweisung. Diese kann nur dann erfolgen, wenn das persönliche Verhalten des Betroffenen eine tatsächliche und hinreichend schwere Gefährdung darstellt, die ein Grundinteresse der Gesellschaft berührt[212]. Bei der Prüfung dieser Voraussetzungen darf eine strafrechtliche Verurteilung nur insoweit berücksichtigt werden, als die ihr zugrunde liegenden Umstände ein persönliches Verhalten erkennen lassen, dass eine gegenwärtige Gefährdung der öffentlichen Ordnung darstellt und auf die konkrete Gefahr von weiteren Störungen der öffentlichen Ordnung hindeutet. Aufenthaltsbeendende Maßnahmen dürfen daher nicht automatisch aufgrund einer strafrechtlichen Verurteilung zum Zweck der Generalprävention angeordnet werden[213].

Für die Feststellung der Wiederholungsgefahr bedarf es der hinreichenden Wahrscheinlichkeit, dass der Ausländer zukünftig die öffentliche Ordnung i.S.v. Art. 39 Abs. 3 EG (seit 01.12.2009 Art. 45 AEUV) beeinträchtigt[214]. Im Rahmen der Verhältnismäßigkeitsprüfung ist zu dem Ausmaß des möglichen Schadens und dem Grad der Wahrscheinlichkeit des Schadenseintritts zu differenzieren[215]. Bei zunehmendem Ausmaß des

---

210 § 6 FreizügG/ EU normiert innerstaatlich die Regelung der Artt. 39 Abs. 3, 46 Abs. 1 EGV, bzw. neu Artt. 45, 52 Abs. 1 AEUV. Der Gesetzestext zu § 6 FreizügG/ EU, Artt. 39, 46 EGV und Artt. 45,52 AEUV findet sich im Anhang 6.

211 Der Gesetzestext zu § 7 FreizügG/ EU findet sich im Anhang 6.

212 Urteil des Bundesverwaltungsgerichts, 1. Senat, vom 03.08.2004, Az. 1 C 30/02, über juris; Urteil des Verwaltungsgerichtshofs München, 23. Kammer, vom 20.01.2010, Az. M 23 K 08.2685, über juris.

213 Urteil des Verwaltungsgerichtshofs München, 23. Kammer, vom 20.01.2010, Az. M 23 K 08.2685, über juris; Urteil des Bundesverwaltungsgerichts, 1. Senat, vom 02.09.2009, Az. 1 C 2/09 ,über juris.

214 Urteil des Bundesverwaltungsgerichts, 1. Senat, vom 03.08.2004, Az. 1 C 30/02 ,über juris.

215 Urteil des Bundesverwaltungsgerichts, 1. Senat, vom 03.08.2004, Az. 1 C 30/02 ,über juris; Urteil des Bundesverwaltungsgerichts, 1. Senat, vom 02.09.2009, Az. 1 C 2/09, über juris.

möglichen Schadens gilt ein abgesenkter Grad der Wahrscheinlichkeit des Schadenseintritts[216].

Zwar ist die Türkei bspw. nicht Mitglied der Europäischen Union, aufgrund des Assoziationsabkommens EWG-Türkei aus dem Jahre 1963[217], das als Vorbereitung auf den EG-Beitritt der Türkei die Ausdehnung der Arbeitnehmerfreizügigkeit auf türkische Arbeitnehmer vornahm, des Assoziationsratsbeschlusses 1/1980[218], der die arbeitsrechtliche Gleichstellung mit EG-Bürgern durch freien Zugang zum Arbeitsmarkt nach vier Jahren und den freien Zugang für Kinder nach Abschluss einer Ausbildung in der EG hervorbrachte, und dem Assoziationsratsbeschluss 3/1980[219], der die sozialrechtliche Gleichstellung mit EU-Bürgern betrifft, sind türkische Mitbürger EU-Bürgern aber weitgehend gleichgestellt.

Die in § 6 FreizügG/ EU normierten Anforderungen für eine Ausweisung gelten danach auch für türkische Mitbürger.

Wie sich diese hohen Anforderungen in der Praxis niederschlagen, zeigte auch der Fall „Mehmet"[220].

Muhlis A., unter dem Tarnnamen „Mehmet" zu zweifelhaftem Ruhm gelangt, sorgte in ganz Deutschland für eine öffentliche Debatte über Jugendstraf- und Ausländerrecht. 1984 mit türkischer Staatsbürgerschaft in München geboren, war Muhlis A. bis März 1998 laut Aktenlage an 45 Tatkomplexen beteiligt, hatte sich mithin weit vor seinem 14. Geburtstag und dem Beginn der Strafmündigkeit in der kriminellen Szene etabliert. Zu seinen Taten zählten Diebstähle, Einbrüche, Körperverletzungen verschiedener Arten, Nötigungen, räuberische Erpressungen, versuchte Hehlerei, Sachbeschädigung, räuberischer Diebstahl und Raub.

Mit Erreichen des 14. Lebensjahres wurde er zu einer Jugendstrafe von einem Jahr verurteilt, nachdem er einen seiner Mitschüler krankenhausreif

---

216 Urteil des Bundesverwaltungsgerichts, 1. Senat, vom 02.09.2009, Az. 1 C 2/09, über juris.

217 Veröffentlicht im Amtsblatt der Europäischen Gemeinschaften Nr. 217 vom 29.12.1964.

218 In Deutschland amtlich veröffentlicht in: Amtliche Nachrichten der Bundesanstalt für Arbeit (ANBA) 1981.

219 Veröffentlicht im Amtsblatt der Europäischen Gemeinschaften Nr. C 1983, 110.

220 Urteil des Bayrischen Verwaltungsgerichtshofs München, 10. Senat, vom 15.11.2001, Az. 10 B 00.1873, über juris.

geschlagen hatte, um ihn während dessen Bewusstlosigkeit zu berauben. Bevor er seine Haftstrafe antreten konnte, wurde er von der Stadt München aus Deutschland ausgewiesen, da diese seine Aufenthaltsgenehmigung nicht verlängert hatte. Erstmals wurde ein Kind, dessen Eltern einen rechtmäßigen Aufenthalt in der Bundesrepublik hatten, allein ausgewiesen. Muhlis A. hatte Probleme, sich in der Türkei zurechtzufinden und klagte gegen die Ausweisung. Ende 2001 kam der Bayrische Verwaltungsgerichtshof München zu der Entscheidung, dass die Abschiebung rechtswidrig war und Muhlis A. erneut nach Deutschland einreisen dürfe[221]. Er habe einen Anspruch auf Verlängerung seiner Aufenthaltserlaubnis nach Art. 7 S. 1 des Beschlusses Nr. 1/80 des Assoziationsrates EWG/ Türkei über die Entwicklung der Assoziation vom 19. September 1980 – ARB 1/80[222].

Zwar regelt dieser Artikel vom Wortlaut her nur die beschäftigungsrechtliche Stellung von Angehörigen eines türkischen Arbeitnehmers, der Europäische Gerichtshof hat jedoch in seinem Urteil vom 16. Dezember 1992 (Urteil „Kus")[223], ebenso wie in dem Urteil „Eroglu"[224] vom 05. Oktober 1994 klargestellt, dass diese Norm zwangsläufig die Anerkennung des Aufenthaltsrecht des Angehörigen mit beinhalte. Zudem stehe es der Anwendung der Norm nicht entgegen, dass Muhlis A. bereits in Deutschland geboren und nicht, wie es der Wortlaut der Norm voraussetzt, nachgezogen sei. Denn Sinn und Zweck der Vorschrift sei die Familienzusammenführung im Aufnahmestaat, weshalb sich der Schutz erst recht auf hier geborene Angehörige erstrecke.

Zwar kann das nach Art. 7 S. 1 ARB 1/80 garantierte Aufenthaltsrecht gemäß Art. 14 ARB 1/80[225] versagt werden, die Voraussetzungen wurden in dem Fall „Mehmet" jedoch als nicht gegeben angesehen[226]. Die Begehung von Straftaten bzw. die Verurteilung eines türkischen Staatsangehöri-

---

221 Urteil des Bayrischen Verwaltungsgerichtshofs München, 10. Senat, vom 15.11.2001, Az. 10 B 00.1873, über juris.

222 Der Gesetzestext zu Art. 7 des Beschlusses 1/80 des Assoziationsrats EWG-Türkei über die Entwicklung der Assoziation findet sich im Anhang 6.

223 Urteil des Gerichtshofes der Europäischen Gemeinschaft (Vorabentscheidung) vom 16.12.1992, Az. C-237/91, über juris.

224 Urteil des Gerichtshofes der Europäischen Gemeinschaft, 6. Kammer, (Vorabentscheidung) vom 05.10.1994, Az. C-355/94, über juris.

225 Der Gesetzestext zu Art. 14 des Beschlusses 1/80 des Assoziationsrats EWG-Türkei über die Entwicklung der Assoziation findet sich im Anhang 6.

226 Urteil des Bayrischen Verwaltungsgerichtshofs München, 10. Senat, vom 15.11.2001, Az. 10 B 00.1873, über juris.

gen allein rechtfertigen die Versagung der Aufenthaltsgenehmigung nicht. Selbst dann nicht, wenn, wie im vorliegenden Fall, diese eine schwere Störung der öffentlichen Ordnung darstellen. Vielmehr kommt es darauf an, dass mit hinreichender Sicherheit damit gerechnet werden muss, dass erneut Straftaten begangen werden, die die Schwelle des Art. 14 ARB 1/80 überschreiten. Eine abstrakte Gefahr entsprechender neuer Störungen reicht hierfür nicht aus.

Da Muhlis A. seit dem Zeitpunkt seiner Abschiebung im Jahre 1998 bis zum Zeitpunkt der Entscheidung 2001 keine erneuten Straftaten begangen hatte, sah der Verwaltungsgerichtshof eine konkrete Gefährdung als nicht gegeben an. Das Bundesverwaltungsgericht bestätigte diese Entscheidung 2002[227]. Dabei ließ es offen, ob das Aufenthaltsrecht aus Art. 7 S.1 ARB 1/80 resultiere, da bereits nach nationalem Recht gemäß § 21 Abs. 1 S. 2 AuslG[228] (entspricht seit 2004 § 34 Abs. 1 AufenthG[229]) ein Anspruch auf Verlängerung der Aufenthaltserlaubnis bestehe, denn sein Aufenthalt hätte der Wahrung der familiären Lebensgemeinschaft gedient, da sich beide Elternteile rechtmäßig in Deutschland aufhielten. Aufgrund der Rechtswidrigkeit der Abschiebung, wurde auch nicht die Sperrwirkung des § 8 Abs. 2 S. 2 AuslG[230] ausgelöst, die eine erneute Einreise verboten hätte. Die Voraussetzungen des § 48 Abs. 2 S. 1[231] AuslG, die eine Ausweisung eines minderjährigen Ausländers, dessen Eltern sich rechtmäßig im Bundesgebiet aufhalten, im Falle einer rechtskräftigen Verurteilung wegen serienmäßiger Begehung nicht unerheblicher vorsätzlicher Straftaten, wegen schwerer Straftaten oder einer besonders schweren Straftat ermöglicht, lagen nicht vor.

Bei der Vielzahl der Fälle und der Brutalität mit der Muhlis A. dabei teilweise vorging, ist dies zunächst nur schwer nachzuvollziehen. Allerdings dürfen die 45 Straftaten, die er vor Erreichen des Strafmündigkeitsalters begangen hatte, bei der Bewertung nicht berücksichtigt werden, da eine

---

227 Urteil des Bundesverwaltungsgerichtes,1. Senat, vom 16.07.2002, Az. 1 C 8/02, über juris.

228 Der Gesetzestext zu § 21 AuslG findet sich im Anhang 6.

229 Der Gesetzestext zu § 34 AufenthG findet sich im Anhang 6.

230 § 8 Abs. 2 AuslG entspricht seit 2004 § 11 Abs. 1 AufenthG. Die Gesetzestexte zu § 8 AuslG und § 11 AufenthG finden sich im Anhang 6.

231 § 48 Abs. 2 S. 1 AuslG entspricht seit 2004 § 56 Abs. 2 S. 2 AufenthG. Die Gesetzestexte zu § 48 AuslG und § 56 AufenthG finden sich im Anhang 6.

Aburteilung aufgrund von § 19 StGB [232] ausgeschlossen war. Bei der einzigen nach Erreichen des 14. Lebensjahr begangene Straftat, wegen der er zu einem Jahr Jugendstrafe ohne Bewährung verurteilt worden war, handelte es sich zwar um einen schweren Raub, der jedoch nach Ansicht des erkennenden Gerichts zwar einen schweren, aber keinen besonders schweren Unrechtsgehalt aufwies. Als Anhaltspunkt für das Vorliegen dieser Voraussetzung wird in Anlehnung an § 47 Abs. 1 Nr. 1 AuslG[233], bzw. neu § 53 Nr. 1 AufenthG, eine Freiheits- bzw. Jugendstrafe von mindestens drei Jahren angenommen (oder im Falle einer vorsätzlichen Straftat u.a. nach Betäubungsmittelgesetz bei einer Verurteilung zu mindestens zwei Jahren).

Die extrem hohen Voraussetzungen von § 48 AuslG, bzw. seit 2004 § 56 AufenthG dienen dem Schutz minderjähriger Kinder und der Umsetzung des aus Art. 6 GG und Art. 8 EMRK resultierenden verfassungsrechtlichen Auftrags zum Schutz der Familie.

Selbst die Tatsache, dass, Muhlis A. nicht mehr in den elterlichen Haushalt zurückkehren wollte, steht der Annahme einer familiären Lebensgemeinschaft nicht entgegen, da es dennoch denkbar ist, dass die familiäre Lebensgemeinschaft im Sinne einer Erziehungs- und Beistandsgemeinschaft fortbesteht.

Wieder immigriert wurde Muhlis A. am 02.Juni 2005 wegen räuberischer Erpressung seiner Eltern vom Münchener Jugendschöffengericht zu 18 Monaten Freiheitsstrafe verurteilt. Um der Haftstrafe zu entkommen, floh er in die Türkei. Eine erneute Ausweisungsverfügung wurde mangels Einlegung eines Rechtsmittels bestandskräftig und verwehrt ihm seither die Rückkehr nach Deutschland.

Dieser Fall macht deutlich, wie hoch die Voraussetzungen bei der Ausweisung Minderjähriger sind. Die besondere Problematik im Fall von Muhlis A. bestand zudem darin, dass dieser im Schutz der Minderjährigkeit wiederholt starkes Unrecht begangen hatte, welches ihm allerdings als Ausprägung des Minderjährigenrechts auch ausländerrechtlich nicht zum Nachteil

---

232 § 19 StGB: „Schuldunfähig ist, wer bei Begehung der Tat noch nicht vierzehn Jahre alt ist".

233 Der Gesetzestext zu § 47 AuslG findet sich im Anhang 6.

gereicht werden konnte. Aus der speziellen Schwierigkeit des vorliegenden Falles den Schluss der Notwendigkeit der Herabsenkung des Strafmündigkeitsalters im Strafgesetzbuch zu ziehen, wäre jedoch verfehlt, da mehrheitlich im Kindesalter gerade keine schwere Rechtsbrüche verübt werden und erst recht nicht mit dieser gravierenden, kriminellen Energie.

Ein weiterer Beispielsfall[234], der im Jahre 2004 vom 24. Senat des Bayrischen Verwaltungsgerichtshofs München entschieden wurde, zeigt, dass die Möglichkeit der Ausweisung Minderjähriger durchaus gegeben ist und ein Gefühl der Ohnmacht fehl am Platze ist. Der Bayrischen Verwaltungsgerichtshofs München bestätigt darin das vorangegangene Urteil des Verwaltungsgerichts Regensburg, mit dem ein 1986 geborener rumänischer Staatsangehöriger, der in den Jahren 2001/2002 wiederholt straffällig geworden war und unter Einbeziehung vergangener Delikte unter anderem wegen gefährlicher Körperverletzung, Bedrohung, Diebstahl und versuchter räuberischer Erpressung zu einer Jugendstrafe von drei Jahren und neun Monaten verurteilt worden war, ausgewiesen wurde. Seine Taten wurden aufgrund der erheblichen kriminellen Energie, wie dem Erzeugen von Todesangst bei seinen Opfern und der teilweise verwerflichen Motivation, als besonders schwer eingestuft.

Aufgrund der festgestellten evidenten Wiederholungsgefahr war die Ausweisungsverfügung auch mit dem Schutz der Familie nach Art. 8 EMRK und Art. 6 GG vereinbar.

Eine Divergenz zu dem Urteil des Bundesverwaltungsgerichts im Fall „Mehmet" besteht nicht, da bei diesem nur eine Tat im Strafmündigkeitsalter vorlag, deren Aburteilung die Grenze einer dreijährigen Jugendstrafe nicht erreichte.

Aber auch eine Verurteilung zu einer Freiheitsstrafe von drei Jahren führt nicht zwangsläufig dazu, dass eine Ausweisung nach Art. 14 ARB 1/80 möglich ist[235], da bei EU-Bürgern und Personen türkischer Staatsbürger-

---

234 Beschluss des Bayrischen Verwaltungsgerichtshofes München, 24. Senat, vom 23.04.2004, Az.: 24 ZB 03.2828, über juris.
235 Urteil des Gerichtshofes der Europäischen Gemeinschaften, 5. Kammer, (Vorabentscheidung) vom 07.07.2005, Az.: C-373/03, Ceyhun Aydinli gegen das Land Baden-Württemberg, vorgelegt vom Verwaltungsgericht Freiburg, über juris.

schaft sowohl die Regelausweisung, als auch die zwingende Ausweisung entfällt. Die Ausweisung ist in diesen Fällen als Ermessensentscheidung ausgestaltet.

Der Europäische Gerichtshof führte dazu aus, dass ein türkischer Staatsangehöriger, der nach Art. 7 Abs. 1 zweiter Gedankenstrich des Beschlusses Nr. 1/80 vom 19. September 1980 über die Entwicklung der Assoziation, im Aufnahmemitgliedstaat ein Recht auf freien Zugang zu jeder von ihm gewählten Beschäftigung im Lohn- oder Gehaltsverhältnis hat, dieses Recht weder deswegen verliert, weil er aufgrund einer, auch mehrjährigen, Inhaftierung und anschließenden Langzeitdrogentherapie länger vom Arbeitsmarkt abwesend ist, noch, weil er zum Zeitpunkt der Ausweisungsentscheidung volljährig war und seinen Wohnsitz nicht mehr bei dem türkischen Arbeitnehmer hatte, von dem er sein Aufenthaltsrecht ursprünglich abgeleitet hat, sondern ein von diesem unabhängiges Leben führte[236].

Auch die Vorlagefrage an den Europäischen Gerichtshof, ob der durch die Verurteilung zu einer zeitigen Freiheitsstrafe bedingte Verlust des Arbeitsplatzes bzw. die Unmöglichkeit, sich im Fall einer aktuellen Arbeitslosigkeit um eine Beschäftigungsstelle zu bewerben, eo ipso zu einer verschuldeten Arbeitslosigkeit im Sinne des Art. 6 Abs. 2 S. 2 des Beschlusses Nr. 1/80[237] führt, die den Verlust der Rechte aus Art. 6 Abs. 1 und Art. 7 S. 1 des Beschlusses Nr.1/80 nicht verhindert, wurde von diesem verneint[238]. Der Europäische Gerichtshof führte dazu aus, dass es Art. 7 S. 1 des Beschlusses Nr. 1/80 nicht zulässt, dass die Rechte, die einem türkischen Staatsangehörigen durch diese Bestimmung verliehen werden, nach einer Verurteilung zu einer Freiheitsstrafe, der sich eine Drogentherapie anschließt, wegen längerer Abwesenheit vom Arbeitsmarkt beschränkt werden.

Eine pauschale Heranziehung der Kriterien der §§ 54, 55 AufenthG im Rahmen der Ermessenentscheidung nach Art. 14 Beschluss Nr. 1/80 ver-

---

236 Urteil des Gerichtshofes der Europäischen Gemeinschaften, 5. Kammer, (Vorabentscheidung) vom 07.07.2005, Az.: C-373/03, Ceyhun Aydinli gegen das Land Baden-Württemberg, vorgelegt vom Verwaltungsgericht Freiburg, über juris.

237 Der Gesetzestext zu Art. 6 des Beschlusses 1/80 des Assoziationsrats EWG-Türkei über die Entwicklung der Assoziation findet sich im Anhang 6.

238 Urteil des Gerichtshofes der Europäischen Gemeinschaften, (Vorabentscheidung) vom 11.11.2004, 2. Kammer, Az.: C-467/02, Inan Cetinkaya gegen Land Baden-Württemberg, über juris.

bietet sich mithin. Selbstverständlich macht dies auch Sinn, da andernfalls gerade keine weitgehende Gleichstellung der türkischen Mitbürger mit EU-Bürgern erzielt werden würde. Eine Verschärfung des Ausweisungsrechts würde im Hinblick auf die eindeutige Rechtsprechung des Europäischen Gerichtshofes diesbezügliche Verträge oder Abkommen mit den beteiligten Staaten erforderlich machen. Entsprechende Ambitionen in diese Richtung sind jedoch nicht zu erkennen. Zu bedenken bleibt zudem, dass dies unter dem Gesichtspunkt der Globalisierung und Europäisierung als ein rückwärts gewandter Schritt zurück zu qualifizieren wäre.

Über eine Verbesserung der Ausweisungsmöglichkeiten innerhalb der Grenzen, des europäischen Rechts, sollte dennoch nachgedacht werden. Freizügigkeit sollte nicht dazu führen können, dass Personen, die sich dazu entschieden haben, nach Deutschland zu immigrieren, ihr Aufenthaltsrecht durch das Begehen einer Vielzahl von Straftaten missbrauchen. Dies betrifft einmal mehr die Jugendlichen, die strafrechtlich in großem Umfang in Erscheinung treten und selbstverständlich nicht die Mehrheit der delinquenten Jugendlichen, die sich von den Intensivtätern in Quantität und Qualität der Straftaten unterscheiden.

Ersteren muss mit aller Konsequenz begegnet werden. Eine drohende Ausweisung dürfte mit Sicherheit den Großteil der jugendlichen Intensivtäter veranlassen, ihr kriminelles Verhalten zu überdenken und hiervon Abstand zu nehmen. Nicht zuletzt, weil in ihrem Heimatland delinquentes Verhalten anders geahndet wird. Dies wird auch daran deutlich, dass Oberstaatsanwalt Reusch aus Berlin anlässlich eines Symposiums berichtete, ein türkischer Dolmetscher habe auf seine Frage, weshalb die Jugendlichen, wenn sie in der Türkei seien, keine Straftaten begingen, sondern erst, wenn sie wieder zurück in Deutschland seien geantwortet: „Na, ist doch klar, wenn die das in der Türkei machen, was sie hier machen, könnten sie sich ein neues Gebiss kaufen"[239].

Die bislang existierende Ausweisungspraxis als Reaktion auf stetiges strafrechtliches Inerscheinungtreten ist teilweise unbefriedigend.

---

[239] Vortrag von Roman Reusch zu dem Titel „ Intensivtäterbekämpfung und Folgerungen" anlässlich des Symposiums des EJF Lazarus zum Thema „Im Spannungsfeld von Strafe und Erziehung. Delinquente Kinder und straffällige Jugendliche – ein wachsendes Problem?"

Zur Vereinfachung der Ausweisungsmöglichkeiten wird zum Teil eine innerdeutsche Gesetzesänderung der geltenden §§ 53 ff. AufenthG[240] dahingehend gefordert, die vorhandenen Grenzen der, für eine Ausweisung erforderlichen, rechtskräftigen Verurteilung zu einer Freiheits-, bzw. Jugendstrafe herabzusenken[241].

Tatsächlich ist die bestehende aktuelle Strafgrenze der §§ 53 ff. AufenthG jedoch ausreichend. Das Instrument der Ausweisung stellt einen starken Eingriff dar, der zu seiner Legitimierung an nicht unerhebliche Voraussetzungen geknüpft sein sollte. Diese Grenze indes so weit herabzusenken, dass bereits die Verurteilung eines Jugendlichen wegen eines Verbrechens für eine Ausweisung ausreichen würde, wäre zu weitgehend. Sicherlich soll kriminelles Verhalten in jeglicher Form nicht beschönigt werden, es kann jedoch nicht zur Folge haben, dass unser Land zwar Bürger aus anderen Ländern aufnimmt, jedoch im Falle von „nur" einer Straftat bereits die Möglichkeit hat, das Instrument der Ausweisung zu nutzen. Wenn Personen der Aufenthalt auf unbestimmte Zeit zuerkannt wird, dann muss sich auch eventuellen Problemen gestellt werden, die damit einhergehen können.

Ein Problem im Rahmen der bestehenden Rechtslage ist vielmehr darin begründet, dass eine Vielzahl von Straftätern, ihre wahre Identität und Staatsangehörigkeit verbirgt. Das Feststehen der jeweiligen Staatsangehörigkeit ist jedoch Voraussetzung für den Vollzug einer Ausweisung. Dass gerade diese Problematik ein zentraler Punkt ist, zeigt auch ein Blick auf die folgende Abbildung 49. Dort ist ersichtlich, dass bezogen auf die ausländischen Intensivtäter in Berlin von denen gut 72% nicht abgeschoben werden können, knapp 14% passlos sind.

Dabei wird zudem in vielen Fällen das Abschiebungshindernis durch die Betroffenen selbst gesetzt, indem diese eine falsche, respektive ungeklärte, Staatsangehörigkeit vortäuschen.

Trotz der hohen Anzahl von Straftaten scheiterte die Abschiebung von Nidal R. im Jahre 2004, nach der verbüßten Gesamtfreiheitsstrafe von vier Jahren, bereits einmal daran, dass sich der Zielstaat Libanon weigerte, die notwendigen Dokumente zur Verfügung zu stellen[242]. Der Libanon bearbei-

---

240 Die Gesetzestexte zu §§ 53 bis 56 AufenthG finden sich im Anhang 6.
241 Vgl. exemplarisch: Reusch, „Migration und Kriminalität", S. 17.
242 Wie eingangs unter Punkt B.V. beschrieben.

tet Abschiebungsanträge nämlich nur dann, wenn die Betroffenen die Papiere ausfüllen und ihre libanesische Identität nachweisen. Ohne eigene Dokumente ist das aber nicht möglich.

Abbildung 49: Einer Ausweisung entgegenstehende Faktoren bei ausländischen Intensivtätern in Berlin

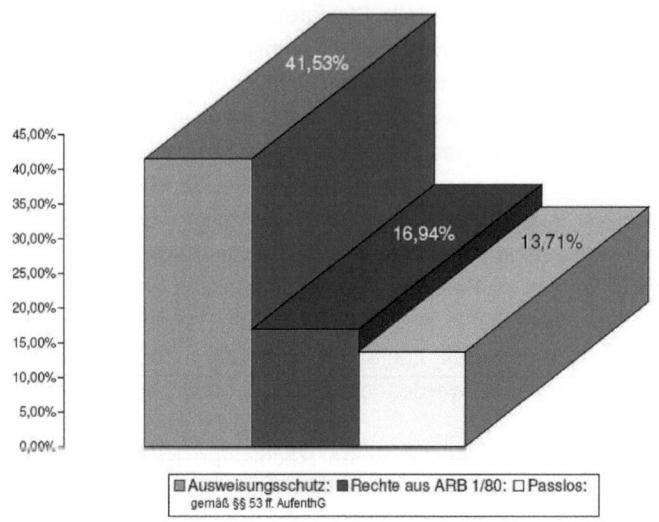

Quelle: Reusch, „Migration und Kriminalität", S. 16.

Im Jahre 2000 wurde die GE „Ident" (Gemeinsame Ermittlungsgruppe Identität) gegründet, deren Fokus sich ausschließlich auf die Ermittlung der wahren Identität solcher Straftätern richtete, die vorgaben, Bürgerkriegs- flüchtlinge aus dem Libanon mit ungeklärter Staatsangehörigkeit zu sein. Ziel war es, die Nachweise über die tatsächliche türkische oder libanesi- sche Herkunft zu erbringen und die Betroffenen durch diese Erkenntnis in ihre Heimat abzuschieben.

Der Tagespresse zur Folge führte die Arbeit der GE „Ident" zu 42 Abschie- bungen aufgrund aufgedeckter falscher Identitäten[243]. Zudem reisten nach

---

243 Hierzu und dem Folgenden: Tageszeitung „Der Tagesspiegel" vom 24.09.2008, Titel „Streit um Auflösung von Polizei-Gruppe: Identitätsermittler sollen neue Aufgaben er- halten".

Zeitungsangaben laut Polizei weitere 45 Schwerkriminelle freiwillig aus, als sie erfuhren, dass die GE „Ident" gegen sie ermittelte. 18 Personen wurden zu Haftstrafen verurteilt. Nach anderer Quelle[244] wurden bis zum Stand Frühjahr 2002 sogar über 400 Personen abgeschoben, haben Deutschland freiwillig verlassen oder sind untergetaucht. Dabei widersprechen sich die Zahlen nicht zwangsläufig, da bei der zweiten Quelle die zusätzliche Möglichkeit des Untertauchens mit angeführt wurde.

Im Herbst 2008 wurde die GE „Ident" aufgelöst. Es hieß, ihr Auftrag sei abgeschlossen, nachdem sich die Ermittler zu diesem Zeitpunkt nur noch mit Personen beschäftigt hatten, die hier unter falschem Namen lebten, aber nicht kriminell in Erscheinung traten.

Da nach Angaben der GE „Ident" zahlreiche Kriminelle selbst ihre Identität offenbarten, als ihnen bewusst wurde, dass gegen sie ermittelt wurde, erscheint die Erzwingungshaft als Beugemittel, wie sie im Bereich der Ordnungswidrigkeiten[245] und zur Erlangung einer Zeugenaussage im Strafprozessrecht[246] bereits ein zulässiges Instrument darstellt, als durchaus sinnvolle Möglichkeit, um die Ausweisungsmöglichkeiten zu verbessern.

Der Problematik, dass (Intensiv)straftäter nicht deutscher Herkunft die deutsche Staatsbürgerschaft erlangen und danach nicht mehr ausgewiesen werden können, wurde durch eine Verschärfung der Voraussetzungen für eine Einbürgerung entgegengetreten. So stellt seit dem Inkrafttreten der Neufassung des § 12 a StAG[247] am 28.08.2007 eine Verurteilung zu einer Geldstrafe von mehr als 90 Tagessätzen, bzw. zu einer bedingten Freiheitsstrafe von über drei Monaten oder zu einer unbedingten Freiheitsstrafe, einen Ausschlussgrund für die Einbürgerung dar. Damit wurden die kriminalitätsbezogenen Ausschlussgründe drastisch verschärft. Die alte Fassung sah diese Folge erst im Falle von einer Verurteilung zu einer Geldstrafe von 180 Tagessätzen, zu einer bedingten Freiheitsstrafe von mehr als sechs Monaten oder zu einer unbedingten Freiheitsstrafe vor[248].

---

244 Henninger, Kriminalistik 2002, S. 727.
245 Gemäß §§ 96 ff. Ordnungswidrigkeitengesetz, §§ 417 ff. Strafprozessordnung.
246 Gemäß § 70 Abs. 2 StPO.
247 Der Gesetzestext zu § 12 a StAG findet sich im Anhang 6.
248 Der Gesetzestext zu § 12 a StAG, alte Fassung, findet sich im Anhang 6.

E. Abschlussbetrachtung

I. Die symbolische Komponente

Bleibt die Frage, inwieweit Forderungen nach einem härteren Jugendstrafrecht mit symbolischem Strafrecht nachgekommen werden kann und ob darin die Lösung oder vielmehr das wahre Problem zu finden ist.

Der Begriff „symbolisches Strafrecht" bezeichnet ein Strafrechtssystem, das stetig erweitert wird, um große gesellschaftliche Probleme zu regulieren. Es gilt als Instrument der Krisenintervention und führt zur Einführung neuer Straftatbestände oder der Erweiterung bestehender[249]. Aufgrund dessen, dass die öffentliche Meinung einen wesentlichen Indikator für strafrechtliche Verschärfungen darstellt, wird das symbolische Strafrecht primär in Bereichen eingesetzt, in denen eine hohe Risikoangst und Kriminalitätsfurcht besteht. Das Strafrecht tritt damit in Kommunikation mit der Gesellschaft, deren Ansichten und Forderungen wesentlich durch die mediale Berichterstattung geprägt werden. Genauso, wie die Existenz von Boot Camps in den USA nicht durch ihre Effizienz, als vielmehr durch die breite Zustimmung in der Bevölkerung, die ihrerseits durch die Befürwortung der Boot Camp-Programme in der Politik und den Medien intensiviert wird, legitimiert sind[250], gibt es immer wieder Gebiete, die auf diese Art und Weise abgedeckt werden.

Durch die Medien werden Probleme öffentlich, und somit für jeden nachvollziehbar, diskutiert[251]. Jedoch sind sie gleichfalls bestens geeignet, die soziale Wahrnehmung zu beeinflussen und ein verzerrtes Bild zu vermitteln. So wird durch die Darstellung bestimmter Delikte, die polarisierende Haltung bei Opfern und Tätern und der relativen Häufigkeit der Berichterstattung zu bestimmten Deliktsgruppen ein ganz anderes Bild erzeugt, als es der Realität entspricht. Größtenteils werden Taten skrupelloser Intensivtäter publiziert und der Anschein erweckt, dass die dort gezeigten Beispiele jugendliche Straftäter an sich widerspiegeln. Eine gebotene, sachli-

---

249 Hassemer, „Das Symbolische am symbolischen Strafrecht", S. 1007.
250 Gescher, Boot- Camp-Programme in den USA, S. 40.
251 Díez Ripollés, ZStW 2001, S. 516.

che Aufbereitung der Fälle findet dabei nicht statt. Zudem entsteht vielfach der Eindruck, die Kriminalität steige stetig an, obgleich diese über einen langen Zeitraum relativ gleich bleibend, die letzten Jahre sogar vermehrt rückläufig ist, wie sich Tabelle 29, 30 und Abbildung 50 sowohl in Bezug auf die Gesamt- als auch die Jugendkriminalität entnehmen lässt und bereits ausführlich unter Punkt B. dargestellt wurde.

Tabelle 29: Entwicklung der Kriminalität in Deutschland von 1993 bis 2006

Jahr	Bevölkerung Einwohner am 30.06.	Veränderung gegenüber dem Vorjahr in %	Bekannt gewordene Straftaten Fälle	Veränderung gegenüber dem Vorjahr in %	Gesamthäufig-keitszahl	Veränderung gegenüber dem Vorjahr in %	Bemerkungen
1993	80 974 600		6 750 613		8 337		6)
1994	81 338 100	0,45	6 537 748	-3,15	8 038	-3,59	
1995	81 538 600	0,25	6 668 717	2,00	8 179	1,75	
1996	81 817 500	0,34	6 647 598	-0,32	8 125	-0,66	
1997	82 012 200	0,24	6 586 165	-0,92	8 031	-1,16	
1998	82 057 400	0,06	6 456 996	-1,96	7 869	-2,02	
1999	82 037 000	-0,02	6 302 316	-2,40	7 682	-2,37	
2000	82 163 500	0,15	6 264 723	-0,60	7 625	-0,75	
2001	82 259 500	0,12	6 363 865	1,58	7 736	1,46	
2002	82 440 300	0,22	6 507 394	2,26	7 893	2,03	
2003	82 536 700	0,12	6 572 135	0,99	7 963	0,88	
2004	82 531 700	-0,01	6 633 156	0,93	8 037	0,93	
2005	82 501 000	-0,04	6 391 715	-3,64	7 747	-3,60	
2006	82 438 000	-0,08	6 304 223	-1,37	7 647	-1,29	

6) Ab Berichtsjahr 1993: Bundesgebiet insgesamt.
Wegen erheblicher Anlaufschwierigkeiten waren die PKS-Daten für die neuen Länder in den Berichtsjahren 1991 und 1992 viel zu niedrig ausgefallen, so dass sie keine brauchbare Basis für einen Vergleich mit den Daten der Folgejahre bilden. Ab 1993 hat sich die Erfassung in den neuen Ländern weitestgehend normalisiert. Nur in Mecklenburg-Vorpommern kam es 1994 durch umfangreiche Nacherfassungen zu einer Überhöhung der Fallzahlen.

Quelle: Polizeiliche Kriminalstatistik 2006 für die BRD, S. 28, verkürzte Darstellung.

Tabelle 30: Entwicklung der tatverdächtigen Jugendlichen (14 bis unter 18 Jahre) in Deutschland von 1985 bis 2006

- Bereich: 1984-1990: alte Bundesländer; 1991-1992: alte Bundesländer mit Gesamt- Berlin; ab 1993: Bundesgebiet insgesamt -

Jahr	tatverdächtige Jugendliche									
	insgesamt	Veränderung in %	Anteil an allen TV in %	deutsche	Veränderung in %	Anteil an allen dt.TV in %	nicht-deutsche	Veränderung in %	Anteil in % an Sp. 2	Anteil an allen NDTV in %
1	2	3	4	5	6	7	8	9	10	11
1985	147 173	-6,5	11,4	121 901	-9,0	11,5	25 272	8,1	17,2	10,9
1990	141 244	13,3	9,8	97 519	8,5	9,2	43 725	25,9	31,0	11,4
1991	139 709	-	9,5	95 630	-	9,0	44 079	-	31,6	10,9
1992	151 103	8,2	9,6	101 416	6,1	9,5	49 687	12,7	32,9	9,8
1993	207 944	-	10,1	150 651	-	11,1	57 293	-	27,6	8,3
1994	223 551	7,5	11,0	170 217	13,0	11,9	53 334	-6,9	23,9	8,7
1995	254 329	13,8	12,0	199 027	16,9	13,1	55 302	3,7	21,7	9,2
1996	277 479	9,1	12,5	218 350	9,7	13,8	59 129	6,9	21,3	9,5
1997	292 518	5,4	12,9	230 469	5,6	14,1	62 049	4,9	21,2	9,8
1998	302 413	3,4	13,0	240 400	4,3	14,2	62 013	-0,1	20,5	9,9
1999	296 781	-1,9	13,1	237 909	-1,0	14,3	58 872	-5,1	19,8	9,8
2000	294 467	-0,8	12,9	238 990	0,5	14,1	55 477	-5,8	18,8	9,4
2001	298 983	1,5	13,1	245 746	2,8	14,4	53 237	-4,0	17,8	9,4
2002	297 881	-0,4	12,8	246 643	0,4	14,0	51 238	-3,8	17,2	9,0
2003	293 907	-1,3	12,5	244 098	-1,0	13,6	49 809	-2,8	16,9	9,0
2004	297 087	1,1	12,5	246 679	1,1	13,4	50 408	1,2	17,0	9,2
2005	284 450	-4,3	12,3	236 042	-4,3	13,2	48 408	-4,0	17,0	9,3
2006	278 447	-2,1	12,2	232 736	-1,4	13,1	45 711	-5,6	16,4	9,1

Quelle: Polizeiliche Kriminalstatistik 2006 für die BRD, S. 76.

Abbildung 50: Entwicklung tatverdächtiger Jugendlicher

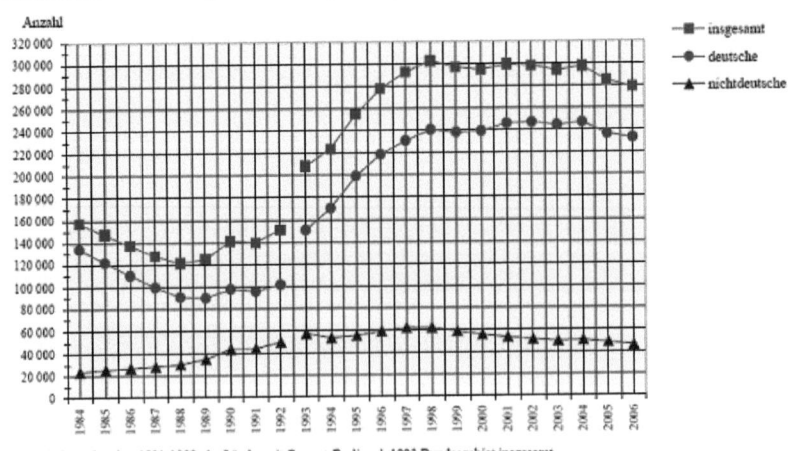

1984-1990 alte Länder; 1991-1992 alte Länder mit Gesamt-Berlin; ab 1993 Bundesgebiet insgesamt

Quelle: Polizeiliche Kriminalstatistik 2006 für die BRD, S. 76.

Davon unberührt bleibt die Tatsache, dass die Deliktsstruktur innerhalb der Polizeilichen Kriminalstatistik Veränderungen aufweist. Wie bereits unter Punkt B. beschrieben, fand sowohl bei Jugendlichen, als auch insgesamt ein Anstieg der Gewaltdelikte, vornehmlich der Körperverletzungsdelikte[252], statt. Auf diese Delikte fokussieren sich die Medien in ihrer Berichterstattung. Dass neben den Körperverletzungen auch Ladendiebstähle, gefolgt von Sachbeschädigungen die größten Anteile bei Straftaten Jugendlicher ausmachen[253], findet keine Erwähnung.

Die auf diese Art und Weise geformte öffentliche Meinung führt zu einer Zunahme der Kriminalitätsfurcht und setzt die politischen Entscheidungsträger unter Druck[254]. In der Folge wird das Strafrecht durch die Politik als Lösung propagiert, ohne vorher abzuklären, ob es überhaupt zu einer Bewältigung der Problematik im Stande ist[255]. Dabei geht es nicht mehr allein um die objektive Kriminalitätslage, sondern um die subjektiven Forderungen der Bevölkerung. Es erfolgt eine Anpassung des Strafrechts an die jeweils aktuellen gesellschaftlichen Probleme, obgleich ihm die Erfüllung der ihm in diesem Zuge auferlegten Aufgaben nicht möglich ist. Das Resultat besteht nicht selten lediglich in Vollzugsdefiziten und der Beruhigung der Bevölkerung.

Im Hinblick auf die Instrumentalisierung der Kriminalitätsfurcht vor Wahlen könnte sogar so weit gegangen werden, zu sagen, dass die Informationen in den Medien bewusst publiziert werden, um einen Handlungsbedarf in der Bevölkerung laut werden zu lassen, dem die Politiker ihrerseits durch eine Erweiterung oder Verschärfung des Jugendstrafrechts nachkommen können, wenngleich später kein positiver Erfolg zu verzeichnen ist. Vielmehr soll dadurch suggeriert werden, dass der Staat in der Lage ist, den Bedürfnissen der Bevölkerung zu entsprechen. Die politische Reaktion beruhigt die Gesellschaft, die Kriminalitätsfurcht erfährt eine, kurzzeitige, Reduzierung und es wird das Gefühl vermittelt, der Gesetzgeber nehme sich der Problematik an und wirkt einer besorgniserregenden Entwicklung durch Strafrechtsänderungen entgegen.

---

252 Polizeiliche Kriminalstatistik 2006 für die BRD, S. 25, 77.
253 Polizeiliche Kriminalstatistik 2006 für die BRD, S. 77.
254 Díez Ripollés, ZStW 2001, S. 517.
255 Hassemer, „Das Symbolische am symbolischen Strafrecht", S. 1004.

Dabei geht es der Bevölkerung, wie die Auswertung der Stichprobe gezeigt hat, neben der Einhaltung des formellen staatlichen Rechts auch um die Beachtung gesellschaftlich anerkannter sozialer Normen, wie beispielsweise den Respekt vor Autoritätspersonen. Auch für den Ersatz rückläufiger sozialer Normen fungiert das symbolische Strafrecht als Quelle.

Die Eigenheit sozialer Normen liegt jedoch in ihrer informellen, flexiblen und an die jeweilige Gruppe, für die sie gelten, angepassten Art[256]. Ihre Befolgung wird innerhalb der Gesellschaft, für die sie gilt, als selbstverständlich betrachtet und soziale Normen ergänzen insoweit das staatliche Normengefüge. Bei einem Verstoß gegen sie folgen sozialen Sanktionen, wie bspw. der Ausschluss aus der Gruppe und Ächtung. Mittels dieser Reaktion erfahren soziale Normen ihre Durchsetzung und flankieren vielfach die formelle Sanktion. Daraus lässt sich aber kein Umkehrschluss ableiten. Denn staatliche Normen führen nicht zwangsweise zu einer Akzeptanz und Verinnerlichung der durch sie verkörperten Werte und machen deren Anerkennung nicht selbstverständlich, wenn diese Werte nicht vorher bereits bestanden haben. Strafrechtliche Normen müssen mit den gesellschaftlichen Normen korrespondieren und sich an diesen ausrichten, um anerkannt zu werden. In die andere Richtung funktioniert diese Gleichung nicht.

Das symbolische Strafrecht ist zwar durchaus in der Lage, kraft der Vermittlung von Wertinhalten, Bestätigung des Rechtsempfindens und Abschreckung, Rechtsgüter zu schützen, dies ist jedoch nicht der Wirkungsbereich, für den das Strafrecht seinem originären Wesen nach konzipiert ist, wird es doch zu Recht als ultima ratio eingesetzt. Gerade auf dem Jugendsektor kommt der Abschreckungswirkung als Form negativer Generalprävention zudem nur eine äußerst untergeordnete Rolle zu, da Jugendliche überwiegend davon ausgehen, nicht entdeckt zu werden.

Denkt man an die, dieser Arbeit zu Grunde liegende, Auswertung zurück, fällt allerdings auf, dass die Befragten mehrheitlich die momentane Höchststrafe von zehn Jahren für jugendliche Delinquenten als ausreichend erachteten, eine Differenzierung zwischen jugendlichen und erwachsenen Straftätern befürworteten und an den Maximen des geltenden Jugendstrafrechts festhielten. Sie unterschieden in der von ihnen für angemessen ge-

---

256 Hassemer, „Das Symbolische am symbolischen Strafrecht", S. 1006.

haltenen Reaktionsweise auf delinquentes Verhalten Kinder und Jugendlicher hinsichtlich Tat und Täteralter und entschieden sich nicht per se für die schweren Rechtsfolgen. Darüber hinaus fühlt sich die Mehrheit der Befragten in Deutschland sicher und ändert ihr Verhalten nicht beim Zusammentreffen mit einer Gruppe Kinder oder Jugendlicher. Eine gegen sie gerichtete Gewalttat, von der abstrakt die größte Beunruhigung ausging, hielten sie mehrheitlich für eher unwahrscheinlich.

Diese immens wichtige, differenzierte Betrachtung der Befragten ist aber dann nicht präsent, wenn es einfach nur um das Schlagwort „Jugendstrafrecht" geht. Im Zusammenhang mit der medialen, selektiven Berichterstattung wird von der Bevölkerung die isoliert dargestellte Tat, sowie die dafür verhängte Rechtsfolge zur Kenntnis genommen. Die so entstehende persönliche, subjektive Einschätzung der Einzelnen deckt sich häufig nicht mit der des Gerichts und führt ggf. zu einer Unzufriedenheit mit dem geltenden Jugendstrafrecht und mündet in der Forderung nach einer Verschärfung.

Die Wechselwirkung zwischen Politik, Medien und gesellschaftlichen Erwartungen darf aber nicht dazu führen, dass der Konflikt auf dem Rücken des Jugendstrafrechts ausgetragen wird. Das Strafrecht ist weder als Instrumentarium politischer Ziele, noch der Bekämpfung von gesellschaftlichen Problemen oder für eine großflächig angelegte Prävention geeignet[257].

Falsche und überhöhte Anforderungen führen dazu, dass das Jugendstrafrecht zu Unrecht in Verruf gerät und so über kurz oder lang immer weniger seine Aufgabe erfüllen kann. Dennoch wird nur bedingt und unzureichend eine Lösung der gesellschaftlichen Probleme außerhalb des Strafrechts gesucht, sondern bei den nächsten Schwierigkeiten wieder an den gleichen Methoden der Problembeseitigung festgehalten.

Anforderungen und Leistungsfähigkeit müssen jedoch stattdessen überdacht und mit Blick auf die Realisierbarkeit des Vorhabens eine angemessene Akzeptanz finden. Denn sobald Effektivität und Instrumentalität der gesetzlichen Regelung nur vorgespielt werden, während in Wahrheit an-

---

257 Hassemer, NStZ 1989, S. 558.

dere Ziele verfolgt werden[258], dann ist der kritische Bereich des jedem Strafrecht innewohnenden Symbolgehalts erreicht.

Ein wichtiger Schritt in diese Richtung wäre umfassende, sachliche und breit angelegte Aufklärungsarbeit zu leisten, bzw. den Blick der Bevölkerung für eine differenzierte Betrachtungsweise zu schulen. Intensivtäter müssen dabei eine besondere Berücksichtigung finden, weil gerade die Unterscheidung vom nur vorübergehend kriminellen Jugendlichen immens wichtig ist. Es kann und darf nicht sein, dass aufgrund einer Minderheit von jugendlichen Intensivtätern das erzieherisch ausgestaltete Jugendstrafrecht ausgehebelt und in falsche Bahnen gelenkt wird. Das Strafrecht ist in besonderem Maße Einzelfallrecht und das heutige Jugendstrafrecht bietet bereits dem Grunde nach die Möglichkeit, auf jede Tat und jede Täterpersönlichkeit angemessen zu reagieren. Wenn die Unterscheidung der verschiedenen Täterpersönlichkeiten jedoch nicht weiter propagiert wird, besteht die Gefahr, dass aufgrund anhaltender Besorgnis und Empörung sowie den daraus resultierenden Forderungen der Gesellschaft bald die erzieherische Ausgestaltung des Jugendstrafrechts verloren geht und eine Differenzierung der Tätergruppen nicht mehr angemessen erfolgen kann.

Ausschließlich symbolische Lösungen, wie beispielsweise härtere Strafen und Wegsperren jugendlicher Delinquenten, können im Wahlkampf überzeugen und das Bedrohungs- sowie Vergeltungsempfinden der Bevölkerung stillen, den Ursachen jugendlicher Kriminalität wird damit jedoch nicht beigekommen.

II. Lösungsansatz Prävention

Bei der Frage, wie der Kriminalität Jugendlicher beigekommen werden könnte, lohnt es sich, einmal die Perspektive zu wechseln. Weg von dem Blick darauf, wie bereits straffälligen Jugendlichen begegnet werden kann, hin zu der Frage, was getan werden kann, damit es erst gar nicht zu einer Delinquenz kommt, bzw., was es bedarf, um einer Entstehung der Delinquenz vorzubeugen.

---

258 Díez Ripollés, ZStW 2001, S. 529; Müller, Kriminologisches Journal 1993, S. 87.

Pauschal wird vielfach die Meinung vertreten, man solle die Gelder zur Prävention nutzen und nicht warten, bis das Kind in den Brunnen gefallen ist. Stellt sich die entscheidende Frage, wie und auf welchem Gebiet die Prävention erfolgen soll.

1. Bildung als Waffe

Nach Teilnahme an dem, bereits im Verlauf dieser Arbeit vorgestellten, „Binnensten Buiten"-Programm in den Niederlanden, kamen von den Absolventen, die einen Arbeitsplatz hatten oder eine Schule besuchten, nur 38% wieder mit dem Gesetz in Konflikt, während bei den Probanden, die nach Abschluss des Programms keiner entsprechenden Tätigkeit nachgingen, 76% erneut straffällig wurden. Beobachtungen wie diese, die einen Zusammenhang zwischen Bildungsniveau, bzw. darauf fußenden beruflichen Perspektivmöglichkeiten und Kriminalität nahelegen, sind keine Seltenheit.

In München ist in den Jahren 1998 bis 2005 die Anzahl der türkischen Gymnasiasten von 18,1% auf 12,6% deutlich zurückgegangen, während im selben Zeitraum ihr Anteil bei den Mehrfachgewalttätern um mehr als das Doppelte (von 6% auf 12,4%) gestiegen ist[259]. Parallel dazu nimmt dort, wo der Migrantenanteil an Gymnasien höher ist, auch die Gewalt ab[260]. So ist in Hannover, wo sich die Anzahl der türkischen Schüler, die das Abitur anstreben, im Zeitraum von 1998 bis 2006 von 8,7% auf 15,3% erhöht hat, ein Rückgang der Mehrfachgewalttäterquote von 15,3% auf 7,3% zu verzeichnen gewesen[261]. Diese Wechselwirkung gilt jedoch nicht nur für Ausländer und Personen mit Migrationshintergrund, sondern für Jugendliche allgemein. So sind Jugendliche, die ein Gymnasium besuchen weitaus weniger gewalttätig, als ihre Altersgenossen an Haupt-, Real- und Gesamtschulen[262]. Auch bei der Mehrzahl der übrigen Deliktsgruppen weisen Haupt- und Förderschüler die höchste Täterrate auf[263]. Bereis bei Jugendlichen,

---

259 Baier/ Pfeiffer/ Simonson/ Rabold, ZJJ 2/ 2009, S. 116.
260 Pfeiffer/ Wetzels, DVJJ- Journal 2/2000, S. 109.
261 Baier/ Pfeiffer/ Simonson/ Rabold, ZJJ 2/ 2009, S. 116.
262 Baier/ Pfeiffer, Gewalttätigkeit bei deutschen und nichtdeutschen Jugendlichen, Tabelle S. 34.
263 Baier/ Pfeiffer/ Simonson/ Rabold, ZJJ 2/ 2009, S. 113.

die die Schule schwänzten, konnte ein Zusammenhang mit der Ausprägung der Gewaltkriminalität festgestellt werden. So neigen Schüler, die der Schule über einen Zeitraum von vier Tagen unentschuldigt ferngeblieben sind, bereits 1,2 bis 1,9 mal mehr zu Gewalttaten, als diejenigen, die die Schule nicht schwänzten[264]. Schulschwänzen an sich wirkt selbstverständlich nicht kriminogen, wohl aber die Ermangelung an einer gefestigten Tagesstruktur, das Ausleben der „Null-Bock"-Einstellung und das Nichtanerkennen von Werten und Autorität, deren Resultat das Fernbleiben vom Unterricht ist, ausgelöst durch Perspektiv- und Orientierungslosigkeit.

Das Zusammenspiel von Kriminalität und Sozialstruktur, unter besonderem Augenmerk auf die Bildung, wird auch für Intensivtäter durch die Erkenntnisse der Landeskommission von Berlin gegen Gewalt bestätigt. Danach sind die meisten Intensivtäter in einer belastenden sozialen Situation aufgewachsen und ihre schulischen Karrieren sind von erheblichen Problemen gekennzeichnet. Bei 15%[265] kam es bereits im Grundschulalter zu Schulwechseln bis hin zum Besuch einer Sonderschule. Mit steigendem Alter nahmen die schulischen Probleme zu. Von den Intensivtätern besuchen bzw. besuchten zum Zeitpunkt der Erhebung mehr als 20% eine Schule mit sonderpädagogischer Ausrichtung, fast 70% die Hauptschule und weniger als 10% eine Realschule oder ein Gymnasium. Gerade einmal 2% besaßen die mittlere Reife, 13% einen Hauptschulabschluss. Über 50% verließen die Schule vorzeitig, ohne einen Abschluss erlangt zu haben. Zwischen deutschen und ausländischen Intensivtätern zeigte sich hierbei kein erkennbarer Unterschied. Neben den schulischen Problemen im engeren Sinn, zeigten die Intensivtäter vielfach negative Auffälligkeiten im Sozialverhalten, wie aggressives Verhalten gegenüber Mitschülern und Lehrern, sowie gravierenden resp. wiederholten Regelverstößen[266].

Diese Beispiele für die Auswirkungen von Bildung auf straffälliges Verhalten sollten genug Anreiz sein, um dort präventiv anzusetzen und zu investieren. Die aus mangelnder Bildung und Zukunftsperspektiven resultierende

---

264 Baier/ Pfeiffer, Gewalttätigkeit bei deutschen und nichtdeutschen Jugendlichen, Tabelle S. 34.
265 Dieser Wert und die folgenden Werte entstammen: Ohder/ Huck, BFG Nr. 26, 2006, S. 16 f.
266 Ohder/ Huck, BFG Nr. 26, 2006, S. 17.

Kriminalität ist kein Problem, das vom Strafrecht gelöst werden kann und sollte. Sicherlich reagiert das Strafrecht auf delinquentes Verhalten. Wenn aber die Bildung im Stande ist, Kriminalität vorzubeugen, sollte dieser Möglichkeit der Vorrang eingeräumt werden vor einer repressiveren Ausgestaltung des Jugendstrafrechts.

Hier muss hier eine durchdachte und fördernde wie fordernde (Integrations-) Politik ansetzen. Das Anbieten von Bildungschancen, aber auch deren Inanspruchnahme, durch Migranten, wie durch Deutsche ist unabdingbar und verlangt nötigenfalls eine strikte Durchsetzung der Schulpflicht.

Die vorstehend geforderte Intensivierung des Bildungsapparates ist dabei nicht als Allheilmittel zu verstehen. Kriminalität kann nicht allein mittels Bildung verdrängt werden, da sie nun einmal nicht monokausal ist, sondern bedingt durch das Zusammenspiel verschiedener Faktoren. Es wird weiterhin Täter und auch Intensivtäter aller Nationalitäten geben und Letzteren auch mit harten Strafen begegnet werden müssen. Die intellektuelle Subvention ist aber geeignet, die Anzahl delinquenter Jugendlicher zu reduzieren. Das durch Bildung erlangte Wissen verleiht die Fähigkeit konstruktiver Problemlösung. Zudem besteht durch den Schulalltag ein geregelter Tagesablauf, der feste Strukturen vermittelt. Für gesellschaftliche Achtung sorgt die eigene Leistung, das Prestige bedarf keiner Aufbesserung durch das Sähen von Angst unter den Mitmenschen. Die auf diese Weise erlangten Fertigkeiten bieten die Möglichkeit, das angestrebte Lebensniveau auf legale Weise zu erreichen und zudem das Sprungbrett für eine Besserstellung in der Gesellschaft – Gutta cavat lapidem non vi sed saepe cadendo[267].

a) Sprachkenntnisse – das Fundament der Bildung

Um dem Kriminalitätsfaktor mangelnder Bildung entgegenwirken zu können, bedarf es des Beherrschens der deutschen Sprache. Diese bildet die Grundlage für qualifizierte Schulabschlüsse, sowie den Zugang zu einer Berufsausbildung und dem Arbeitsmarkt.

Bislang werden viele Kinder ohne ausreichende Deutschkenntnisse eingeschult. Die Problematik besteht besonders in Bezirken, wo fast ausschließ-

---

[267] Zu deutsch: „Der Tropfen höhlt den Stein nicht durch Kraft, sondern durch stetes Fallen.", Ovid.

lich nur noch Einwandererfamilien wohnen. Dort, wo eine derartige soziale Entmischung stattgefunden hat, ist der Antrieb, die deutsche Sprache zu erlernen, nur sehr gering. Eine Verständigung findet in der Sprache des ursprünglichen Heimatlandes statt. Die Kinder beherrschen dadurch bei ihrer Einschulung fast ausschließlich ihre Muttersprache.

Diese Lücke soll von Förderunterricht geschlossen werden[268]. Realisierbar ist dies jedoch nicht. Der Förderunterricht läuft begleitend zu dem alltäglichen Schulprogramm. Sein Umfang ist auf wenige Wochenstunden begrenzt, in denen zusätzliches Lehrpersonal zur Verfügung gestellt wird. Durch seine Inanspruchnahme können zwar leichte sprachliche Defizite verbessert werden, das grundlegende Erlernen der deutschen Sprache kann jedoch nicht erfolgen.

Kinder, die ohne ausreichende Deutschkenntnisse eingeschult werden, können somit dem täglichen Schulunterricht nicht folgen. Es ist ihnen nicht möglich, das angebotene Wissen aufzunehmen und in der Folge die erforderlichen Leistungen zu erbringen. Ein Leistungsniveau kann nicht aufgebaut werden und die Kinder verlieren bereits zu Beginn den Anschluss.

Zwar können sich Kinder untereinander meist viel besser als Erwachsene mit Händen und Füßen verständigen und eine begrenzte Kommunikation untereinander führen, eine vollständige soziale Integration gelingt auf diese Weise jedoch nicht. Den Kindern ist es nicht möglich, sich in den Schulablauf einzubringen und die administrativen Angelegenheiten des Alltags zu bewältigen. Ihre kognitiven, sowie kommunikativen Fähigkeiten werden nicht geschult und ihr Kompetenzerwerb wird beeinträchtigt.

Um hier gleiche Voraussetzungen wie für die deutschen Schüler zu schaffen und Kinder aus Migrantenfamilien nicht in eine Lage zu bringen, in der extreme schulische Schwierigkeiten bis hin zum Abbruch quasi unausweichlich und vorbestimmt sind, ist es notwendig, das Erlernen der Sprache des Beherbergungslandes, in diesem Fall Deutschland, zur Pflicht werden

---

268 Vgl. beispielhaft: Verwaltungsvorschrift des Ministeriums für Bildung, Frauen und Jugend des Bundeslandes Rheinland- Pfalz vom 22.11.2006, „Unterricht von Schülerinnen und Schülern mit Migrationshintergrund", 943 B – Tgb.Nr. 3097/05, veröffentlicht im Amtsblatt des Ministeriums für Bildung, Frauen und Jugend von Rheinland-Pfalz Nr. 1/ 2007, S. 2 ff.

zu lassen. Bei Kindern und Jugendlichen ausländischer Herkunft ist deshalb ein obligatorischer Deutschtest erforderlich, um sprachlichen Defiziten bereits in der vorschulischen Phase entgegenzuwirken. Auf diese Weise kann gewährleistet werden, dass überhaupt die Chance gegeben ist, das Bildungsangebot wahrzunehmen und eine erfolgreiche Bildungsbiographie zu ermöglichen.

b) Kindliche Früherziehung als erster Schritt

Bei der sprachlichen Förderung für den kindlichen Bildungs- und Entwicklungsprozess muss früh angesetzt werden. Am leichtesten wird eine Sprache erlernt, je jünger ein Mensch ist[269]. Der Kindergarten bietet dabei die erste Möglichkeit staatlichen Mitwirkens. Hier können die Kinder im wahrsten Sinne die Sprache spielend erlernen. Umso verheerender ist es, dass viele Eltern, wie der nachfolgenden Abbildung 51 zu entnehmen ist, ihren Kindern diese Möglichkeit verwehren. 28% der Personen mit einem Migrationshintergrund in der 1. Generation verzichten auf die Inanspruchnahme eines Kindergartenplatzes. Dagegen halten sich die Bevölkerungsteile ohne Migrationsanteil mit nur 16% fast die Waage mit denen mit Migrationshintergrund in der 2. Generation mit 19%.

Abbildung 51: Anteil der Bevölkerung, die auf eine Inanspruchnahme eines Kindergartenplatzes verzichtet, dargestellt anhand der Unterscheidung, ob und in welcher Form ein Migrationshintergrund besteht

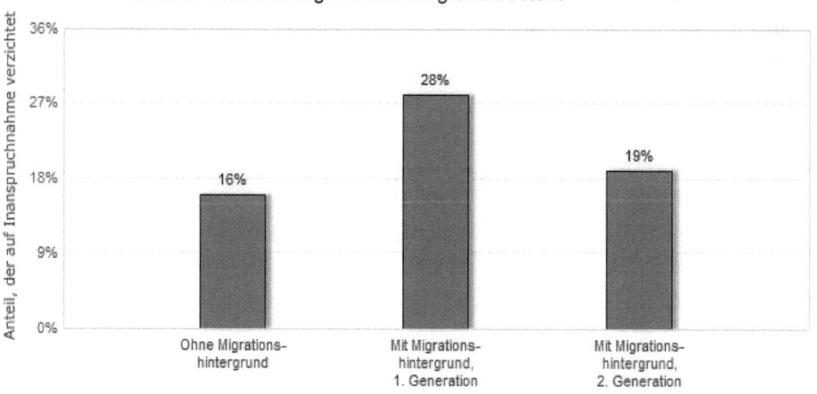

Quelle: Kultusministerkonferenz 2010 über Statista

Um dieser Problematik entgegenzuwirken, sollte über eine Kindergarten- und Vorschulpflicht in Deutschland nachgedacht werden, zumal in diesen Bildungsinstitutionen nicht nur die sprachliche Kompetenz gefördert wird, sondern auch weitere soziale Fähigkeiten erworben werden und zu einem individuellen und sozialen Fortschritt führen. Der Kindergarten ist als erste Stufe des Bildungssystems zu verstehen. Hier wird bereits die Basis für die kindliche Lern- und Leistungsfähigkeit gelegt und der Wissensdurst begründet. Toleranz und Akzeptanz sowie gegenseitiger Respekt, auch außerhalb der Familie, werden hier vermittelt und verinnerlicht. In der Folge übernehmen zunächst die Vorschule und im Weiteren die Schule die Aufgabe der familienergänzenden Bildung und Betreuung.

Im Rahmen der Schulzeit erscheint die vermehrte Schaffung von Ganztagsangeboten sinnvoll.

Neben der zusätzlichen Förderung von sprachlichen und anderen im Unterricht vermittelten Fertigkeiten, dient die zusätzliche Tageszeit den Integrationsbemühungen und der Etablierung sozialer Kompetenzen. Aufgrund des Gesamtkonzepts, des Umgangs mit Gleichaltrigen und der jeweils in den verschiedenen Bereichen unterschiedlich ausgeprägten Bedürfnisse der Schüler wird Eigenverantwortung ebenso wie Empathie vermittelt. Die Schule soll grundsätzlich nicht nur als Bildungs-, sondern auch als Erziehungsanstalt fungieren, wobei die Erziehung nicht als nachrangige Aufgabe verstanden werden darf.

Kinder verbringen in der Schule in aller Regel einen Großteil ihrer Zeit und werden dort zwangsläufig geformt. Die Entwicklungsbedingungen von Kindern, vor allem auch aus benachteiligten Familien, können hier im Rahmen eines Ganztagesangebots verbessert werden. Dies reicht von der Hilfe bei den Hausarbeiten, über die geregelte Mittagsmahlzeit bis hin zu Betreuung und Freizeitangeboten im Allgemeinen. Einem Angebot, dem nachzukommen viele Eltern aus den verschiedensten Gründen nicht in der Lage sind. Die dem Staat obliegende Pflicht, neben den Eltern über das Wohl der Kinder zu wachen, gebietet es, hier einzugreifen und aufzufangen. Dort, wo eine innerfamiliäre umfassende Kindesbetreuung nach der obligatorischen täglichen Schulzeit nicht gewährleistet ist, muss die Möglichkeit bestehen,

---

269 Petermann/ Niebank/ Scheithauer, Entwicklungswissenschaft: Entwicklungspsychologie – Genetik – Neuropsychologie, S. 157, 159, 170.

den Kindern und Jungendlichen in Ganztagsschulen einen strukturierten Tagesablauf zu bieten. Gleichwohl müssen gerade aufgrund der grundgesetzlich gestützten, wichtigen Stellung der Eltern für die Entwicklung der Kinder diese besser in die Arbeit mit der Schule integriert werden. Ihnen müssen die Abläufe und Inhalte verständlich gemacht und näher gebracht werden, um die nötige Akzeptanz und damit einhergehende Unterstützung zu erreichen.

Lobenswerte externe Ansätze in diese Richtung gibt es bereits. Der Verein Deukisch Generation e.v.[270] beispielsweise hat sich zum Ziel gemacht, die Integration von türkischstämmigen Bürgern in Berlin zu verbessern. Aylin Selçuk gründete diesen Verein als Abiturientin im Jahre 2006. Sie selbst wurde von ihren Eltern stets gefördert, besuchte eine gute Schule und gab in einem Interview[271] an, von „Prügeltürken" nur in den Medien gelesen zu haben. Sie organisiert seither Seminare für Lehrer, Hilfe für Schüler und Informationstage für türkische Eltern, um diesen das deutsche Schulsystem näherzubringen. „Alle müssen wissen, wie wichtig Bildung für eine gute Integration ist" beschreibt Aylin Selçuk die Triebfeder ihres Engagements.

2. Realisierbarkeit der Forderungen

Die dargestellten Bildungsmaßnahmen inkludieren die Schaffung von Kindergarten-, Vorschul- und Ganztagesschulplätze, die Einstellung qualifizierten Personals und die Bereitstellung weiterer Mittel für Sachkosten durch den Staat. Angesichts der Tatsache, dass allein in Berlin nach Expertenschätzungen in den nächsten Jahren 15.000 Kindertagesstättenplätze fehlen, wohlgemerkt ohne bislang existierende Kindergartenpflicht, stellt dies sicherlich eine Herausforderung dar. Die Tatsache, dass die finanziellen Mittel für die Realisierbarkeit der Forderungen nicht von vorneherein bereitstehen, darf aber nicht zu einer Resignation führen. Vielmehr müssten die anstehenden Mehrausgaben für die Bildungsmaßnahmen ins Verhältnis gesetzt werden zu den erwarteten Einsparungen, die sich bei eintretendem Rückgang der Kriminalität, einschließlich der daraus resultie-

---

270 www.deukische-generation.de.
271 Bürgin, Alexander in Spiegel Online vom 20.03.2007, „Aylin Selçuk, Das Potential der Generation Deukisch".

renden Folgekosten, ergeben. Mittelfristig dürften die auf diese Weise saldierten Gesamtkosten vermutlich sehr moderat ausfallen.

Diese präventive Ausrichtung in der Kriminalitätsbekämpfung Jugendlicher birgt jedoch Probleme für die Politik in sich, da der Erfolg von Maßnahmen, mit denen Kriminalität in ihrer Entstehung verhindert wurde, schwer messbar ist.

III. Zusammenfassende Kernaussagen der vorstehenden Arbeit

Ausgangspunkt der vorliegenden Arbeit war die Feststellung, dass speziell im Zusammenhang mit in den Medien selektiv dargestellten Einzelfällen jugendlicher Straftäter immer wieder der Ruf nach einer Verschärfung, bzw. Umstrukturierung des Jugendstrafrechts laut wird. Durch die mediale Berichterstattung wird der Eindruck von einer stetig ansteigenden, sowie zunehmend schwereren, Jugendkriminalität und immer jünger werdenden Tätern erzeugt, der zu einer gesteigerten Kriminalitätsfurcht in der Bevölkerung führt.

Dabei galt es zunächst zu hinterfragen, worin die Forderungen nach einer Verschärfung des Jugendstrafrechts liegen und wie es tatsächlich um die Jugendkriminalität in Deutschland bestellt ist. Es konnte aufgezeigt werden, dass die Jugendkriminalität in den letzten Jahren, entgegen der Darstellungen in den Medien und der daraus resultierenden subjektiven Einschätzung der Bevölkerung, in ihrer Gesamtheit sogar rückläufig ist und somit die objektive Kriminalitätslage keinen Anlass für eine Verschärfung des Jugendstrafrechts begründet.

Bei den medial aufbereiteten Einzelfällen handelt es sich speziell um Taten von Intensivtätern. Diese unterscheiden sich nicht nur in der Häufigkeit der Tatbegehung, sondern auch hinsichtlich der Art der verübten Delikte von der Gesamtheit der delinquenten Kinder und Jugendlichen und sind aus diesem Grunde nicht mit der Kinder- und Jugendkriminalität an sich gleichzusetzen.

Darüber hinaus wurde die besondere Rolle nicht deutscher jugendlicher Straftäter und solcher mit Migrationshintergrund, auch bezogen auf die Intensivtäterschaft, herausgestellt.

Das tragende Problem, dem sich das Jugendstrafrecht gegenübersieht, liegt darin, für all die verschiedenen Täterpersönlichkeiten „passgenaue" Lösungen zu finden. Härtere Strafen stellen indes, mangels empirisch nachgewiesener Wirkung, nicht die Lösung dar. Bevor eine Jugendstrafe ausgesprochen wird, hält das geltende Jugendgerichtsgesetz eine Vielzahl von Maßnahmen bereit. Ziel ist die Auswahl einer erzieherisch angemessenen Reaktion, die die Wahrscheinlichkeit von Wiederholungstaten möglichst gering hält.

Auch die Bevölkerung scheint, bei einer differenzierten Betrachtung, keine tatsächlichen Veränderungen, bzw. Verschärfungen des Jugendstrafrechts zu fordern. Die dazu durchgeführte Befragung liefert hierfür keine Hinweise. Vielmehr zeigt sich, dass die Befragten mit den Eigenschaften und Möglichkeiten, die das derzeitige Jugendstrafrecht bietet, einverstanden sind. Forderungen nach Herabsetzung des Strafmündigkeitsalters werden durch die Antworten der Befragten entkräftet. Die Ergebnisse lassen vielmehr den Schluss zu, dass sich der Anwendungsbereich des Jugendgerichtsgesetzes nicht auf Kinder erstrecken sollte. Auch die Auswertung der Statistiken strafunmündiger Tatverdächtiger liefert hierzu keine gegensätzlichen Anhaltspunkte.

Allerdings zeigte die Befragung auch eine gewisse Unzufriedenheit mit den staatlichen Reaktionen. Dies führte in einem weiteren Schritt dazu, eine Auswahl bereits bestehender, sowie alternativer Lösungsmöglichkeiten als Maßnahmen gegen delinquente Jugendliche näher zu betrachten.

Boot Camps stellen in ihrer in anderen Ländern bestehenden Ausgestaltung keine adäquate Alternative für Deutschland dar. Denkbar wäre ein Bindeglied zwischen Jugendarrest und Jugendstrafe, das auf einem primär erzieherischen Konzept ohne militärischen Einschlag basiert und eine zur positiven Beeinflussung benötigte Zeitspanne nicht unterschreitet. Eine Nachbetreuung der Jugendlichen ist in diesem Zusammenhang unverzichtbar. Sie ist allerdings weder finanziell, noch personell in dem gewünschten, wie auch erforderlichen, Umfang realisierbar.

Eine Auswahl bereits existierender, stationärer Maßnahmen unterhalb der Jugendstrafe wurde dargestellt, sowie ihre Effizienz herausgearbeitet. Im Umgang mit weitgehend sanktions- wie erziehungsresistenten Intensivtätern wurde die Schaffung eines neuen Haftgrundes diskutiert.

Bei der im Zusammenhang mit dem hohen Ausländeranteil an der Jugendkriminalität bestehenden Forderung nach verbesserten Ausweisungsmöglichkeiten wurde die erforderliche Einhaltung des höherrangigen, europäischen Rechts dargelegt. Einer Herabsetzung der aktuellen Strafgrenze im Ausländerrecht zur Vereinfachung der Ausweisungsmöglichkeiten bedarf es in diesem Zusammenhang nicht. Vielmehr sollte die Aufklärung von verschleierten Identitäten intensiviert werden, um somit ein durch die Betroffenen selbst gesetztes Abschiebungshindernis zu beseitigen, damit das bestehende System greifen kann.

Bei der Suche nach alternativen Reaktionsmöglichkeiten müssen in einem andauernden Prozess Kompromisse gefunden werden zwischen dem, was am erfolgversprechendsten ist und dem, was zu leisten ist. Voreilige Entscheidungen sollten vermieden werden und sind nicht angebracht, da das aktuelle Jugendgerichtsgesetz ein umfassendes Instrumentarium von Maßnahmen zur Verfügung stellt, die den unterschiedlichen Lebenslagen, sowie Tätertypen von Jugendlichen gerecht werden und das Jugendstrafrecht zu Recht erzieherisch und nicht vordergründig repressiv ausgestaltet ist.

Eine Politik, die ausschließlich, und teils grundlos, härtere Strafen anbietet, überschätzt (wissentlich) die Möglichkeiten des Strafrechts und erlegt ihm eine unerfüllbare Aufgabe auf. Das Jugendstrafrecht muss daran unweigerlich scheitern. Strafrecht reagiert seinem Wesen nach erst dann, wenn es bereits „zu spät" ist. Es ist kein zuvorderst präventives Instrument. An dieses erwartungsvoll und fordernd die Aufgaben zu delegieren, an denen die Politik gescheitert ist, bringt das Jugendstrafrecht zu Unrecht bei der Bevölkerung in Verruf.

Im Rahmen von Präventionsbemühungen kommt einer erfolgreichen Bildungsbiographie und des Beherrschens der deutschen Sprache als Voraussetzung für den Bildungs- und Entwicklungsprozess, sowie für eine soziale Integration eine zentrale Rolle bei der Verringerung von Jugendkriminalität zu. Es müssen ergänzende, präventive Maßnahmen auf dem Bildungssektor ergriffen werden. Zu nennen ist in diesem Zusammenhang insbesondere die Einführung einer Kindergarten- und Vorschulpflicht, sowie ein erweitertes Angebot von Ganztagsschulen.

Die Lösung zur Verringerung der Jugendkriminalität in Deutschland liegt daher in der Vermeidung ihrer Entstehung durch Prävention mittels Bildung und nicht in einer repressiveren Ausgestaltung des Jugendstrafrechts.

Anhang

Anhang 1: Fragebogenkomplex A – Auswertungen getrennt nach Altersgruppen

A1 * Altersgruppen Kreuztabelle

			Altersgruppen				Gesamt
			bis 35 Jahre	36 bis 50 Jahre	51 bis 64 Jahre	über 64 Jahre	
A1	stimme zu	Anzahl	38	13	10	10	71
		% innerhalb der Altersgruppe	56,7%	59,1%	45,5%	66,7%	56,3%
	stimme nicht zu	Anzahl	29	9	12	5	55
		% innerhalb der Altersgruppe	43,3%	40,9%	54,5%	33,3%	43,7%
	Gesamt	Anzahl	67	22	22	15	126
		% innerhalb der Altersgruppe	100,0%	100,0%	100,0%	100,0%	100,0%

A2 * Altersgruppen Kreuztabelle

			Altersgruppen				
			bis 35 Jahre	36 bis 50 Jahre	51 bis 64 Jahre	über 64 Jahre	Gesamt
A2	stimme zu	Anzahl	56	17	16	11	100
		% innerhalb der Altersgruppe	83,6%	73,9%	72,7%	73,3%	78,7%
	stimme nicht zu	Anzahl	11	6	6	4	27
		% innerhalb der Altersgruppe	16,4%	26,1%	27,3%	26,7%	21,3%
	Gesamt	Anzahl	67	23	22	15	127
		% innerhalb der Altersgruppe	100,0%	100,0%	100,0%	100,0%	100,0%

A3 * Altersgruppen Kreuztabelle

			Altersgruppen				
			bis 35 Jahre	36 bis 50 Jahre	51 bis 64 Jahre	über 64 Jahre	Gesamt
A3	stimme zu	Anzahl	47	20	19	13	99
		% innerhalb der Altersgruppe	70,1%	87,0%	86,4%	92,9%	78,6%
	stimme nicht zu	Anzahl	20	3	3	1	27
		% innerhalb der Altersgruppe	29,9%	13,0%	13,6%	7,1%	21,4%
	Gesamt	Anzahl	67	23	22	14	126
		% innerhalb der Altersgruppe	100,0%	100,0%	100,0%	100,0%	100,0%

A4 * Altersgruppen Kreuztabelle

			Altersgruppen				Gesamt
			bis 35 Jahre	36 bis 50 Jahre	51 bis 64 Jahre	über 64 Jahre	
A4	stimme zu	Anzahl	36	17	8	8	69
		% innerhalb der Altersgruppe	53,7%	77,3%	36,4%	53,3%	54,8%
	stimme nicht zu	Anzahl	31	5	14	7	57
		% innerhalb der Altersgruppe	46,3%	22,7%	63,6%	46,7%	45,2%
	Gesamt	Anzahl	67	22	22	15	126
		% innerhalb der Altersgruppe	100,0%	100,0%	100,0%	100,0%	100,0%

A5 * Altersgruppen Kreuztabelle

			Altersgruppen				Gesamt
			bis 35 Jahre	36 bis 50 Jahre	51 bis 64 Jahre	über 64 Jahre	
A5	stimme zu	Anzahl	33	16	11	8	68
		% innerhalb der Altersgruppe	49,3%	69,6%	50,0%	53,3%	53,5%
	stimme nicht zu	Anzahl	34	7	11	7	59
		% innerhalb der Altersgruppe	50,7%	30,4%	50,0%	46,7%	46,5%
	Gesamt	Anzahl	67	23	22	15	127
		% innerhalb der Altersgruppe	100,0%	100,0%	100,0%	100,0%	100,0%

A6 * Altersgruppen Kreuztabelle

			Altersgruppen				
			bis 35 Jahre	36 bis 50 Jahre	51 bis 64 Jahre	über 64 Jahre	Gesamt
A6	stimme zu	Anzahl	42	17	16	11	86
		% innerhalb der Altersgruppe	62,7%	73,9%	72,7%	73,3%	67,7%
	stimme nicht zu	Anzahl	25	6	6	4	41
		% innerhalb der Altersgruppe	37,3%	26,1%	27,3%	26,7%	32,3%
	Gesamt	Anzahl	67	23	22	15	127
		% innerhalb der Altersgruppe	100,0%	100,0%	100,0%	100,0%	100,0%

A7 * Altersgruppen Kreuztabelle

			Altersgruppen				
			bis 35 Jahre	36 bis 50 Jahre	51 bis 64 Jahre	über 64 Jahre	Gesamt
A7	stimme zu	Anzahl	49	14	13	11	87
		% innerhalb der Altersgruppe	74,2%	63,6%	59,1%	73,3%	69,6%
	stimme nicht zu	Anzahl	17	8	9	4	38
		% innerhalb der Altersgruppe	25,8%	36,4%	40,9%	26,7%	30,4%
	Gesamt	Anzahl	66	22	22	15	125
		% innerhalb der Altersgruppe	100,0%	100,0%	100,0%	100,0%	100,0%

A8 * Altersgruppen Kreuztabelle

			Altersgruppen				Gesamt
			bis 35 Jahre	36 bis 50 Jahre	51 bis 64 Jahre	über 64 Jahre	
A8	stimme zu	Anzahl	22	7	4	7	40
		% innerhalb der Altersgruppe	32,8%	30,4%	18,2%	46,7%	31,5%
	stimme nicht zu	Anzahl	45	16	18	8	87
		% innerhalb der Altersgruppe	67,2%	69,6%	81,8%	53,3%	68,5%
	Gesamt	Anzahl	67	23	22	15	127
		% innerhalb der Altersgruppe	100,0%	100,0%	100,0%	100,0%	100,0%

A9 * Altersgruppen Kreuztabelle

			Altersgruppen				Gesamt
			bis 35 Jahre	36 bis 50 Jahre	51 bis 64 Jahre	über 64 Jahre	
A9	stimme zu	Anzahl	21	9	10	5	45
		% innerhalb der Altersgruppe	32,8%	39,1%	45,5%	33,3%	36,3%
	stimme nicht zu	Anzahl	43	14	12	10	79
		% innerhalb der Altersgruppe	67,2%	60,9%	54,5%	66,7%	63,7%
	Gesamt	Anzahl	64	23	22	15	124
		% innerhalb der Altersgruppe	100,0%	100,0%	100,0%	100,0%	100,0%

A10 * Altersgruppen Kreuztabelle

			Altersgruppen				
			bis 35 Jahre	36 bis 50 Jahre	51 bis 64 Jahre	über 64 Jahre	Gesamt
A10	stimme zu	Anzahl	21	7	8	2	38
		% innerhalb der Altersgruppe	31,3%	30,4%	36,4%	13,3%	29,9%
	stimme nicht zu	Anzahl	46	16	14	13	89
		% innerhalb der Altersgruppe	68,7%	69,6%	63,6%	86,7%	70,1%
	Gesamt	Anzahl	67	23	22	15	127
		% innerhalb der Altersgruppe	100,0%	100,0%	100,0%	100,0%	100,0%

A11 * Altersgruppen Kreuztabelle

			Altersgruppen				
			bis 35 Jahre	36 bis 50 Jahre	51 bis 64 Jahre	über 64 Jahre	Gesamt
A11	stimme zu	Anzahl	6	4	6	1	17
		% innerhalb der Altersgruppe	9,0%	17,4%	27,3%	6,7%	13,4%
	stimme nicht zu	Anzahl	61	19	16	14	110
		% innerhalb der Altersgruppe	91,0%	82,6%	72,7%	93,3%	86,6%
	Gesamt	Anzahl	67	23	22	15	127
		% innerhalb der Altersgruppe	100,0%	100,0%	100,0%	100,0%	100,0%

Anhang 2: Tabellarische Darstellungen zum konkreten persönlichen Bedrohungsgefühl (Fragebogenkomplex C)

Anhang 2.1: Tabellarische Darstellung C1

„Dass ich innerhalb der nächsten 12 Monate körperlich angegriffen werde von... halte ich für sehr wahrscheinlich".

... bis zu 10 Jährigen

C1a

		Häufigkeit	Prozent	Gültige Prozente	Kumulierte Prozente
Gültig	sehr wahrscheinlich	2	1,6	1,6	1,6
	relativ wahrscheinlich	9	7,0	7,1	8,7
	unwahrscheinlich	116	90,6	91,3	100,0
	Gesamt	127	99,2	100,0	
Fehlende	Werte	1	,8		
	Gesamt	128	100,0		

... 11 bis 13 Jährigen

C1b

		Häufigkeit	Prozent	Gültige Prozente	Kumulierte Prozente
Gültig	sehr wahrscheinlich	2	1,6	1,6	1,6
	relativ wahrscheinlich	13	10,2	10,2	11,8
	unwahrscheinlich	112	87,5	88,2	100,0
	Gesamt	127	99,2	100,0	
Fehlende	Werte	1	,8		
	Gesamt	128	100,0		

...14 bis 17 Jährigen

C1c

		Häufigkeit	Prozent	Gültige Prozente	Kumulierte Prozente
Gültig	**sehr wahrscheinlich**	3	2,3	2,4	2,4
	relativ wahrscheinlich	29	22,7	22,8	25,2
	unwahrscheinlich	95	74,2	74,8	100,0
	Gesamt	127	99,2	100,0	
Fehlende	Werte	1	,8		
	Gesamt	128	100,0		

...18 bis 21 Jährigen

C1d

		Häufigkeit	Prozent	Gültige Prozente	Kumulierte Prozente
Gültig	**sehr wahrscheinlich**	5	3,9	3,9	3,9
	relativ wahrscheinlich	34	26,6	26,8	30,7
	unwahrscheinlich	88	68,8	69,3	100,0
	Gesamt	127	99,2	100,0	
Fehlende	Werte	1	,8		
	Gesamt	128	100,0		

Anhang 2.2: Tabellarische Darstellung C2

„Dass ich innerhalb der nächsten 12 Monate bedroht oder erpresst werde von...halte ich für sehr wahrscheinlich".

...bis zu 10 Jährigen

C2a

		Häufigkeit	Prozent	Gültige Prozente	Kumulierte Prozente
Gültig	**sehr wahrscheinlich**	**3**	**2,3**	**2,4**	**2,4**
	relativ wahrscheinlich	9	7,0	7,1	9,4
	unwahrscheinlich	115	89,8	90,6	100,0
	Gesamt	127	99,2	100,0	
Fehlende	Werte	1	,8		
	Gesamt	128	100,0		

...11-13 Jährigen

C2b

		Häufigkeit	Prozent	Gültige Prozente	Kumulierte Prozente
Gültig	**sehr wahrscheinlich**	**3**	**2,3**	**2,4**	**2,4**
	relativ wahrscheinlich	11	8,6	8,7	11,0
	unwahrscheinlich	113	88,3	89,0	100,0
	Gesamt	127	99,2	100,0	
Fehlende	Werte	1	,8		
	Gesamt	128	100,0		

...14-17 Jährigen

C2c

		Häufigkeit	Prozent	Gültige Prozente	Kumulierte Prozente
Gültig	**sehr wahrscheinlich**	**3**	**2,3**	**2,4**	**2,4**
	relativ wahrscheinlich	22	17,2	17,3	19,7
	unwahrscheinlich	102	79,7	80,3	100,0
	Gesamt	127	99,2	100,0	
Fehlende	Werte	1	,8		
	Gesamt	128	100,0		

...18-21 Jährigen

C2d

		Häufigkeit	Prozent	Gültige Prozente	Kumulierte Prozente
Gültig	**sehr wahrscheinlich**	**5**	**3,9**	**3,9**	**3,9**
	relativ wahrscheinlich	24	18,8	18,9	22,8
	unwahrscheinlich	98	76,6	77,2	100,0
	Gesamt	127	99,2	100,0	
Fehlende	Werte	1	,8		
	Gesamt	128	100,0		

Anhang 2.3: Tabellarische Darstellung C3

„Dass ich innerhalb der nächsten 12 Monate bestohlen werde von…halte ich für sehr wahrscheinlich".

… bis zu 10 Jährigen

C3a

		Häufigkeit	Prozent	Gültige Prozente	Kumulierte Prozente
Gültig	**sehr wahrscheinlich**	**3**	**2,3**	**2,4**	**2,4**
	relativ wahrscheinlich	18	14,1	14,2	16,5
	unwahrscheinlich	106	82,8	83,5	100,0
	Gesamt	127	99,2	100,0	
Fehlende	Werte	1	,8		
	Gesamt	128	100,0		

…11-13 Jährigen

C3b

		Häufigkeit	Prozent	Gültige Prozente	Kumulierte Prozente
Gültig	**sehr wahrscheinlich**	**3**	**2,3**	**2,4**	**2,4**
	relativ wahrscheinlich	31	24,2	24,4	26,8
	unwahrscheinlich	93	72,7	73,2	100,0
	Gesamt	127	99,2	100,0	
Fehlende	Werte	1	,8		
	Gesamt	128	100,0		

...14-17 Jährigen

C3c

		Häufigkeit	Prozent	Gültige Prozente	Kumulierte Prozente
Gültig	**sehr wahrscheinlich**	**2**	**1,6**	**1,6**	**1,6**
	relativ wahrscheinlich	53	41,4	41,7	43,3
	unwahrscheinlich	72	56,2	56,7	100,0
	Gesamt	127	99,2	100,0	
Fehlende	Werte	1	,8		
	Gesamt	128	100,0		

18-21 Jährigen

C3d

		Häufigkeit	Prozent	Gültige Prozente	Kumulierte Prozente
Gültig	**sehr wahrscheinlich**	**3**	**2,3**	**2,4**	**2,4**
	relativ wahrscheinlich	56	43,8	44,1	46,5
	unwahrscheinlich	68	53,1	53,5	100,0
	Gesamt	127	99,2	100,0	
Fehlende	Werte	1	,8		
	Gesamt	128	100,0		

Anhang 2.4: Tabellarische Darstellung C4

„Dass gegen mich innerhalb der nächsten 12 Monate eine Waffe/ ein Messer gerichtet wird von... halte ich für sehr wahrscheinlich".

...bis zu 10 Jährigen

C4a

		Häufigkeit	Prozent	Gültige Prozente	Kumulierte Prozente
Gültig	**sehr wahrscheinlich**	**1**	**,8**	**,8**	**,8**
	relativ wahrscheinlich	11	8,6	8,7	9,4
	unwahrscheinlich	115	89,8	90,6	100,0
	Gesamt	127	99,2	100,0	
Fehlende	Werte	1	,8		
	Gesamt	128	100,0		

...11-13 Jährigen

C4b

		Häufigkeit	Prozent	Gültige Prozente	Kumulierte Prozente
Gültig	**sehr wahrscheinlich**	**1**	**,8**	**,8**	**,8**
	relativ wahrscheinlich	17	13,3	13,4	14,2
	unwahrscheinlich	109	85,2	85,8	100,0
	Gesamt	127	99,2	100,0	
Fehlende	Werte	1	,8		
	Gesamt	128	100,0		

...14-17 Jährigen

C4c

		Häufigkeit	Prozent	Gültige Prozente	Kumulierte Prozente
Gültig	**relativ wahrscheinlich**	**38**	**29,7**	**29,9**	**29,9**
	unwahrscheinlich	89	69,5	70,1	100,0
	Gesamt	127	99,2	100,0	
Fehlende	Werte	1	,8		
	Gesamt	128	100,0		

...18-21 Jährigen

C4d

		Häufigkeit	Prozent	Gültige Prozente	Kumulierte Prozente
Gültig	**sehr wahrscheinlich**	**1**	**,8**	**,8**	**,8**
	relativ wahrscheinlich	44	34,4	34,6	35,4
	unwahrscheinlich	82	64,1	64,6	100,0
	Gesamt	127	99,2	100,0	
Fehlende	Werte	1	,8		
	Gesamt	128	100,0		

Anhang 2.5: Tabellarische Darstellung C5

„Dass mir innerhalb der nächsten 12 Monate mit Gewalt Geld, Handys oder sonstige Wertgegenstände weggenommen werden von…halte ich für sehr wahrscheinlich".

…bis zu 10 Jährigen

C5a

		Häufigkeit	Prozent	Gültige Prozente	Kumulierte Prozente
Gültig	**sehr wahrscheinlich**	**2**	**1,6**	**1,6**	**1,6**
	relativ wahrscheinlich	10	7,8	7,9	9,4
	unwahrscheinlich	115	89,8	90,6	100,0
	Gesamt	127	99,2	100,0	
Fehlende	Werte	1	,8		
Gesamt		128	100,0		

…11-13 Jährigen

C5b

		Häufigkeit	Prozent	Gültige Prozente	Kumulierte Prozente
Gültig	**sehr wahrscheinlich**	**2**	**1,6**	**1,6**	**1,6**
	relativ wahrscheinlich	15	11,7	11,8	13,4
	unwahrscheinlich	110	85,9	86,6	100,0
	Gesamt	127	99,2	100,0	
Fehlende	Werte	1	,8		
Gesamt		128	100,0		

...14-17 Jährigen

C5c

		Häufigkeit	Prozent	Gültige Prozente	Kumulierte Prozente
Gültig	**sehr wahrscheinlich**	**1**	**,8**	**,8**	**,8**
	relativ wahrscheinlich	39	30,5	30,7	31,5
	unwahrscheinlich	87	68,0	68,5	100,0
	Gesamt	127	99,2	100,0	
Fehlende	Werte	1	,8		
	Gesamt	128	100,0		

...18-21 Jährigen

C5d

		Häufigkeit	Prozent	Gültige Prozente	Kumulierte Prozente
Gültig	**sehr wahrscheinlich**	**2**	**1,6**	**1,6**	**1,6**
	relativ wahrscheinlich	44	34,4	34,6	36,2
	unwahrscheinlich	81	63,3	63,8	100,0
	Gesamt	127	99,2	100,0	
Fehlende	Werte	1	,8		
	Gesamt	128	100,0		

Anhang 2.6: Tabellarische Darstellung C6

„Dass ich innerhalb der nächsten 12 Monate belästigt werde von...halte ich für sehr wahrscheinlich".

...bis zu 10 Jährigen

C6a

		Häufigkeit	Prozent	Gültige Prozente	Kumulierte Prozente
Gültig	**sehr wahrscheinlich**	**2**	**1,6**	**1,6**	**1,6**
	relativ wahrscheinlich	16	12,5	12,6	14,2
	unwahrscheinlich	109	85,2	85,8	100,0
	Gesamt	127	99,2	100,0	
Fehlende	Werte	1	,8		
	Gesamt	128	100,0		

...11-13 Jährigen

C6b

		Häufigkeit	Prozent	Gültige Prozente	Kumulierte Prozente
Gültig	**sehr wahrscheinlich**	**2**	**1,6**	**1,6**	**1,6**
	relativ wahrscheinlich	24	18,8	18,9	20,5
	unwahrscheinlich	101	78,9	79,5	100,0
	Gesamt	127	99,2	100,0	
Fehlende	Werte	1	,8		
	Gesamt	128	100,0		

...14-17 Jährigen

C6c

		Häufigkeit	Prozent	Gültige Prozente	Kumulierte Prozente
Gültig	**sehr wahrscheinlich**	**4**	**3,1**	**3,1**	**3,1**
	relativ wahrscheinlich	41	32,0	32,3	35,4
	unwahrscheinlich	82	64,1	64,6	100,0
	Gesamt	127	99,2	100,0	
Fehlende	Werte	1	,8		
	Gesamt	128	100,0		

...18-21 Jährigen

C6d

		Häufigkeit	Prozent	Gültige Prozente	Kumulierte Prozente
Gültig	**sehr wahrscheinlich**	**3**	**2,3**	**2,4**	**2,4**
	relativ wahrscheinlich	52	40,6	40,9	43,3
	unwahrscheinlich	72	56,2	56,7	100,0
	Gesamt	127	99,2	100,0	
Fehlende	Werte	1	,8		
	Gesamt	128	100,0		

XXX

„Dass mein Auto/ Motorrad/ Moped/ Fahrrad in den nächsten 12 Monaten mutwillig beschädigt wird von…halte ich für sehr wahrscheinlich"

…bis zu 10 Jährigen

C7a

		Häufigkeit	Prozent	Gültige Prozente	Kumulierte Prozente
Gültig	**sehr wahrscheinlich**	**2**	**1,6**	**1,8**	**1,8**
	relativ wahrscheinlich	20	15,6	17,9	19,6
	unwahrscheinlich	90	70,3	80,4	100,0
	Gesamt	112	87,5	100,0	
Fehlende	Werte	16	12,5		
Gesamt		128	100,0		

…11-13 Jährigen

C7b

		Häufigkeit	Prozent	Gültige Prozente	Kumulierte Prozente
Gültig	**sehr wahrscheinlich**	**3**	**2,3**	**2,7**	**2,7**
	relativ wahrscheinlich	33	25,8	29,5	32,1
	unwahrscheinlich	76	59,4	67,9	100,0
	Gesamt	112	87,5	100,0	
Fehlende	Werte	16	12,5		
Gesamt		128	100,0		

...14-17 Jährigen

C7c

		Häufigkeit	Prozent	Gültige Prozente	Kumulierte Prozente
Gültig	**sehr wahrscheinlich**	**3**	**2,3**	**2,7**	**2,7**
	relativ wahrscheinlich	48	37,5	42,5	45,1
	unwahrscheinlich	62	48,4	54,9	100,0
	Gesamt	113	88,3	100,0	
Fehlende	Werte	15	11,7		
	Gesamt	128	100,0		

...18-21 Jährigen

C7d

		Häufigkeit	Prozent	Gültige Prozente	Kumulierte Prozente
Gültig	**sehr wahrscheinlich**	**2**	**1,6**	**1,8**	**1,8**
	relativ wahrscheinlich	45	35,2	39,8	41,6
	unwahrscheinlich	65	50,8	57,5	99,1
	11	1	,8	,9	100,0
	Gesamt	113	88,3	100,0	
Fehlende	Werte	15	11,7		
	Gesamt	128	100,0		

Anhang 2.8: Tabellarische Darstellung C8

„Dass mein Kind innerhalb der nächsten 12 Monate Opfer von Gewalt wird von …halte ich für sehr wahrscheinlich".

…bis zu 10 Jährigen

C8a

		Häufigkeit	Prozent	Gültige Prozente	Kumulierte Prozente
Gültig	**sehr wahrscheinlich**	**3**	**2,3**	**5,4**	**5,4**
	relativ wahrscheinlich	8	6,2	14,3	19,6
	unwahrscheinlich	45	35,2	80,4	100,0
	Gesamt	56	43,8	100,0	
Fehlende	Werte	72	56,2		
Gesamt		128	100,0		

…11-13 Jährigen

C8b

		Häufigkeit	Prozent	Gültige Prozente	Kumulierte Prozente
Gültig	**sehr wahrscheinlich**	**4**	**3,1**	**7,1**	**7,1**
	relativ wahrscheinlich	7	5,5	12,5	19,6
	unwahrscheinlich	45	35,2	80,4	100,0
	Gesamt	56	43,8	100,0	
Fehlende	Werte	72	56,2		
Gesamt		128	100,0		

...14-17 Jährigen

C8c

		Häufigkeit	Prozent	Gültige Prozente	Kumulierte Prozente
Gültig	**sehr wahrscheinlich**	**3**	**2,3**	**5,4**	**5,4**
	relativ wahrscheinlich	20	15,6	35,7	41,1
	unwahrscheinlich	33	25,8	58,9	100,0
	Gesamt	56	43,8	100,0	
Fehlende	Werte	72	56,2		
	Gesamt	128	100,0		

...18-21 Jährigen

C8d

		Häufigkeit	Prozent	Gültige Prozente	Kumulierte Prozente
Gültig	**sehr wahrscheinlich**	**3**	**2,3**	**5,4**	**5,4**
	relativ wahrscheinlich	24	18,8	42,9	48,2
	unwahrscheinlich	29	22,7	51,8	100,0
	Gesamt	56	43,8	100,0	
Fehlende	Werte	72	56,2		
	Gesamt	128	100,0		

„Dass meine übrige Familie und/ oder Freunde innerhalb der nächsten 12 Monate Opfer von Gewalt werden von... halte ich für sehr wahrscheinlich".

... bis zu 10 Jährigen

C9a

		Häufigkeit	Prozent	Gültige Prozente	Kumulierte Prozente
Gültig	**sehr wahrscheinlich**	3	2,3	2,4	2,4
	relativ wahrscheinlich	12	9,4	9,5	11,9
	unwahrscheinlich	111	86,7	88,1	100,0
	Gesamt	126	98,4	100,0	
Fehlende	Werte	2	1,6		
	Gesamt	128	100,0		

... 11-13 Jährigen

C9b

		Häufigkeit	Prozent	Gültige Prozente	Kumulierte Prozente
Gültig	**sehr wahrscheinlich**	4	3,1	3,2	3,2
	relativ wahrscheinlich	15	11,7	11,9	15,1
	unwahrscheinlich	107	83,6	84,9	100,0
	Gesamt	126	98,4	100,0	
Fehlende	Werte	2	1,6		
	Gesamt	128	100,0		

...14-17 Jährigen

C9c

		Häufigkeit	Prozent	Gültige Prozente	Kumulierte Prozente
Gültig	**sehr wahrscheinlich**	**3**	**2,3**	**2,4**	**2,4**
	relativ wahrscheinlich	42	32,8	33,3	35,7
	unwahrscheinlich	81	63,3	64,3	100,0
	Gesamt	126	98,4	100,0	
Fehlende	Werte	2	1,6		
Gesamt		128	100,0		

...18-21 Jährigen

C9d

		Häufigkeit	Prozent	Gültige Prozente	Kumulierte Prozente
Gültig	**sehr wahrscheinlich**	**4**	**3,1**	**3,2**	**3,2**
	relativ wahrscheinlich	46	35,9	36,5	39,7
	unwahrscheinlich	76	59,4	60,3	100,0
	Gesamt	126	98,4	100,0	
Fehlende	Werte	2	1,6		
Gesamt		128	100,0		

Anhang 3

FRAGEBOGEN JUGENDSTRAFRECHT

Hinweise zum Ausfüllen des Fragebogens:

Bitte wie folgt ausfüllen: ☑ ☐ ☐ ☐

Im Falle einer notwendigen Korrektur: ◼ ☐ ☑ ☐

Sofern eine <u>Mehrfachankreuzung</u> möglich ist, ist dies bei der betreffenden Frage ausdrücklich erwähnt.

A. Kriminalpolitische Fragestellungen

Wie sehr stimmen Sie den folgenden Aussagen zu?

1. Kinder und Jugendliche haben keinen Respekt mehr vor Autoritätspersonen.	☐ stimme zu	☐ stimme nicht zu
2. Kinder- und Jugendliche werden immer gewalttätiger.	☐ stimme zu	☐ stimme nicht zu
3. Computer -, Videospiele und Fernsehen fördern die Gewaltbereitschaft bei Kindern und Jugendlichen.	☐ stimme zu	☐ stimme nicht zu
4. Kriminelle Handlungen im Kindes- und Jugendalter sind der Einstieg in eine kriminelle Karriere.	☐ stimme zu	☐ stimme nicht zu
5. Kinder- und Jugendkriminalität ist in den allermeisten Fällen ein normales Austesten der Grenzen in diesem Alter.	☐ stimme zu	☐ stimme nicht zu
6. Kriminelles Verhalten sollte in jedem Alter zu staatlichen Sanktionen führen können.	☐ stimme zu	☐ stimme nicht zu
7. Mit straffälligen Kinder und Jugendlichen wird viel zu sanft umgegangen.	☐ stimme zu	☐ stimme nicht zu

8. Mit Drill zur Legalität – Unterbringung Jugendlicher in Boot Camps (militärische Erziehung straffälliger Jugendlicher in speziellen Einrichtungen) wäre eine sinnvolle Reaktionsweise.	☐ stimme zu ☐ stimme nicht zu
9. Repressive Maßnahmen haben bei kriminellen Kinder- und Jugendlichen nichts zu suchen, nur reine Erziehungsmittel sind angebracht.	☐ stimme zu ☐ stimme nicht zu
10. Die Höchststrafe von 10 Jahren Freiheitsentzug im Jugendstrafrecht ist zu niedrig.	☐ stimme zu ☐ stimme nicht zu
11. Jugendliche sollten genauso bestraft werden wie Erwachsene.	☐ stimme zu ☐ stimme nicht zu

B. Einschätzung des persönlichen Bedrohungsgefühls

Bitte geben sie im Folgenden an, wie sehr Sie beunruhigt sind, Opfer eines der genannten Delikte von der genannten Personengruppe zu werden.

1. Dass ich körperlich angegriffen werde von	a.
a. bis zu 10 Jährigen	☐ sehr beunruhigt
b. 11 bis 13 Jährigen	☐ mittelmäßig beunruhigt
c. 14 bis 17 Jährigen	☐ nicht beunruhigt
d. 18 bis 21 Jährigen,	b.
	☐ sehr beunruhigt
darüber bin ich:	☐ mittelmäßig beunruhigt
	☐ nicht beunruhigt
	c.
	☐ sehr beunruhigt
	☐ mittelmäßig beunruhigt
	☐ nicht beunruhigt

	d.
	☐ sehr beunruhigt
	☐ mittelmäßig beunruhigt
	☐ nicht beunruhigt

2. Dass ich bedroht oder erpresst werde von
 	
     a.   bis zu 10 Jährigen
     b.   11 bis 13 Jährigen
     c.   14 bis 17 Jährigen
     d.   18 bis 21 Jährigen,
 	
 darüber bin ich:
	a.
	 ☐ sehr beunruhigt
	 ☐ mittelmäßig beunruhigt
	 ☐ nicht beunruhigt
	
	 b.
	 ☐ sehr beunruhigt
	 ☐ mittelmäßig beunruhigt
	 ☐ nicht beunruhigt
	
	 c.
	 ☐ sehr beunruhigt
	 ☐ mittelmäßig beunruhigt
	 ☐ nicht beunruhigt
	
	 d.
	 ☐ sehr beunruhigt
	 ☐ mittelmäßig beunruhigt
	 ☐ nicht beunruhigt

3. Dass ich bestohlen werde von
 	
     a.   bis zu 10 Jährigen
     b.   11 bis 13 Jährigen
     c.   14 bis 17 Jährigen
     d.   18 bis 21 Jährigen,
 	
 darüber bin ich:
	a.
	 ☐ sehr beunruhigt
	 ☐ mittelmäßig beunruhigt
	 ☐ nicht beunruhigt
	
	 b.
	 ☐ sehr beunruhigt
	 ☐ mittelmäßig beunruhigt
	 ☐ nicht beunruhigt

	c.
	☐ sehr beunruhigt
	☐ mittelmäßig beunruhigt
	☐ nicht beunruhigt
	d.
	☐ sehr beunruhigt
	☐ mittelmäßig beunruhigt
	☐ nicht beunruhigt

4. Dass gegen mich eine Waffe / ein Messer gerichtet wird von
 	
  a. bis zu 10 Jährigen
  b. 11 bis 13 Jährigen
  c. 14 bis 17 Jährigen
  d. 18 bis 21 Jährigen,
 	
darüber bin ich:
	a.
	☐ sehr beunruhigt
	☐ mittelmäßig beunruhigt
	☐ nicht beunruhigt
	
	b.
	☐ sehr beunruhigt
	☐ mittelmäßig beunruhigt
	☐ nicht beunruhigt
	
	c.
	☐ sehr beunruhigt
	☐ mittelmäßig beunruhigt
	☐ nicht beunruhigt
	
	d.
	☐ sehr beunruhigt
	☐ mittelmäßig beunruhigt
	☐ nicht beunruhigt

XL

5. Dass mir mit Gewalt Geld, Handys oder sonstige Wertgegenstände weggenommen werden von
 	
   a. bis zu 10 Jährigen
   b. 11 bis 13 Jährigen
   c. 14 bis 17 Jährigen
   d. 18 bis 21 Jährigen,
 	
darüber bin ich:
	a.
	☐ sehr beunruhigt
	☐ mittelmäßig beunruhigt
	☐ nicht beunruhigt
	
	b.
	☐ sehr beunruhigt
	☐ mittelmäßig beunruhigt
	☐ nicht beunruhigt
	
	c.
	☐ sehr beunruhigt
	☐ mittelmäßig beunruhigt
	☐ nicht beunruhigt
	
	d.
	☐ sehr beunruhigt
	☐ mittelmäßig beunruhigt
	☐ nicht beunruhigt

6. Dass ich belästigt werde von
 	
   a. bis zu 10 Jährigen
   b. 11 bis 13 Jährigen
   c. 14 bis 17 Jährigen
   d. 18 bis 21 Jährigen,
 	
darüber bin ich:
	a.
	☐ sehr beunruhigt
	☐ mittelmäßig beunruhigt
	☐ nicht beunruhigt
	
	b.
	☐ sehr beunruhigt
	☐ mittelmäßig beunruhigt
	☐ nicht beunruhigt
	
	c.
	☐ sehr beunruhigt
	☐ mittelmäßig beunruhigt
	☐ nicht beunruhigt

	d.
	☐ sehr beunruhigt
	☐ mittelmäßig beunruhigt
	☐ nicht beunruhigt

7. Dass mein Auto/ Motorrad/ Moped/ Fahrrad mutwillig beschädigt wird von
 	
  a. bis zu 10 Jährigen
  b. 11 bis 13 Jährigen
  c. 14 bis 17 Jährigen
  d. 18 bis 21 Jährigen,
 	
darüber bin ich:
	a.
	☐ sehr beunruhigt
	☐ mittelmäßig beunruhigt
	☐ nicht beunruhigt
	
	b.
	☐ sehr beunruhigt
	☐ mittelmäßig beunruhigt
	☐ nicht beunruhigt
	
	c.
	☐ sehr beunruhigt
	☐ mittelmäßig beunruhigt
	☐ nicht beunruhigt
	
	d.
	☐ sehr beunruhigt
	☐ mittelmäßig beunruhigt
	☐ nicht beunruhigt
	
	☐ Ich besitze keines der genannten Fahrzeuge.

8. Dass mein Kind Opfer von Gewalt wird von
 	
  a. bis zu 10 Jährigen
  b. 11 bis 13 Jährigen
  c. 14 bis 17 Jährigen
  d. 18 bis 21 Jährigen,
 	
darüber bin ich:
	a.
	☐ sehr beunruhigt
	☐ mittelmäßig beunruhigt
	☐ nicht beunruhigt
	
	b.
	☐ sehr beunruhigt
	☐ mittelmäßig beunruhigt
	☐ nicht beunruhigt

	c. ☐ sehr beunruhigt ☐ mittelmäßig beunruhigt ☐ nicht beunruhigt **d.** ☐ sehr beunruhigt ☐ mittelmäßig beunruhigt ☐ nicht beunruhigt ☐ Ich habe keine Kinder.

9. Dass meine übrige Familie und/ oder Freunde Opfer von Gewalt werden von
 	
  a. bis zu 10 Jährigen
  b. 11 bis 13 Jährigen
  c. 14 bis 17 Jährigen
  d. 18 bis 21 Jährigen,
 	
darüber bin ich:
	a. ☐ sehr beunruhigt
	☐ mittelmäßig beunruhigt
	☐ nicht beunruhigt
	
	b. ☐ sehr beunruhigt
	☐ mittelmäßig beunruhigt
	☐ nicht beunruhigt
	
	c. ☐ sehr beunruhigt
	☐ mittelmäßig beunruhigt
	☐ nicht beunruhigt
	
	d. ☐ sehr beunruhigt
	☐ mittelmäßig beunruhigt
	☐ nicht beunruhigt

C. Einschätzung des konkreten zukünftigen Betroffenseins

Geben Sie im Folgenden bitte an, für wie wahrscheinlich Sie es halten, dass Ihnen persönlich etwas Derartiges <u>innerhalb der nächsten 12 Monate</u> passiert.

1. Dass ich innerhalb der nächsten 12 Monate körperlich angegriffen werde von
 	
    a. bis zu 10 Jährigen
    b. 11 bis 13 Jährigen
    c. 14 bis 17 Jährigen
    d. 18 bis 21 Jährigen,
 	
 ist:
	a.
	 ☐ sehr wahrscheinlich
	 ☐ relativ wahrscheinlich
	 ☐ unwahrscheinlich
	
	 b.
	 ☐ sehr wahrscheinlich
	 ☐ relativ wahrscheinlich
	 ☐ unwahrscheinlich
	
	 c.
	 ☐ sehr wahrscheinlich
	 ☐ relativ wahrscheinlich
	 ☐ unwahrscheinlich
	
	 d.
	 ☐ sehr wahrscheinlich
	 ☐ relativ wahrscheinlich
	 ☐ unwahrscheinlich

2. Dass ich innerhalb der nächsten 12 Monate bedroht oder erpresst werde von
 	
    a. bis zu 10 Jährigen
    b. 11 bis 13 Jährigen
    c. 14 bis 17 Jährigen
    d. 18 bis 21 Jährigen,
 	
 ist:
	a.
	 ☐ sehr wahrscheinlich
	 ☐ relativ wahrscheinlich
	 ☐ unwahrscheinlich
	
	 b.
	 ☐ sehr wahrscheinlich
	 ☐ relativ wahrscheinlich
	 ☐ unwahrscheinlich

	c.
	☐ sehr wahrscheinlich
	☐ relativ wahrscheinlich
	☐ unwahrscheinlich
	d.
	☐ sehr wahrscheinlich
	☐ relativ wahrscheinlich
	☐ unwahrscheinlich

3. Dass ich innerhalb der nächsten 12 Monate bestohlen werde von
 	
  a. bis zu 10 Jährigen
  b. 11 bis 13 Jährigen
  c. 14 bis 17 Jährigen
  d. 18 bis 21 Jährigen,
 	
ist:
	a.
	☐ sehr wahrscheinlich
	☐ relativ wahrscheinlich
	☐ unwahrscheinlich
	
	b.
	☐ sehr wahrscheinlich
	☐ relativ wahrscheinlich
	☐ unwahrscheinlich
	
	c.
	☐ sehr wahrscheinlich
	☐ relativ wahrscheinlich
	☐ unwahrscheinlich
	
	d.
	☐ sehr wahrscheinlich
	☐ relativ wahrscheinlich
	☐ unwahrscheinlich

4. Dass gegen mich innerhalb der nächsten 12 Monate eine Waffe / ein Messer gerichtet wird von
 	
   a. bis zu 10 Jährigen
   b. 11 bis 13 Jährigen
   c. 14 bis 17 Jährigen
   d. 18 bis 21 Jährigen,
 	
ist:
	a.
	☐ sehr wahrscheinlich
	☐ relativ wahrscheinlich
	☐ unwahrscheinlich
	
	b.
	☐ sehr wahrscheinlich
	☐ relativ wahrscheinlich
	☐ unwahrscheinlich
	
	c.
	☐ sehr wahrscheinlich
	☐ relativ wahrscheinlich
	☐ unwahrscheinlich
	
	d.
	☐ sehr wahrscheinlich
	☐ relativ wahrscheinlich
	☐ unwahrscheinlich

5. Dass mir innerhalb der nächsten 12 Monate mit Gewalt Geld, Handys oder sonstige Wertgegenstände weg-genommen werden von
 	
   a. bis zu 10 Jährigen
   b. 11 bis 13 Jährigen
   c. 14 bis 17 Jährigen
   d. 18 bis 21 Jährigen,
 	
ist:
	a.
	☐ sehr wahrscheinlich
	☐ relativ wahrscheinlich
	☐ unwahrscheinlich
	
	b.
	☐ sehr wahrscheinlich
	☐ relativ wahrscheinlich
	☐ unwahrscheinlich
	
	c.
	☐ sehr wahrscheinlich
	☐ relativ wahrscheinlich
	☐ unwahrscheinlich

	d.
	☐ sehr wahrscheinlich
	☐ relativ wahrscheinlich
	☐ unwahrscheinlich

6. Dass ich innerhalb der nächsten 12 Monate belästigt werde von	a.
	☐ sehr wahrscheinlich
	☐ relativ wahrscheinlich
a. bis zu 10 Jährigen	☐ unwahrscheinlich
b. 11 bis 13 Jährigen	
c. 14 bis 17 Jährigen	b.
d. 18 bis 21 Jährigen,	☐ sehr wahrscheinlich
	☐ relativ wahrscheinlich
ist:	☐ unwahrscheinlich
	c.
	☐ sehr wahrscheinlich
	☐ relativ wahrscheinlich
	☐ unwahrscheinlich
	d.
	☐ sehr wahrscheinlich
	☐ relativ wahrscheinlich
	☐ unwahrscheinlich

7. Dass mein Auto/ Motorrad/ Moped/ Fahrrad innerhalb der nächsten 12 Monate mutwillig beschädigt wird von	a.
	☐ sehr wahrscheinlich
	☐ relativ wahrscheinlich
a. bis zu 10 Jährigen	☐ unwahrscheinlich
b. 11 bis 13 Jährigen	
c. 14 bis 17 Jährigen	b.
d. 18 bis 21 Jährigen,	☐ sehr wahrscheinlich
	☐ relativ wahrscheinlich
ist:	☐ unwahrscheinlich

	c. ☐ sehr wahrscheinlich ☐ relativ wahrscheinlich ☐ unwahrscheinlich **d.** ☐ sehr wahrscheinlich ☐ relativ wahrscheinlich ☐ unwahrscheinlich ☐ Ich besitze keines der genannten Fahrzeuge.
8. Dass mein Kind innerhalb der nächsten 12 <u>Monate</u> Opfer von Gewalt wird von a. bis zu 10 Jährigen b. 11 bis 13 Jährigen c. 14 bis 17 Jährigen d. 18 bis 21 Jährigen, ist:	**a.** ☐ sehr wahrscheinlich ☐ relativ wahrscheinlich ☐ unwahrscheinlich **b.** ☐ sehr wahrscheinlich ☐ relativ wahrscheinlich ☐ unwahrscheinlich **c.** ☐ sehr wahrscheinlich ☐ relativ wahrscheinlich ☐ unwahrscheinlich **d.** ☐ sehr wahrscheinlich ☐ relativ wahrscheinlich ☐ unwahrscheinlich ☐ Ich habe keine Kinder.

| 9. Dass meine übrige Familie und/ oder Freunde innerhalb der nächsten 12 Monate Opfer von Gewalt werden von

  a. bis zu 10 Jährigen
  b. 11 bis 13 Jährigen
  c. 14 bis 17 Jährigen
  d. 18 bis 21 Jährigen,

ist: | **a.**
☐ sehr wahrscheinlich
☐ relativ wahrscheinlich
☐ unwahrscheinlich

b.
☐ sehr wahrscheinlich
☐ relativ wahrscheinlich
☐ unwahrscheinlich

c.
☐ sehr wahrscheinlich
☐ relativ wahrscheinlich
☐ unwahrscheinlich

d.
☐ sehr wahrscheinlich
☐ relativ wahrscheinlich
☐ unwahrscheinlich |

D. Welche Reaktionsweise halten Sie für angemessen?

Bitte kreuzen Sie im Folgenden an, welche Reaktionsweise Sie bei den jeweiligen Delikten der jeweiligen Tätergruppe für angemessen und sinnvoll erachten.

a = folgenlose Einstellung
b = Einstellung im Hauptverfahren ohne Urteilsausspruch;
    für den Jugendlichen ist das Erleben eines förmlichen Verfahrens
    gegen ihn genug Strafe
c = Erteilung einer Verwarnung im Urteil
d = gemeinnützige Arbeit
e = Täter-Opfer-Ausgleich / sozialer Trainingskurs
f = Geldbetrag zugunsten einer gemeinnützigen Einrichtung
g = zur Betreuung und Aufsicht einem Betreuungshelfer unterstellen für eine
    gewisse Dauer
h = Jugendarrest (stationärer Aufenthalt in der Freizeit bis hin zu Dauerar-
    rest über 4 Wochen)
i = Jugendstrafe auf Bewährung
j = Jugendstrafe ohne Bewährung
k = lebenslange Freiheitsstrafe

Im Rahmen der Sanktions<u>härte</u> geben Sie bitte die von Ihnen bevorzugte <u>Intensität</u> innerhalb <u>der</u> gewählten Sanktions<u>art</u> an. (mild - durchschnittlich - hart)
Diese Differenzierung <u>entfällt bei</u> den Reaktionsweisen „a" bis „c" und "k".

<u>Beispiel:</u>   Wenn Sie der Ansicht sind, dass im Fall 1. die Zahlung eines geringen Geldbetrages angemessen ist, dann kreuzen sie bitte wie folgt an:

☐ a ☐ b ☐ c ☐ d ☐ e ☐ f ☐ g ☐ h ☐ i ☐ j ☐ k

☐ mild ☐ durchschnittlich ☐ hart

---

1. Ladendiebstahl einer geringwertigen Sache (bis 30 €) durch einen 14 jährigen Täter.	☐ a ☐ b ☐ c ☐ d ☐ e ☐ f ☐ g ☐ h ☐ i ☐ j ☐ k ☐ mild ☐ durchschnittlich ☐ hart

L

2. Ladendiebstahl einer geringwertigen Sache (bis 30 €) durch einen 10 jährigen Täter.	☐ a ☐ b ☐ c ☐ d ☐ e ☐ f ☐ g ☐ h ☐ i ☐ j k ☐ mild ☐ durchschnittlich ☐ hart
3. Graffitis in größerem Umfang (bspw. Besprühen einer Hauswand/ S-Bahn-Waggons mit einem 2m x 2m großen Bild) durch einen Jugendlichen.	☐ a ☐ b ☐ c ☐ d ☐ e ☐ f ☐ g ☐ h ☐ i ☐ j k ☐ mild ☐ durchschnittlich ☐ hart
4. „Abziehen" von Handys, Kleidung etc. durch einen 16 Jährigen.	☐ a ☐ b ☐ c ☐ d ☐ e ☐ f ☐ g ☐ h ☐ i ☐ j k ☐ mild ☐ durchschnittlich ☐ hart
5. „Abziehen" von Handys, Kleidung etc. durch einen 10 Jährigen.	☐ a ☐ b ☐ c ☐ d ☐ e ☐ f ☐ g ☐ h ☐ i ☐ j k ☐ mild ☐ durchschnittlich ☐ hart
6. gezielte Gewalttätigkeiten gegen andere durch einen 12 bis 17 Jährigen.	☐ a ☐ b ☐ c ☐ d ☐ e ☐ f ☐ g ☐ h ☐ i ☐ j k ☐ mild ☐ durchschnittlich ☐ hart
7. gezielte Gewalttätigkeiten gegen andere durch einen 10 bis 11 Jährigen.	☐ a ☐ b ☐ c ☐ d ☐ e ☐ f ☐ g ☐ h ☐ i ☐ j k ☐ mild ☐ durchschnittlich ☐ hart

8. Erpressung durch einen 13 bis 17 Jährigen.	a ☐ b ☐ c ☐ d ☐ e ☐ f ☐ g ☐ h ☐ i ☐ j ☐ k ☐ ☐ mild ☐ durchschnittlich ☐ hart
9. Erpressung durch einen 10 bis 12 Jährigen.	a ☐ b ☐ c ☐ d ☐ e ☐ f ☐ g ☐ h ☐ i ☐ j ☐ k ☐ ☐ mild ☐ durchschnittlich ☐ hart
10. Belästigung / Bedrohung durch 13 bis 17 jährige Täter.	a ☐ b ☐ c ☐ d ☐ e ☐ f ☐ g ☐ h ☐ i ☐ j ☐ k ☐ ☐ mild ☐ durchschnittlich ☐ hart
11. Belästigung / Bedrohung durch 10 bis 12 jährige Täter.	a ☐ b ☐ c ☐ d ☐ e ☐ f ☐ g ☐ h ☐ i ☐ j ☐ k ☐ ☐ mild ☐ durchschnittlich ☐ hart
12. wiederholtes Schwarzfahren eines 13 bis 17 Jährigen.	a ☐ b ☐ c ☐ d ☐ e ☐ f ☐ g ☐ h ☐ i ☐ j ☐ k ☐ ☐ mild ☐ durchschnittlich ☐ hart
13. wiederholtes Schwarzfahren eines 10 bis 12 Jährigen.	a ☐ b ☐ c ☐ d ☐ e ☐ f ☐ g ☐ h ☐ i ☐ j ☐ k ☐ ☐ mild ☐ durchschnittlich ☐ hart

14. sinnlose Sachbeschädigung eines 13 bis 17 jährigen Täters.	a ☐ b ☐ c ☐ d ☐ e f ☐ g ☐ h ☐ i ☐ j ☐ k ☐ mild ☐ durchschnittlich ☐ hart
15. sinnlose Sachbeschädigung eines 10 bis 12 jährigen Täters.	a ☐ b ☐ c ☐ d ☐ e f ☐ g ☐ h ☐ i ☐ j ☐ k ☐ mild ☐ durchschnittlich ☐ hart

E. Wie verhalten Sie sich?

Bitte geben Sie im Folgenden an, wie Sie sich in Alltagssituationen verhalten.

1. Ich weiche einer Gruppe von 13 bis 17 Jährigen aus, wenn ich sie auf der Strasse sehe.	☐ ja ☐ eher ja ☐ eher nein ☐ nein
2. Ich weiche einer Gruppe von 10 bis 12 Jährigen aus, wenn ich sie auf der Strasse sehe.	☐ ja ☐ eher ja ☐ eher nein ☐ nein
3. Wenn ich von einem 13 bis 17 Jährigen, dessen Freunde in der Nähe stehen, angesprochen werde, reagiere ich nicht, sondern laufe einfach weiter.	☐ ja ☐ eher ja ☐ eher nein ☐ nein
4. Wenn ich von einem 10 bis 12 Jährigen, dessen Freunde in der Nähe stehen, angesprochen werde, reagiere ich nicht, sondern laufe einfach weiter.	☐ ja ☐ eher ja ☐ eher nein ☐ nein

5. Wenn ich eine Gruppe Jugendlicher auf der Straße stehen sehe, bin ich immer besonders achtsam.	☐ ja ☐ eher ja ☐ eher nein ☐ nein

F. Angaben zur Person

Hinweis: die Angaben sind so gewählt, dass sie keine Rückschlüsse auf Ihre Person zulassen.

1. Geschlecht	☐ männlich ☐ weiblich
2. Alter	_____ Jahre
3. Ausbildung	• Schulabschluss ☐ keinen ☐ Hauptschulabschluss ☐ mittlere Reife ☐ Abitur • berufliche Qualifikation Ausbildung ☐ abgeschlossen ☐ noch andauernd ☐ abgebrochen Studium ☐ abgeschlossen ☐ noch andauernd ☐ abgebrochen • akademische Titel ☐ Doktor ☐ Professor ☐ sonstige: _____
4. Wohnsituation	☐ allein lebend ☐ mit Familie/ Partner/ in WG lebend
5. Wohnort	☐ in der Stadt ☐ in einem Vorort ☐ auf dem Land

6. Wohnart	☐ Einfamilienhaus ☐ Haushälfte
	☐ Wohnung in einem Haus mit bis zu 5 Stockwerken
	☐ Wohnung in einem Haus mit über 5 Stockwerken
7. Wie sicher fühlen Sie sich grund- sätzlich in Deutschland im Hinblick auf die Kriminalität?	☐ sehr sicher ☐ sicher ☐ eher sicher
	☐ eher unsicher ☐ unsicher ☐ sehr unsicher
8. Sind Sie oder eine Ihnen nahe stehende Person bereits einmal Opfer einer Straftat geworden ? (Mehrfachankreuzung möglich)	☐ ja, ich selbst
	☐ ja, eine nahe stehende Person ☐ nein

Sollten Sie **Frage 8** mit „ja" beantwortet haben, fahren Sie bitte mit den Fragen 9 bis 13 fort.

9. Was war dies für eine Straftat bzw. was waren dies für Straftaten?	
10. Wurde Anzeige erstattet?	☐ ja ☐ nein
	☐ ja, in ____ Fällen (bei mehreren Taten unter Pkt. 9)
11. Waren Sie zufrieden mit der staatlichen Reaktion?	☐ ja ☐ nein
	☐ ja, in ____ Fällen (bei mehreren Taten unter Pkt. 9)
12. Kam es zu einer Verurteilung?	☐ ja ☐ nein
	☐ ja, in ____ Fällen (bei mehreren Taten unter Pkt. 9)
	☐ weiß ich nicht
13. War(en) der/ die Täter (Mehrfachankreuzung möglich)	☐ 10 bis 11 Jahre ☐ 12 bis 14 Jahre
	☐ 15 bis 17 Jahre ☐ 18 bis 21 Jahre
	☐ Erwachsene ☐ nicht bekannt

Vielen Dank für das Ausfüllen des Fragebogens.

Anhang 4

Vorbemerkung:

Bitte fülle diesen Fragebogen jeweils alleine aus.

Da Du Deinen Namen nicht angeben sollst, wird keiner wissen, wer welchen Fragebogen ausgefüllt hat.

Deine Angaben bleiben geheim, Du brauchst also keine Angst zu haben, dass Du wegen Deiner Angaben
Ärger kriegen wirst.

Bitte sei ehrlich, wenn Du diesen Bogen ausfüllst.

Bei Fragen, die Du nicht mit „ja" oder „nein" beantworten mußt, kannst Du auch mehrere Antwortmöglichkeiten ankreuzen.

Fragebogen Schulkinder
Hinweis zum Ausfüllen des Fragebogens:
Bitte wie folgt ausfüllen: ☑ ☐ ☐ ☐
Solltest Du Deine Angabe korrigieren wollen, verfahre bitte so: ■ ☐ ☑ ☐

A. Fragen zu früherem Verhalten

Bitte gib an, ob Du das, wonach gefragt wird, bereits einmal getan hast.

1. Hast Du schon einmal etwas geklaut?	☐ ja ☐ nein
2. Falls Du eben bei Nr. 1 mit „ja" geantwortet hast:	
Wurdest Du dabei erwischt?	☐ ja ☐ nein
Wurdest Du bestraft?	☐ ja ☐ nein

Was genau ist als Folge passiert?	☐ meine Eltern sind eingeschritten (bspw. Hausarrest, Taschengeld wurde gestrichen, Standpauke) ☐ Polizei kam ☐ Jugendamt wurde tätig (bspw.: es kam regelmäßig jemand, der mit meinen Eltern und mir arbeitete) ☐ ich bekam einen Vormund
Warst Du allein oder hast Du mit Freunden zusammen geklaut?	☐ allein ☐ nicht allein
Hast Du seitdem wieder gestohlen?	☐ ja ☐ nein
3. Hast Du bereits einmal jemand anderen verprügelt, ohne angegriffen worden zu sein?	☐ ja ☐ nein
4. Falls Du eben bei Nr. 3 mit „ja" geantwortet hast: Wurdest Du dafür bestraft?	☐ ja ☐ nein
Was genau ist als Folge passiert?	☐ meine Eltern sind eingeschritten (bspw. Hausarrest, Taschengeld wurde gestrichen, Standpauke) ☐ Polizei kam ☐ Jugendamt wurde tätig (bspw.: es kam regelmäßig jemand, der mit meinen Eltern und mir arbeitete) ☐ ich bekam einen Vormund

Hast Du es wieder getan?	☐ ja ☐ nein
Warst Du alleine oder hast Du zusammen mit anderen die Person(en) geschlagen?	☐ allein ☐ nicht allein
Was war der Grund für Dein Zuschlagen?	☐ Wut ☐ nichts Bestimmtes ☐ die Person war frech ☐ Angst
Findest du es gut, jemanden zu schlagen?	☐ ja ☐ nein
5. Hast Du Angst davor, dass Gleichaltrige Dich schlagen, ohne dass Du sie angegriffen hast?	☐ ja ☐ nein
6. Gibt es Kinder auf Deiner Schule, die andere Kinder schlagen, ihnen drohen oder ihnen Sachen wegnehmen, um sie dauerhaft für sich zu behalten?	☐ ja ☐ nein
7. Hast Du schon einmal in der Öffentlichkeit etwas absichtlich kaputt gemacht? (bspw. den Hörer in einer Telefonzelle rausgerissen, Seitenspiegel eines Autos abgetreten, mit dem Schlüssel Lack eines Autos zerkratz etc.)	☐ ja ☐ nein
8. Falls Du eben bei Nr. 7 mit „ja" geantwortet hast: Wurdest Du dabei erwischt? Wurdest Du deshalb bestraft?	 ☐ ja ☐ nein ☐ ja ☐ nein

Was genau ist als Folge passiert?	☐ meine Eltern sind eingeschritten (bspw. Hausarrest, Taschengeld wurde gestrichen, Standpauke) ☐ Polizei kam ☐ Jugendamt wurde tätig (bspw.: es kam regelmäßig jemand, der mit meinen Eltern und mir arbeitete) ☐ ich bekam einen Vormund
Hast Du es seither wieder getan?	☐ ja ☐ nein
Hast Du es alleine getan?	☐ ja ☐ nein
Warum hast Du es getan?	☐ Langeweile ☐ Wut ☐ Mutprobe ☐ nur so
9. Hast Du schon einmal etwas in der Öffentlichkeit beschmiert (Graffities/ Tags)?	☐ ja ☐ nein

10. <u>Falls Du eben bei Nr. 9 mit „ja" geantwortet hast</u>:
 	
  Wurdest Du dabei erwischt?
 	
  Wurdest Du deshalb bestraft?
	
	☐ ja ☐ nein
	
	☐ ja ☐ nein

Was genau ist als Folge passiert?	☐ meine Eltern sind eingeschritten (bspw. Hausarrest, Taschengeld wurde gestrichen, Standpauke)
	☐ Polizei kam
	☐ Jugendamt wurde tätig (bspw.: es kam regelmäßig jemand, der mit meinen Eltern und mir arbeitete)
	☐ ich bekam einen Vormund
Hast Du es seither wieder getan?	☐ ja ☐ nein
Hast Du es alleine getan?	☐ ja ☐ nein
Warum hast Du es getan?	☐ um zu einer Gruppe dazuzugehören
	☐ weil ich es schön finde
	☐ nur so
11. Bist Du bereits einmal mit der BVG gefahren, ohne einen Fahrschein besessen zu haben?	☐ ja ☐ nein
12. Falls Du eben bei Nr. 11 mit „ja" geantwortet hast:	
Wurdest Du dabei erwischt?	☐ ja ☐ nein
Wurdest Du deshalb bestraft?	☐ ja ☐ nein
	☐ meine Eltern sind eingeschritten

Was genau ist als Folge passiert?	(bspw. Hausarrest, Taschengeld wurde gestrichen, Standpauke)
	☐ Polizei kam
	☐ Jugendamt wurde tätig (bspw.: es kam regelmäßig jemand, der mit meinen Eltern und mir arbeitete)
Hast Du es seither wieder getan?	☐ ja ☐ nein
Tust Du es regelmäßig?	☐ ja ☐ nein
Warum hast Du es getan?	☐ ich hatte kein Geld
	☐ ich habe vergessen, mit einen Fahrschein zu kaufen
	☐ ich finde die Preise zu teuer
	☐ nur so
	☐ weil das alle meine Freunde machen

B. Persönliche Angaben

Bitte verrate mir etwas über Dich.

Dabei brauchst Du, wie Du anfangs gelesen hast, keine Sorge zu haben, dass man erkennen kann, dass gerade Du diesen Bogen ausgefüllt hast, weil die folgenden Fragen viel zu allgemein sind.

1. Du bist ein	☐ Junge ☐ Mädchen
2. In welche Klasse gehst Du ?	☐ 1. ☐ 2. ☐ 3. ☐ 4. ☐ 5. ☐ 6.
3. Wie alt bist Du ?	☐ 6 ☐ 7 ☐ 8 ☐ 9 ☐ 10 ☐ 11 ☐ 12
4. Leben Deine Mutter und Dein Vater bei Dir zu Hause?	☐ ja ☐ nein
5. Machst Du in Deiner Freizeit viel Sport (Fußball, Tennis, Turnen als Beispiel) oder Unternehmungen mit Deiner Familie (Zoo oder anderes) ?	☐ ja ☐ nein
6. Hast Du oft Langeweile?	☐ ja ☐ nein
7. Hast Du viele Freunde?	☐ ja ☐ nein
8. Kennen Deine Eltern die meisten Deiner Freunde?	☐ ja ☐ nein

Vielen Dank, dass Du den Fragebogen ausgefüllt hast.

Anhang 5

Fragebogen Jugendliche

Hinweis zum Ausfüllen des Fragebogens:
Bitte wie folgt ausfüllen: ☑ ☐ ☐ ☐
Sollten Sie Ihre Angabe korrigieren wollen, verfahren Sie bitte so: ■ ☐ ☑ ☐
Bei Fragen, die nicht mit „ja" oder „nein" zu beantworten sind, ist eine <u>Mehrfachankreuzung</u> möglich.

A. Fragen zu Ihrem früheren Verhalten

1. Aufgrund welcher Taten befinden Sie sich in der Jugendstrafanstalt?	
2. Wie viele Taten haben Sie vorher begangen?	☐ 1 bis 4 ☐ 5 bis 10 ☐ über 10 ☐ weiß ich nicht mehr
3. Waren diese Taten stets gleichgelagert (= haben Sie bspw. nur Körperverletzungen	☐ ja ☐ nein

oder nur Diebstähle begangen)?	
4. Wurden Sie bei dem Großteil Ihrer Taten erwischt?	☐ ja ☐ nein
5. Wie verhielt sich Ihre Familie im Hinblick auf Ihre Straffälligkeit?	☐ verärgert ☐ besorgt ☐ gleichgültig ☐ nichts von alledem
6. Wurden Sie von Ihrer Familie für Ihre Taten bestraft?	☐ ja ☐ nein
7. Wie wurde in den Fällen, in denen Sie erwischt wurden aus staatlicher Sicht verfahren?	☐ Einstellung des Verfahrens ohne Verhandlung vor Gericht ☐ Einstellung nach Eröffnung der Hauptverhandlung vor Gericht ☐ Erteilung einer Verwarnung ☐ Aufgabe von Weisungen ☐ Anordnung einer Hilfe zur Erziehung ☐ Aufgabe von Auflagen ☐ Jugendarrest ☐ Jugendstrafe
8. Wie empfanden Sie die staatliche Reaktion?	☐ gerecht ☐ übertrieben ☐ lächerlich ☐ nichts von alledem
9. Was waren die Gründe für Ihr strafbares Verhalten?	☐ Langeweile ☐ Frust ☐ Wut auf die verletzte Person ☐ Wut aus anderen Gründen ☐ Mutprobe ☐ Gruppendynamik

	☐ andere und zwar:
10. Haben Sie die staatliche Reaktionsweisen in irgendeiner Weise davon abgehalten, Straftaten zu begehen, bzw. bestimmte Straftaten zu begehen?	☐ ja ☐ nein
11. Finden Sie Ihr strafbares Verhalten in Ordnung?	☐ ja ☐ nein
12. Hoffen Sie, dass Sie später ein Leben ohne Straftaten führen können?	☐ ja ☐ nein ☐ ist mir egal ☐ weiß nicht
13. Wie hätten Sie reagiert, wenn Sie in der Lage Ihres Opfers gewesen wären?	
14. Würden Sie härtere Strafen für die von Ihnen begangene(n) Tat(en) fordern, wenn Sie das Opfer gewesen wären? - Welche Strafen konkret?	
15. Welche Reaktionen auf Ihre Taten würden Sie von ihrer zukünftigen Begehung abhalten bzw. zumindest sehr stark beeinflussen?	

16. Hatten Sie Skrupel bei Ihren Taten?	
17. Haben Sie sich nach Ihren Taten schlecht gefühlt oder hatten Sie ein reines Gewissen?	
18. Was halten Sie von dem Strafverfolgungssystem und den staatlichen Reaktionsmöglichkeiten?	
19. Wiegen Reaktionen des Freundeskreises, der Familie oder des Staates und der Öffentlichkeit schwerer?	

B. Persönliche Angaben

Hinweis: die Angaben sind so gewählt, dass sie keine Rückschlüsse auf Ihre Person zulassen.

1. Geschlecht	☐ weiblich ☐ männlich
2. Alter	☐ 10 ☐ 20 ☐ 1 ☐ 2 ☐ 3 ☐ 4 ☐ 5 ☐ 6 ☐ 7 ☐ 8 ☐ 9 ☐ 10 Erklärung: Sollte Ihr Alter 18 betragen, dann kreuzen Sie bitte wie folgt an: 1. Zeile: ☐ 10 2. Zeile: ☐ 8
3. Ausbildung	• Schulabschluss ☐ keinen ☐ Hauptschulabschluss

	☐ mittlere Reife ☐ Abitur
	• berufliche Qualifikation
	Ausbildung
	☐ abgeschlossen ☐ noch andauernd ☐ abgebrochen
	Studium
	☐ abgeschlossen ☐ noch andauernd ☐ abgebrochen
4. Wohnsituation außerhalb der Anstalt	☐ allein lebend ☐ mit Familie lebend ☐ Wohngemeinschaft ☐ mit Partner lebend ☐ betreutes Wohnen
6. Sind Ihre Eltern geschieden oder/ und getrennt lebend?	☐ ja ☐ nein
7. Haben Sie eine gute Beziehung zu Ihren Eltern und/ oder Großeltern?	☐ ja ☐ nein
8. Haben Sie Geschwister?	☐ ja ☐ nein
Falls ja, wie viele?	Geschwisteranzahl bitte hier eintragen : _____
9. Haben Sie eine gute Beziehung zu Ihren Geschwistern?	☐ ja ☐ nein ☐ zu einigen ☐ ich habe keine Geschwister
10. Bestehen die meisten Ihrer Freundschaften schon seit langer Zeit?	☐ ja ☐ nein
11. Ist Ihr Freundeskreis ein Familien- ersatz (i.S.v. Art und Intensität der	☐ ja ☐ nein

Bindungen)?	
12. Befindet sich jemand aus Ihrem Freundeskreis im Gefängnis?	☐ ja ☐ nein ☐ ja, mehrere
13. Sind Freunde von Ihnen bereits strafrechtlich in Erscheinung getreten?	☐ ja ☐ nein
14. Haben Sie einen Berufswunsch?	☐ ja ☐ nein
15. Haben Sie konkrete Vorstellungen für Ihre Zukunft?	☐ ja ☐ nein
16. Sind Sie mit Ihrer finanziellen Situation im Großen und Ganzen und unter realistischer Betrachtung zufrieden?	☐ ja ☐ nein
17. Haben Sie Alkohol- und/ oder Drogenprobleme (gehabt)?	☐ ja ☐ nein
18. Gibt es richtiggehende Rangordnungen in Ihrem Freundeskreis?	☐ ja ☐ nein
19. Gab/ gibt es in Ihrer Familie körperliche Züchtigungen?	☐ ja ☐ nein

C. Offene Fragen

1.Möchten Sie in Ihrem Leben Veränderungen vornehmen und falls ja, welche?	
2. Wie finden Sie sich zur Zeit mit Ihrem Leben zurecht?	
3. Bereuen Sie grundlegende Entscheidungen aus Ihrer Vergangenheit?	
4. Wie und mit wem identifizieren Sie sich ?	
5. Haben Sie Vorbilder?	
6. Sind Sie stolz auf das, was Sie bisher erreicht haben? - Auf was im Speziellen?	
7. Haben Sie nach eigener Einschätzung ein starkes Selbstbewusstsein oder probieren Sie durch Ihr Verhalten gegenüber anderen Ihre Unsicherheit zu überspielen?	
8. Auf welche Ihrer Eigenschaften sind Sie besonders stolz?	
9. Welche Charaktereigenschaften schätzen Sie an anderen?	
10. Halten Sie sich für minderwertig?	
11. Jeder ist seines eigenes Glückes Schmied. - Stimmen Sie dieser Aussage zu? - Warum ja/ nein?	
12. Warum denken Sie, wurden Sie kriminell und andere nicht?	

Vielen Dank für Ihre Mitarbeit.

Anhang 6: Ausgewählte Gesetzestexte

§ 6 des Gesetzes über die allgemeine Freizügigkeit von Unionsbürgern (Freizügigkeitsgesetz/ EU, FreizügG/ EU): Verlustes des Rechts auf Einreise und Aufenthalt
(in der Fassung vom 19.08.2007)

(1) Der Verlust des Rechts nach § 2 Abs. 1 kann unbeschadet des § 5 Abs. 5 nur aus Gründen der öffentlichen Ordnung, Sicherheit oder Gesundheit (Artikel 39 Abs. 3, Artikel 46 Abs. 1 des Vertrages über die Europäische Gemeinschaft) festgestellt und die Bescheinigung über das gemeinschaftsrechtliche Aufenthaltsrecht oder über den Daueraufenthalt eingezogen und die Aufenthaltskarte oder Daueraufenthaltskarte widerrufen werden. Aus den in Satz 1 genannten Gründen kann auch die Einreise verweigert werden. Die Feststellung aus Gründen der öffentlichen Gesundheit kann nur erfolgen, wenn die Krankheit innerhalb der ersten drei Monate nach Einreise auftritt.

(2) Die Tatsache einer strafrechtlichen Verurteilung genügt für sich allein nicht, um die in Absatz 1 genannten Entscheidungen oder Maßnahmen zu begründen. Es dürfen nur im Bundeszentralregister noch nicht getilgte strafrechtliche Verurteilungen und diese nur insoweit berücksichtigt werden, als die ihnen zu Grunde liegenden Umstände ein persönliches Verhalten erkennen lassen, das eine gegenwärtige Gefährdung der öffentlichen Ordnung darstellt. Es muss eine tatsächliche und hinreichend schwere Gefährdung vorliegen, die ein Grundinteresse der Gesellschaft berührt.

(3) Bei der Entscheidung nach Absatz 1 sind insbesondere die Dauer des Aufenthalts des Betroffenen in Deutschland, sein Alter, sein Gesundheitszustand, seine familiäre und wirtschaftliche Lage, seine soziale und kulturelle Integration in Deutschland und das Ausmaß seiner Bindungen zum Herkunftsstaat zu berücksichtigen.

(4) Eine Feststellung nach Absatz 1 darf nach Erwerb des Daueraufenthaltsrechts nur aus schwerwiegenden Gründen getroffen werden.

(5) Eine Feststellung nach Absatz 1 darf bei Unionsbürgern und ihren Familienangehörigen, die ihren Aufenthalt in den letzten zehn Jahren im Bundesgebiet hatten, und bei Minderjährigen nur aus zwingenden Gründen der öffentlichen Sicherheit getroffen werden. Für Minderjährige gilt dies nicht, wenn der Verlust des Aufenthaltsrechts zum Wohl des Kindes notwendig ist. Zwingende Gründe der öffentlichen Sicherheit können nur dann vorliegen, wenn der Betroffene wegen einer oder mehrerer vorsätzlicher Straftaten rechtskräftig zu einer Freiheits- oder Jugendstrafe von mindestens fünf Jahren verurteilt oder bei der letzten rechtskräftigen Verurteilung Sicherungsverwahrung angeordnet wurde, wenn die Sicherheit der Bundesrepublik Deutschland betroffen ist oder wenn vom Betroffenen eine terroristische Gefahr ausgeht.

(6) Die Entscheidungen oder Maßnahmen, die den Verlust des Aufenthaltsrechts oder des Daueraufenthaltsrechts betreffen, dürfen nicht zu wirtschaftlichen Zwecken getroffen werden.

(7) Wird der Pass, Personalausweis oder sonstige Passersatz ungültig, so kann dies die Aufenthaltsbeendigung nicht begründen.

(8) Vor der Feststellung nach Absatz 1 soll der Betroffene angehört werden. Die Feststellung bedarf der Schriftform.

**§ 7 des Gesetzes über die allgemeine Freizügigkeit von Unionsbürgern
(Freizügigkeitsgesetz/ EU, FreizügG/ EU):
Ausreisepflicht
(in der Fassung vom 19.08.2007)**

(1) Unionsbürger sind ausreisepflichtig, wenn die Ausländerbehörde festgestellt hat, dass das Recht auf Einreise und Aufenthalt nicht besteht. Familienangehörige, die nicht Unionsbürger sind, sind ausreisepflichtig, wenn die Ausländerbehörde die Aufenthaltskarte oder Daueraufenthaltskarte widerrufen oder zurückgenommen hat. In dem Bescheid soll die Abschiebung angedroht und eine Ausreisefrist gesetzt werden. Außer in dringenden Fällen muss die Frist mindestens einen Monat betragen. Wird ein Antrag nach § 80 Abs. 5 der Verwaltungsgerichtsordnung gestellt, darf die Abschiebung nicht erfolgen, bevor über den Antrag entschieden wurde.

(2) Unionsbürger und ihre Familienangehörigen, die ihr Freizügigkeitsrecht nach § 6 Abs. 1 verloren haben, dürfen nicht erneut in das Bundesgebiet einreisen und sich darin aufhalten. Das Verbot nach Satz 1 wird auf Antrag befristet. Die Frist beginnt mit der Ausreise. Ein nach angemessener Frist oder nach drei Jahren gestellter Antrag auf Aufhebung ist innerhalb von sechs Monaten zu bescheiden.

**Art. 39 des Vertrages zur Gründung der Europäischen Gemeinschaft
(EG-Vertrag, EGV)**
(in der konsolidierten Fassung des Vertrages zur Gründung der
Europäischen Gemeinschaft, gültig bis 30.11.2009)

(1) Innerhalb der Gemeinschaft ist die Freizügigkeit der Arbeitnehmer gewährleistet.

(2) Sie umfaßt die Abschaffung jeder auf der Staatsangehörigkeit beruhenden unterschiedlichen Behandlung der Arbeitnehmer der Mitgliedstaaten in bezug auf Beschäftigung, Entlohnung und sonstige Arbeitsbedingungen.

(3) Sie gibt – vorbehaltlich der aus Gründen der öffentlichen Ordnung, Sicherheit und Gesundheit gerechtfertigten Beschränkungen – den Arbeitnehmern das Recht,

a) sich um tatsächlich angebotene Stellen zu bewerben;

b) sich zu diesem Zweck im Hoheitsgebiet der Mitgliedstaaten frei zu bewegen;

c) sich in einem Mitgliedstaat aufzuhalten, um dort nach den für die Arbeitnehmer dieses Staates geltenden Rechts- und Verwaltungsvorschriften eine Beschäftigung auszuüben;

d) nach Beendigung einer Beschäftigung im Hoheitsgebiet eines Mitgliedstaats unter Bedingungen zu verbleiben, welche die Kommission in Durchführungsverordnungen festlegt.

(4) Dieser Artikel findet keine Anwendung auf die Beschäftigung in der öffentlichen Verwaltung.

Art. 46 des Vertrages zur Gründung der Europäischen Gemeinschaft
(EG-Vertrag, EGV)
(in der konsolidierten Fassung des Vertrages zur Gründung der
Europäischen Gemeinschaft, gültig bis 30.11.2009)

(1) Dieses Kapitel und die aufgrund desselben getroffenen Maßnahmen beeinträchtigen nicht die Anwendbarkeit der Rechts- und Verwaltungsvorschriften, die eine Sonderregelung für Ausländer vorsehen und aus Gründen der öffentlichen Ordnung, Sicherheit oder Gesundheit gerechtfertigt sind.

(2) Der Rat erläßt gemäß dem Verfahren des Artikels 251 Richtlinien für die Koordinierung der genannten Vorschriften.

Art. 45 des Vertrages über die Arbeitsweise der
Europäischen Union (AEUV)
(in der konsolidierten Fassung Vertrages über die Arbeitsweise der
Europäischen Union vom 30.03.2010)

(1) Innerhalb der Union ist die Freizügigkeit der Arbeitnehmer gewährleistet.

(2) Sie umfasst die Abschaffung jeder auf der Staatsangehörigkeit beruhenden unterschiedlichen Behandlung der Arbeitnehmer der Mitgliedstaaten in Bezug auf Beschäftigung, Entlohnung und sonstige Arbeitsbedingungen.

(3) Sie gibt – vorbehaltlich der aus Gründen der öffentlichen Ordnung, Sicherheit und Gesundheit gerechtfertigten Beschränkungen — den Arbeitnehmern das Recht,

a) sich um tatsächlich angebotene Stellen zu bewerben;

b) sich zu diesem Zweck im Hoheitsgebiet der Mitgliedstaaten frei zu bewegen;

c) sich in einem Mitgliedstaat aufzuhalten, um dort nach den für die Arbeitnehmer dieses Staates geltenden Rechts- und Verwaltungsvorschriften eine Beschäftigung auszuüben;

d) nach Beendigung einer Beschäftigung im Hoheitsgebiet eines Mitgliedstaats unter Bedingungen zu verbleiben, welche die Kommission durch Verordnungen festlegt.

(4) Dieser Artikel findet keine Anwendung auf die Beschäftigung in der öffentlichen Verwaltung.

Art. 52 des Vertrages über die Arbeitsweise der
Europäischen Union (AEUV)
(in der konsolidierten Fassung Vertrages über die Arbeitsweise der
Europäischen Union vom 30.03.2010)

(1) Dieses Kapitel und die aufgrund desselben getroffenen Maßnahmen beeinträchtigen nicht die Anwendbarkeit der Rechts- und Verwaltungsvorschriften, die eine Sonderregelung für Ausländer vorsehen und aus Gründen der öffentlichen Ordnung, Sicherheit oder Gesundheit gerechtfertigt sind.

(2) Das Europäische Parlament und der Rat erlassen gemäß dem ordentlichen Gesetzgebungsverfahren Richtlinien für die Koordinierung der genannten Vorschriften.

**Artikel 6 des Beschlusses 1/80 des Assoziationsrats EWG-Türkei über die
Entwicklung der Assoziation**
(Beschluss Nr. 1/ 80)

(1) Vorbehaltlich der Bestimmungen in Artikel 7 über den freien Zugang der Familienangehörigen zur Beschäftigung hat der türkische Arbeitnehmer, der dem regulären Arbeitsmarkt eines Mitgliedstaats angehört, in diesem Mitgliedstaat

- nach einem Jahr ordnungsgemäßer Beschäftigung Anspruch auf Erneuerung seiner Arbeitserlaubnis bei dem gleichen Arbeitgeber, wenn er über einen Arbeitsplatz verfügt;
- nach drei Jahren ordnungsgemäßer Beschäftigung – vorbehaltlich des den Arbeitnehmern aus den Mitgliedstaaten der Gemeinschaft einzuräumenden Vorrangs – das Recht, sich für den gleichen Beruf bei einem Arbeitgeber seiner Wahl auf ein unter normalen Bedingungen unterbreitetes und bei den Arbeitsämtern dieses Mitgliedstaats eingetragenes anderes Stellenangebot zu bewerben;
- nach vier Jahren ordnungsgemäßer Beschäftigung freien Zugang zu jeder von ihm gewählten Beschäftigung im Lohn- oder Gehaltsverhältnis.

(2) Der Jahresurlaub und die Abwesenheit wegen Mutterschaft, Arbeitsunfall oder kurzer Krankheit werden den Zeiten ordnungsgemäßer Beschäftigung gleichgestellt. Die Zeiten unverschuldeter Arbeitslosigkeit, die von den zuständigen Behörden ordnungsgemäß festgestellt worden sind, sowie die Abwesenheit wegen langer Krankheit werden zwar nicht den Zeiten ordnungsgemäßer Beschäftigung gleichgestellt, berühren jedoch nicht die aufgrund der vorherigen Beschäftigungszeit erworbenen Ansprüche.

(3) Die Einzelheiten der Durchführung der Absätze 1 und 2 werden durch einzelstaatliche Vorschriften festgelegt.

**Artikel 7 des Beschlusses 1/80 des Assoziationsrats EWG-Türkei über die
Entwicklung der Assoziation**
(Beschluss Nr. 1/ 80)

Die Familienangehörigen eines dem regulären Arbeitsmarkt eines Mitgliedstaats angehörenden türkischen Arbeitnehmers, die die Genehmigung erhalten haben, zu ihm zu ziehen,

- haben vorbehaltlich des den Arbeitnehmern aus den Mitgliedstaaten der Gemeinschaft einzuräumenden Vorrangs das Recht, sich auf jedes Stellenangebot zu bewerben, wenn sie dort seit mindestens drei Jahren ihren ordnungsgemäßen Wohnsitz haben
- haben freien Zugang zu jeder von ihnen gewählten Beschäftigung im Lohn- oder Gehaltsverhältnis, wenn sie dort seit mindestens fünf Jahren ihren ordnungsgemäßen Wohnsitz haben.

Die Kinder türkischer Arbeitnehmer, die im Aufnahmeland eine Berufsausbildung abgeschlossen haben, können sich unabhängig von der Dauer ihres Aufenthalts in dem betreffenden Mitgliedstaat dort auf jedes Stellengebot bewerben, sofern ein Elternteil in dem betreffenden Mitgliedstaat seit mindestens drei Jahren ordnungsgemäß beschäftigt war.

Artikel 14 des Beschlusses 1/80 des Assoziationsrats EWG-Türkei über die Entwicklung der Assoziation
(Beschluss Nr. 1/ 80)

(1) Dieser Abschnitt gilt vorbehaltlich der Beschränkungen, die aus Gründen der öffentlichen Ordnung, Sicherheit und Gesundheit gerechtfertigt sind.

(2) Er berührt nicht die Rechte und Pflichten, die sich aus den einzelstaatlichen Rechtsvorschriften oder zweiseitigen Abkommen zwischen der Türkei und den Mitgliedstaaten der Gemeinschaft ergeben, soweit sie für ihre Staatsangehörigen keine günstigere Regelung vorsehen.

§ 8 Ausländergesetz (AuslG): Besondere Versagungsgründe
(außer Kraft getreten)

(1) Die Aufenthaltsgenehmigung wird auch bei Vorliegen der Voraussetzungen eines Anspruches nach diesem Gesetz versagt, wenn

1. der Ausländer ohne erforderliches Visum eingereist ist,

2. er mit einem Visum eingereist ist, das auf Grund seiner Angaben im Visumsantrag ohne erforderliche Zustimmung der Ausländerbehörde erteilt worden ist,

3. er keinen erforderlichen Paß besitzt,

4. die Identität oder Staatsangehörigkeit des Ausländers ungeklärt ist und er keine Berechtigung zur Rückkehr in einen anderen Staat besitzt,

5. er die freiheitliche demokratische Grundordnung oder die Sicherheit der Bundesrepublik Deutschland gefährdet oder sich bei der Verfolgung politischer Ziele an Gewalttätigkeiten beteiligt oder öffentlich zu Gewaltanwendung aufruft oder mit Gewaltanwendung droht oder wenn Tatsachen belegen, dass er einer Vereinigung angehört, die den internationalen Terrorismus unterstützt, oder er eine derartige Vereinigung unterstützt.

(2) Ein Ausländer, der ausgewiesen oder abgeschoben worden ist, darf nicht erneut ins Bundesgebiet einreisen und sich darin aufhalten. Ihm wird auch bei Vorliegen der Voraussetzungen eines Anspruches nach diesem Gesetz keine Aufenthaltsgenehmigung erteilt. Die in den Sätzen 1 und 2 bezeichneten Wirkungen werden auf Antrag in der Regel befristet. Die Frist beginnt mit der Ausreise.

§ 21 Ausländergesetz (AuslG): Aufenthaltsrecht der Kinder
(außer Kraft getreten)

(1) Einem Kind, das im Bundesgebiet geboren wird, ist von Amts wegen eine Aufenthaltserlaubnis zu erteilen, wenn die Mutter eine Aufenthaltserlaubnis oder Aufenthaltsberechtigung besitzt. Die Aufenthaltserlaubnis ist nach Maßgabe des § 17 zu verlängern, solange die Mutter oder der allein personensorgeberechtigte Vater eine Aufenthaltserlaubnis oder Aufenthaltsberechtigung besitzt. Sie wird abweichend von § 17 Abs. 2 Nr. 2 und 3 verlängert.

(2) Auf die Verlängerung der einem Kind erteilten Aufenthaltserlaubnis findet, soweit die Voraussetzungen des Absatzes 1 und der §§ 17 und 20 nicht vorliegen, § 16 entsprechende Anwendung.

(3) Die einem Kind erteilte Aufenthaltserlaubnis wird zu einem eigenständigen, von dem in § 17 Abs. 1 bezeichneten Aufenthaltszweck unabhängigen Aufenthaltsrecht, wenn sie unbefristet oder in entsprechender Anwendung des § 16 verlängert wird oder wenn das Kind volljährig wird.

(4) Die Aufenthaltserlaubnis kann befristet verlängert werden, solange die Voraussetzungen für die unbefristete Verlängerung noch nicht vorliegen.

§ 47 Ausländergesetz (AuslG): Ausweisung wegen besonderer Gefährlichkeit
(außer Kraft getreten)

(1) Ein Ausländer wird ausgewiesen, wenn er

1. wegen einer oder mehrerer vorsätzlicher Straftaten rechtskräftig zu einer Freiheits- oder Jugendstrafe von mindestens drei Jahren verurteilt worden ist oder wegen vorsätzlicher Straftaten innerhalb von fünf Jahren zu mehreren Freiheits- oder Jugendstrafen von zusammen mindestens drei Jahren rechtskräftig verurteilt oder bei der letzten rechtskräftigen Verurteilung Sicherungsverwahrung angeordnet worden ist oder

2. wegen einer vorsätzlichen Straftat nach dem Betäubungsmittelgesetz, wegen Landfriedensbruches unter den in § 125a Satz 2 des Strafgesetzbuches genannten Voraussetzungen oder wegen eines im Rahmen einer verbotenen öffentlichen Versammlung oder eines verbotenen Aufzugs begangenen Landfriedensbruches gemäß § 125 des Strafgesetzbuches rechtskräftig zu einer Jugendstrafe von mindestens zwei Jahren oder zu einer Freiheitsstrafe verurteilt und die Vollstreckung der Strafe nicht zur Bewährung ausgesetzt worden ist.

(2) Ein Ausländer wird in der Regel ausgewiesen, wenn er

1. wegen einer oder mehrerer vorsätzlicher Straftaten rechtskräftig zu einer Jugendstrafe von mindestens zwei Jahren oder zu einer Freiheitsstrafe verurteilt und die Vollstreckung der Strafe nicht zur Bewährung ausgesetzt worden ist,

2. den Vorschriften des Betäubungsmittelgesetzes zuwider ohne Erlaubnis Betäubungsmittel anbaut, herstellt, einführt, durchführt oder ausführt, veräußert, an einen anderen abgibt oder in sonstiger Weise in Verkehr bringt oder mit ihnen handelt oder wenn er zu einer solchen Handlung anstiftet oder Beihilfe leistet,

3. sich im Rahmen einer verbotenen oder aufgelösten öffentlichen Versammlung oder eines verbotenen oder aufgelösten Aufzugs an Gewalttätigkeiten gegen Menschen oder Sachen, die aus einer Menschenmenge in einer die öffentliche Sicherheit gefährdenden Weise mit vereinten Kräften begangen werden, als Täter oder Teilnehmer beteiligt,

4. wegen des Vorliegens der Voraussetzungen eines Versagungsgrundes gemäß § 8 Abs. 1 Nr. 5 keine Aufenthaltsgenehmigung erhalten dürfte oder 5. in einer Befragung, die der Klärung von Bedenken gegen die Einreise oder den weiteren Aufenthalt dient, der deutschen Auslandsvertretung oder der Ausländerbehörde gegen-

über frühere Aufenthalte in Deutschland oder anderen Staaten verheimlicht oder in wesentlichen Punkten falsche oder unvollständige Angaben über Verbindungen zu Personen oder Organisationen macht, die der Unterstützung des internationalen Terrorismus verdächtig sind. Die Ausweisung auf dieser Grundlage ist nur zulässig, wenn der Ausländer vor der Befragung ausdrücklich auf den sicherheitsrechtlichen Zweck der Befragung und die Rechtsfolgen falscher oder unrichtiger Angaben hingewiesen wurde.

(3) Ein Ausländer, der nach § 48 Abs. 1 erhöhten Ausweisungsschutz genießt, wird in den Fällen des Absatzes 1 in der Regel ausgewiesen. In den Fällen des Absatzes 2 wird über seine Ausweisung nach Ermessen entschieden. Über die Ausweisung eines heranwachsenden Ausländers, der im Bundesgebiet aufgewachsen ist und eine unbefristete Aufenthaltserlaubnis oder eine Aufenthaltsberechtigung besitzt, wird in den Fällen der Absätze 1 und 2 nach Ermessen entscheiden. Auf minderjährige Ausländer finden Absatz 1 und Absatz 2 Nr. 1 keine Anwendung.

§ 48 Ausländergesetz (AuslG): Besonderer Ausweisungsschutz
(außer Kraft getreten)

(1) Ein Ausländer, der

1. eine Aufenthaltsberechtigung besitzt,

2. eine unbefristete Aufenthaltserlaubnis besitzt und im Bundesgebiet geboren oder als Minderjähriger in das Bundesgebiet eingereist ist,

3. eine unbefristete Aufenthaltserlaubnis besitzt und mit einem der in Nummern 1 und 2 bezeichneten Ausländer in ehelicher oder lebenspartnerschaftlicher Lebensgemeinschaft lebt,

4. mit einem deutschen Familienangehörigen in familiärer Lebensgemeinschaft lebt,

5. als Asylberechtigter anerkannt ist, im Bundesgebiet die Rechtsstellung eines ausländischen Flüchtlings genießt oder einen von einer Behörde der Bundesrepublik Deutschland ausgestellten Reiseausweis nach dem Abkommen über die Rechtsstellung für Flüchtlinge vom 28. Juli 1951 (BGBl. 1953 II S. 559) besitzt,

6. eine nach § 32a erteilte Aufenthaltsbefugnis besitzt,

kann nur aus schwerwiegenden Gründen der öffentlichen Sicherheit und Ordnung ausgewiesen werden. Schwerwiegende Gründe der öffentlichen Sicherheit und Ordnung liegen in der Regel in den Fällen des § 47 Abs. 1 vor.

(2) Ein minderjähriger Ausländer, dessen Eltern oder dessen allein personensorgeberechtigter Elternteil sich rechtmäßig im Bundesgebiet aufhalten, wird nicht ausgewiesen, es sei denn, er ist wegen serienmäßiger Begehung nicht unerheblicher vorsätzlicher Straftaten, wegen schwerer Straftaten oder einer besonders schweren Straftat rechtskräftig verurteilt worden. Ein Heranwachsender, der im Bundesgebiet aufgewachsen ist und mit seinen Eltern in häuslicher Gemeinschaft lebt, wird nur nach Maßgabe des § 47 Abs. 1 und 2 Nr. 1 und Abs. 3 ausgewiesen.

(3) Ein Ausländer, der einen Asylantrag gestellt hat, kann nur unter der Bedingung ausgewiesen werden, daß das Asylverfahren unanfechtbar ohne Anerkennung als Asylberechtigter abgeschlossen wird. Von der Bedingung wird abgesehen, wenn

1. ein Sachverhalt vorliegt, der nach Absatz 1 eine Ausweisung rechtfertigt, oder

2. eine nach den Vorschriften des Asylverfahrensgesetzes erlassene Abschiebungsandrohung vollziehbar geworden ist.

3. Durchsetzung der Ausreisepflicht

§ 11 des Gesetzes über den Aufenthalt, die Erwerbstätigkeit und die Integration von Ausländern im Bundesgebiet (Aufenthaltsgesetz – AufenthG): Einreise- und Aufenthaltsverbot
(in der Fassung vom 25.02.2008)

(1) Ein Ausländer, der ausgewiesen, zurückgeschoben oder abgeschoben worden ist, darf nicht erneut in das Bundesgebiet einreisen und sich darin aufhalten. Ihm wird auch bei Vorliegen der Voraussetzungen eines Anspruchs nach diesem Gesetz kein Aufenthaltstitel erteilt. Die in den Sätzen 1 und 2 bezeichneten Wirkungen werden auf Antrag in der Regel befristet. Die Frist beginnt mit der Ausreise. Eine Befristung erfolgt nicht, wenn ein Ausländer wegen eines Verbrechens gegen den Frieden, eines Kriegsverbrechens oder eines Verbrechens gegen die Menschlichkeit oder auf Grund einer Abschiebungsanordnung nach § 58a aus dem Bundesgebiet abgeschoben wurde. Die oberste Landesbehörde kann im Einzelfall Ausnahmen von Satz 5 zulassen.

(2) Vor Ablauf der nach Absatz 1 Satz 3 festgelegten Frist kann außer in den Fällen des Absatzes 1 Satz 5 dem Ausländer ausnahmsweise erlaubt werden, das Bundesgebiet kurzfristig zu betreten, wenn zwingende Gründe seine Anwesenheit erfordern oder die Versagung der Erlaubnis eine unbillige Härte bedeuten würde. Im Falle des Absatzes 1 Satz 5 gilt Absatz 1 Satz 6 entsprechend.

§ 34 des Gesetzes über den Aufenthalt, die Erwerbstätigkeit und die Integration von Ausländern im Bundesgebiet (Aufenthaltsgesetz – AufenthG): Aufenthaltsrecht der Kinder
(in der Fassung vom 25.02.2008)

(1) Die einem Kind erteilte Aufenthaltserlaubnis ist abweichend von § 5 Abs. 1 Nr. 1 und § 29 Abs. 1 Nr. 2 zu verlängern, solange ein personensorgeberechtigter Elternteil eine Aufenthaltserlaubnis, Niederlassungserlaubnis oder eine Erlaubnis zum Daueraufenthalt-EG besitzt und das Kind mit ihm in familiärer Lebensgemeinschaft lebt oder das Kind im Falle seiner Ausreise ein Wiederkehrrecht gemäß § 37 hätte.

(2) Mit Eintritt der Volljährigkeit wird die einem Kind erteilte Aufenthaltserlaubnis zu einem eigenständigen, vom Familiennachzug unabhängigen Aufenthaltsrecht. Das Gleiche gilt bei Erteilung einer Niederlassungserlaubnis und der Erlaubnis zum Daueraufenthalt-EG oder wenn die Aufenthaltserlaubnis in entsprechender Anwendung des § 37 verlängert wird.

(3) Die Aufenthaltserlaubnis kann verlängert werden, solange die Voraussetzungen für die Erteilung der Niederlassungserlaubnis und der Erlaubnis zum Daueraufenthalt-EG noch nicht vorliegen.

§ 53 des Gesetzes über den Aufenthalt, die Erwerbstätigkeit und die Integration von Ausländern im Bundesgebiet (Aufenthaltsgesetz – AufenthG):
Zwingende Ausweisung
(in der Fassung vom 25.02.2008)

Ein Ausländer wird ausgewiesen, wenn er

1. wegen einer oder mehrerer vorsätzlicher Straftaten rechtskräftig zu einer Freiheits- oder Jugendstrafe von mindestens drei Jahren verurteilt worden ist oder wegen vorsätzlicher Straftaten innerhalb von fünf Jahren zu mehreren Freiheits- oder Jugendstrafen von zusammen mindestens drei Jahren rechtskräftig verurteilt oder bei der letzten rechtskräftigen Verurteilung Sicherungsverwahrung angeordnet worden ist,

2. wegen einer vorsätzlichen Straftat nach dem Betäubungsmittelgesetz, wegen Landfriedensbruches unter den in § 125a Satz 2 des Strafgesetzbuches genannten Voraussetzungen oder wegen eines im Rahmen einer verbotenen öffentlichen Versammlung oder eines verbotenen Aufzugs begangenen Landfriedensbruches gemäß § 125 des Strafgesetzbuches rechtskräftig zu einer Jugendstrafe von mindestens zwei Jahren oder zu einer Freiheitsstrafe verurteilt und die Vollstreckung der Strafe nicht zur Bewährung ausgesetzt worden ist oder

3. wegen Einschleusens von Ausländern gemäß § 96 oder § 97 rechtskräftig zu einer Freiheitsstrafe verurteilt und die Vollstreckung der Strafe nicht zur Bewährung ausgesetzt worden ist.

§ 54 des Gesetzes über den Aufenthalt, die Erwerbstätigkeit und die Integration von Ausländern im Bundesgebiet (Aufenthaltsgesetz – AufenthG):
Ausweisung im Regelfall
(in der Fassung vom 30.07.2009)

Ein Ausländer wird in der Regel ausgewiesen, wenn

1. er wegen einer oder mehrerer vorsätzlicher Straftaten rechtskräftig zu einer Jugendstrafe von mindestens zwei Jahren oder zu einer Freiheitsstrafe verurteilt und die Vollstreckung der Strafe nicht zur Bewährung ausgesetzt worden ist,

2. er wegen Einschleusens von Ausländern gemäß § 96 oder § 97 rechtskräftig verurteilt ist,

3. er den Vorschriften des Betäubungsmittelgesetzes zuwider ohne Erlaubnis Betäubungsmittel anbaut, herstellt, einführt, durchführt oder ausführt, veräußert, an einen anderen abgibt oder in sonstiger Weise in Verkehr bringt oder mit ihnen handelt oder wenn er zu einer solchen Handlung anstiftet oder Beihilfe leistet,

4. er sich im Rahmen einer verbotenen oder aufgelösten öffentlichen Versammlung oder eines verbotenen oder aufgelösten Aufzugs an Gewalttätigkeiten gegen Menschen oder Sachen, die aus einer Menschenmenge in einer die öffentliche Sicherheit gefährdenden Weise mit vereinten Kräften begangen werden, als Täter oder Teilnehmer beteiligt,

5. Tatsachen die Schlussfolgerung rechtfertigen, dass er einer Vereinigung angehört oder angehört hat, die den Terrorismus unterstützt, oder er eine derartige Vereinigung unterstützt oder unterstützt hat; auf zurückliegende Mitgliedschaften oder Unterstützungshandlungen kann die Ausweisung nur gestützt werden, soweit diese eine gegenwärtige Gefährlichkeit begründen,

5a. er die freiheitliche demokratische Grundordnung oder die Sicherheit der Bundesrepublik Deutschland gefährdet oder sich bei der Verfolgung politischer Ziele an Gewalttätigkeiten beteiligt oder öffentlich zur Gewaltanwendung aufruft oder mit Gewaltanwendung droht,

5b. Tatsachen die Schlussfolgerung rechtfertigen, dass er eine in § 89a Abs. 1 des Strafgesetzbuchs bezeichnete schwere staatsgefährdende Gewalttat gemäß § 89a Abs. 2 des Strafgesetzbuchs vorbereitet oder vorbereitet hat; auf zurückliegende Vorbereitungshandlungen kann die Ausweisung nur gestützt werden, soweit diese eine besondere und gegenwärtige Gefährlichkeit begründen,

6. er in einer Befragung, die der Klärung von Bedenken gegen die Einreise oder den weiteren Aufenthalt dient, der deutschen Auslandsvertretung oder der Ausländerbehörde gegenüber frühere Aufenthalte in Deutschland oder anderen Staaten verheimlicht oder in wesentlichen Punkten falsche oder unvollständige Angaben über Verbindungen zu Personen oder Organisationen macht, die der Unterstützung des Terrorismus verdächtig sind; die Ausweisung auf dieser Grundlage ist nur zulässig, wenn der Ausländer vor der Befragung ausdrücklich auf den sicherheitsrechtlichen Zweck der Befragung und die Rechtsfolgen falscher oder unvollständiger Angaben hingewiesen wurde; oder

7. er zu den Leitern eines Vereins gehörte, der unanfechtbar verboten wurde, weil seine Zwecke oder seine Tätigkeit den Strafgesetzen zuwiderlaufen oder er sich gegen die verfassungsmäßige Ordnung oder den Gedanken der Völkerverständigung richtet.

§ 54 a des Gesetzes über den Aufenthalt, die Erwerbstätigkeit und die Integration von Ausländern im Bundesgebiet (Aufenthaltsgesetz – AufenthG):
Überwachung ausgewiesener Ausländer aus Gründen der inneren Sicherheit
(in der Fassung vom 30.07.2009)

(1) Ein Ausländer, gegen den eine vollziehbare Ausweisungsverfügung nach § 54 Nr. 5, 5a oder Nr. 5b oder eine vollziehbare Abschiebungsanordnung nach § 58a besteht, unterliegt der Verpflichtung, sich mindestens einmal wöchentlich bei der für seinen Aufenthaltsort zuständigen polizeilichen Dienststelle zu melden, soweit die Ausländerbehörde nichts anderes bestimmt. Ist ein Ausländer auf Grund anderer als der in Satz 1 genannten Ausweisungsgründe vollziehbar ausreisepflichtig, kann eine Satz 1 entsprechende Meldepflicht angeordnet werden, wenn dies zur Abwehr einer Gefahr für die öffentliche Sicherheit und Ordnung erforderlich ist.

(2) Sein Aufenthalt ist auf den Bezirk der Ausländerbehörde beschränkt, soweit die Ausländerbehörde keine abweichenden Festlegungen trifft.

(3) Er kann verpflichtet werden, in einem anderen Wohnort oder in bestimmten Unterkünften auch außerhalb des Bezirks der Ausländerbehörde zu wohnen, wenn dies geboten erscheint, um die Fortführung von Bestrebungen, die zur Ausweisung geführt haben, zu erschweren oder zu unterbinden und die Einhaltung vereinsrechtlicher oder sonstiger gesetzlicher Auflagen und Verpflichtungen besser überwachen zu können.

(4) Um die Fortführung von Bestrebungen, die zur Ausweisung geführt haben, zu erschweren oder zu unterbinden, kann der Ausländer auch verpflichtet werden, bestimmte Kommunikationsmittel oder -dienste nicht zu nutzen, soweit ihm Kommunikationsmittel verbleiben und die Beschränkung notwendig ist, um schwere Gefahren für die innere Sicherheit oder für Leib und Leben Dritter abzuwehren.

(5) Die Verpflichtungen nach den Absätzen 1 bis 4 ruhen, wenn sich der Ausländer in Haft befindet. Eine Anordnung nach den Absätzen 3 und 4 ist sofort vollziehbar.

§ 55 des Gesetzes über den Aufenthalt, die Erwerbstätigkeit und die Integration von Ausländern im Bundesgebiet (Aufenthaltsgesetz – AufenthG): Ermessensausweisung (in der Fassung vom 20.12.2008)

(1) Ein Ausländer kann ausgewiesen werden, wenn sein Aufenthalt die öffentliche Sicherheit und Ordnung oder sonstige erhebliche Interessen der Bundesrepublik Deutschland beeinträchtigt.

(2) Ein Ausländer kann nach Absatz 1 insbesondere ausgewiesen werden, wenn er

1. in einem Verwaltungsverfahren, das von Behörden eines Anwenderstaates des Schengener Durchführungsübereinkommens durchgeführt wurde, im In- oder Ausland

a) falsche oder unvollständige Angaben zur Erlangung eines deutschen Aufenthaltstitels, eines Schengen-Visums, eines Passersatzes, der Zulassung einer Ausnahme von der Passpflicht oder der Aussetzung der Abschiebung gemacht hat oder

b) trotz bestehender Rechtspflicht nicht an Maßnahmen der für die Durchführung dieses Gesetzes oder des Schengener Durchführungsübereinkommens zuständigen Behörden mitgewirkt hat,

soweit der Ausländer zuvor auf die Rechtsfolgen solcher Handlungen hingewiesen wurde,

1a. gegenüber einem Arbeitgeber falsche oder unvollständige Angaben bei Abschluss eines Arbeitsvertrages gemacht und dadurch eine Niederlassungserlaubnis nach § 19 Abs. 2 Nr. 3 erhalten hat,

2. einen nicht nur vereinzelten oder geringfügigen Verstoß gegen Rechtsvorschriften oder gerichtliche oder behördliche Entscheidungen oder Verfügungen begangen oder außerhalb des Bundesgebiets eine Straftat begangen hat, die im Bundesgebiet als vorsätzliche Straftat anzusehen ist,

3. gegen eine für die Ausübung der Gewerbsunzucht geltende Rechtsvorschrift oder behördliche Verfügung verstößt,

4. Heroin, Cocain oder ein vergleichbar gefährliches Betäubungsmittel verbraucht und nicht zu einer erforderlichen seiner Rehabilitation dienenden Behandlung bereit ist oder sich ihr entzieht,

5. durch sein Verhalten die öffentliche Gesundheit gefährdet oder längerfristig obdachlos ist,

6. für sich, seine Familienangehörigen oder für sonstige Haushaltsangehörige Sozialhilfe in Anspruch nimmt,

7. Hilfe zur Erziehung außerhalb der eigenen Familie oder Hilfe für junge Volljährige nach dem Achten Buch Sozialgesetzbuch erhält; das gilt nicht für einen Minderjährigen, dessen Eltern oder dessen allein personensorgeberechtigter Elternteil sich rechtmäßig im Bundesgebiet aufhalten,

8.

    a) öffentlich, in einer Versammlung oder durch Verbreiten von Schriften ein Verbrechen gegen den Frieden, ein Kriegsverbrechen, ein Verbrechen gegen die Menschlichkeit oder terroristische Taten von vergleichbarem Gewicht in einer Weise billigt oder dafür wirbt, die geeignet ist, die öffentliche Sicherheit und Ordnung zu stören, oder

    b) in einer Weise, die geeignet ist, die öffentliche Sicherheit und Ordnung zu stören, zum Hass gegen Teile der Bevölkerung aufstachelt oder zu Gewalt- oder Willkürmaßnahmen gegen sie auffordert oder die Menschenwürde anderer dadurch angreift, dass er Teile der Bevölkerung beschimpft, böswillig verächtlich macht oder verleumdet,

9. auf ein Kind oder einen Jugendlichen gezielt und andauernd einwirkt, um Hass auf Angehörige anderer ethnischer Gruppen oder Religionen zu erzeugen oder zu verstärken,

10. eine andere Person in verwerflicher Weise, insbesondere unter Anwendung oder Androhung von Gewalt, davon abhält, am wirtschaftlichen, kulturellen oder gesellschaftlichen Leben in der Bundesrepublik Deutschland teilzuhaben oder

11. eine andere Person zur Eingehung der Ehe nötigt oder dies versucht.

(3) Bei der Entscheidung über die Ausweisung sind zu berücksichtigen

1. die Dauer des rechtmäßigen Aufenthalts und die schutzwürdigen persönlichen, wirtschaftlichen und sonstigen Bindungen des Ausländers im Bundesgebiet,

2. die Folgen der Ausweisung für die Familienangehörigen oder Lebenspartner des Ausländers, die sich rechtmäßig im Bundesgebiet aufhalten und mit ihm in familiärer oder lebenspartnerschaftlicher Lebensgemeinschaft leben,

3. die in § 60a Abs. 2 genannten Voraussetzungen für die Aussetzung der Abschiebung.

§ 56 des Gesetzes über den Aufenthalt, die Erwerbstätigkeit und die Integration von Ausländern im Bundesgebiet (Aufenthaltsgesetz – AufenthG): Besonderer Ausweisungsschutz
(in der Fassung vom 30.07.2009)

(1) Ein Ausländer, der

1. eine Niederlassungserlaubnis besitzt und sich seit mindestens fünf Jahren rechtmäßig im Bundesgebiet aufgehalten hat,

1a. eine Erlaubnis zum Daueraufenthalt-EG besitzt,

2. eine Aufenthaltserlaubnis besitzt und im Bundesgebiet geboren oder als Minderjähriger in das Bundesgebiet eingereist ist und sich mindestens fünf Jahre rechtmäßig im Bundesgebiet aufgehalten hat,

3. eine Aufenthaltserlaubnis besitzt, sich mindestens fünf Jahre rechtmäßig im Bundesgebiet aufgehalten hat und mit einem der in den Nummern 1 bis 2 bezeichneten Ausländer in ehelicher oder lebenspartnerschaftlicher Lebensgemeinschaft lebt,

4. mit einem deutschen Familienangehörigen oder Lebenspartner in familiärer oder lebenspartnerschaftlicher Lebensgemeinschaft lebt,

5. als Asylberechtigter anerkannt ist, im Bundesgebiet die Rechtsstellung eines ausländischen Flüchtlings genießt oder einen von einer Behörde der Bundesrepublik Deutschland ausgestellten Reiseausweis nach dem Abkommen vom 28. Juli 1951 über die Rechtsstellung der Flüchtlinge (BGBl. 1953 II S. 559) besitzt, genießt besonderen Ausweisungsschutz. Er wird nur aus schwerwiegenden Gründen der öffentlichen Sicherheit und Ordnung ausgewiesen. Schwerwiegende Gründe der öffentlichen Sicherheit und Ordnung liegen in der Regel in den Fällen der §§ 53 und 54 Nr. 5 bis 5b und 7 vor. Liegen die Voraussetzungen des § 53 vor, so wird der Ausländer in der Regel ausgewiesen. Liegen die Voraussetzungen des § 54 vor, so wird über seine Ausweisung nach Ermessen entschieden.

(2) Über die Ausweisung eines Heranwachsenden, der im Bundesgebiet aufgewachsen ist und eine Niederlassungserlaubnis besitzt, sowie über die Ausweisung eines Minderjährigen, der eine Aufenthaltserlaubnis oder Niederlassungserlaubnis besitzt, wird in den Fällen der §§ 53 und 54 nach Ermessen entschieden. Soweit die Eltern oder der allein personensorgeberechtigte Elternteil des Minderjährigen sich rechtmäßig im Bundesgebiet aufhalten, wird der Minderjährige nur in den Fällen des § 53 ausgewiesen; über die Ausweisung wird nach Ermessen entschieden. Der Satz 1 ist nicht anzuwenden, wenn der Heranwachsende wegen serienmäßiger Begehung nicht unerheblicher vorsätzlicher Straftaten, wegen schwerer Straftaten oder einer besonders schweren Straftat rechtskräftig verurteilt worden ist.

(3) Ein Ausländer, der eine Aufenthaltserlaubnis nach § 24 oder § 29 Abs. 4 besitzt, kann nur unter den Voraussetzungen des § 24 Abs. 2 ausgewiesen werden.

(4) Ein Ausländer, der einen Asylantrag gestellt hat, kann nur unter der Bedingung ausgewiesen werden, dass das Asylverfahren unanfechtbar ohne Anerkennung als Asylberechtigter oder ohne die Feststellung eines Abschiebungsverbots nach § 60 Abs. 1 abgeschlossen wird. Von der Bedingung wird abgesehen, wenn

1. ein Sachverhalt vorliegt, der nach Absatz 1 eine Ausweisung rechtfertigt, oder

2. eine nach den Vorschriften des Asylverfahrensgesetzes erlassene Abschiebungsandrohung vollziehbar geworden ist.

§ 12 a Staatsangehörigkeitsgesetz (StAG)
(in der Fassung vom 19.08.2007)

(1) Bei der Einbürgerung bleiben außer Betracht:
1. die Verhängung von Erziehungsmaßregeln oder Zuchtmitteln nach dem Jugendgerichtsgesetz,

2. Verurteilungen zu Geldstrafe bis zu 90 Tagessätzen und

3. Verurteilungen zu Freiheitsstrafe bis zu drei Monaten, die zur Bewährung ausgesetzt und nach Ablauf der Bewährungszeit erlassen worden ist.

Bei mehreren Verurteilungen zu Geld- oder Freiheitsstrafen im Sinne des Satzes 1 Nr. 2 und 3 sind diese zusammenzuzählen, es sei denn, es wird eine niedrigere Gesamtstrafe gebildet; treffen Geld- und Freiheitsstrafe zusammen, entspricht ein Tagessatz einem Tag Freiheitsstrafe. Übersteigt die Strafe oder die Summe der Strafen geringfügig den Rahmen nach den Sätzen 1 und 2, so wird im Einzelfall entschieden, ob diese außer Betracht bleiben kann. Ist eine Maßregel der Besserung und Sicherung nach § 61 Nr. 5 oder 6 des Strafgesetzbuches angeordnet worden, so wird im Einzelfall entschieden, ob die Maßregel der Besserung und Sicherung außer Betracht bleiben kann.

(2) Ausländische Verurteilungen zu Strafen sind zu berücksichtigen, wenn die Tat im Inland als strafbar anzusehen ist, die Verurteilung in einem rechtsstaatlichen Verfahren ausgesprochen worden ist und das Strafmaß verhältnismäßig ist. Eine solche Verurteilung kann nicht mehr berücksichtigt werden, wenn sie nach dem Bundeszentralregistergesetz zu tilgen wäre. Absatz 1 gilt entsprechend.

(3) Wird gegen einen Ausländer, der die Einbürgerung beantragt hat, wegen des Verdachts einer Straftat ermittelt, ist die Entscheidung über die Einbürgerung bis zum Abschluss des Verfahrens, im Falle der Verurteilung bis zum Eintritt der Rechtskraft des Urteils auszusetzen. Das Gleiche gilt, wenn die Verhängung der Jugendstrafe nach § 27 des Jugendgerichtsgesetzes ausgesetzt ist.

(4) Im Ausland erfolgte Verurteilungen und im Ausland anhängige Ermittlungs- und Strafverfahren sind im Einbürgerungsantrag aufzuführen.

§ 12 a Staatsangehörigkeitsgesetz (StAG)
(alte Fassung; außer Kraft getreten)

(1) Nach § 10 Abs. 1 Satz 1 Nr. 5 bleiben außer Betracht

1. die Verhängung von Erziehungsmaßregeln oder Zuchtmitteln nach dem Jugendgerichtsgesetz,

2. Verurteilungen zu Geldstrafe bis zu 180 Tagessätzen und

3. Verurteilungen zu Freiheitsstrafe bis zu sechs Monaten, die zur Bewährung ausgesetzt und nach Ablauf der Bewährungszeit erlassen worden sind.

Ist der Ausländer zu einer höheren Strafe verurteilt worden, so wird im Einzelfall entschieden, ob die Straftat außer Betracht bleiben kann.

(2) Ausländische Verurteilungen zu Strafen sind zu berücksichtigen, wenn die Tat im Inland als strafbar anzusehen ist, die Verurteilung in einem rechtsstaatlichen Verfahren ausgesprochen worden ist und das Strafmaß verhältnismäßig ist. Eine solche Verurteilung kann nicht mehr berücksichtigt werden, wenn sie nach dem Bundeszentralregistergesetz zu tilgen wäre. Absatz 1 gilt entsprechend.

(3) Wird gegen einen Ausländer, der die Einbürgerung beantragt hat, wegen des Verdachts einer Straftat ermittelt, ist die Entscheidung über die Einbürgerung bis zum Abschluss des Verfahrens, im Falle der Verurteilung bis zum Eintritt der Rechtskraft des Urteils auszusetzen. Das Gleiche gilt, wenn die Verhängung der Jugendstrafe nach § 27 des Jugendgerichtsgesetzes ausgesetzt ist.

(4) Im Ausland erfolgte Verurteilungen und im Ausland anhängige Ermittlungs- und Strafverfahren sind im Einbürgerungsantrag aufzuführen.

Literaturverzeichnis

Aebersold, Peter	Kriminologie 3, http://ius.unibas.ch/typo3conf/ext/x4eunical/script s/handleFile.php?file=1385 (zitiert: Aebersold, Kriminologie 3)
Arbeitsgemeinschaft für Kinder- und Jugendhilfe – AGJ	„Hilfen für Kinder und Jugendliche nach §§ 7,35 oder 42 SGB VIII im Ausland", Stellungnahme der Arbeitsgemeinschaft für Kinder- und Jugendhilfe – AGJ http://www.agj.de/pdf/5/2007/Hilfen_fuer_Kinder _und_Jugendliche_im_Ausland.pdf (zitiert: AGJ, Stellungnahmen und Positionen)
Baechtold, Andrea	„Trendsetter oder Anachronismus?", Jahrestagung in Zürich vom 13. – 15. September 2000, Wofür ist das neue Jugendstrafrecht besser?, Seite 7 ff., Schweizerische Vereinigung für Jugendstrafrechtspflege, Druckerei Dietrich AG, Basel, 2001 (zitiert: Baechtold, „Trendsetter oder Anachronis-mus?")
Baier, Dirk/ Pfeiffer, Christian,	„Gewalttätigkeit bei deutschen und nichtdeutscher Jugendlichen – Befunde der Schülerbefragung 2005 und Folgerungen für die Prävention", Forschungsbericht Nr. 100, Kriminologisches Forschungszentrum Niedersachsen (KFN) e.V., 2007 (zitiert: Baier/ Pfeiffer, Gewalttätigkeit bei deutschen und nichtdeutschen Jugendlichen)
Baier, Dirk/ Pfeiffer, Christian/ Simonson, Julia/ Rabold, Susann	„Jugendliche in Deutschland als Opfer und Täter von Gewalt", Erkenntnisse einer deutschlandweiten Repräsen-tativbefragung, Zeitschrift für Jugendkriminalrecht und Jugendhilfe

20. Jahrgang, Heft 2,
Seite 112 ff.,
Deutsche Vereinigung für Jugendgerichte und
Jugendgerichtshilfen e.V. (DVJJ),
Hannover, 2009
(zitiert: Baier/ Pfeiffer/ Simonson/ Rabold, ZJJ 2/
2009)

Begin, Patricia

Boot Camps: Issues for consideration,
Background paper, Band 426,
Research Branch, Library of Parliament,
Minister of Supply and Services Canada,
Ottawa, 1996
(zitiert: Begin, Boot Camps: Issues for
consideration)

Bourque, Blair B.

Boot Camps for Juvenile Offenders:
An Implementation Evaluation of Three
Demonstrations Programs,
National Institute of Justice,
Verlag Diane Publishing Company,
Darby, Pennsylvania, 1996
(zitiert: Bourque, Boot Camps for Juvenile Offenders)

Bourque, Blair B./ Han, Mei/ Hill, Sarah M.

„A National Survey of Aftercare Provisions for
Boot Camp Graduates",
NIJ Research in Brief,
United States Department of Justice,
Washington D.C., 1996
(zitiert: Bourque/ Han/ Hill, „Boot Camp Aftercare
Provisions")

Boyd, Ralph F. junior

„A Mississippi Gulag",
Brief an Governor Ronnie Musgrove
vom 19. Juni 2003,
http://www.nospank.net/msgulag.htm
(zitiert: Boyd, „A Mississippi Gulag")

Bundeskriminalamt
Wiesbaden

Polizeiliche Kriminalstatistik (PKS),
Berichtsjahr 2006,
Bundesrepublik Deutschland,
54. Ausgabe,

Firma Bonifatius GmbH,
Paderborn, 2007
(zitiert: Polizeiliche Kriminalstatistik 2006 für die
BRD)

Bundeskriminalamt   Polizeiliche Kriminalstatistik (PKS),
Wiesbaden   Berichtsjahr 1998,
                                 Bundesrepublik Deutschland,
                                 Werbedruck GmbH Horst Schreckhase,
                                 Spangenberg, 1999
                                 (zitiert: Polizeiliche Kriminalstatistik 1998 für die
                                 BRD)

Bundesministerium für Justiz,   Zweiter Periodischer Sicherheitsbericht 2006,
Bundesministerium des Innern   Bonifatius GmbH,
                                 Paderborn, 2006
                                 (zitiert: Zweiter Periodischer Sicherheitsbericht
                                 des Bundesministeriums für Justiz, 2006)

Bund-Länder-AG   „Entwicklung der Gewaltkriminalität junger
                                 Menschen mit einem Schwerpunkt auf
                                 städtischen Ballungsräumen",
                                 Abschlussbericht zur IMK-Frühjahrssitzung 2008
                                 (Berichtsstand 26. März 2008),
                                 http://imk2009.bremen.de/sixcms/media.php/13/T
                                 OP%204%20Bericht%20Entwicklung%20Gewaltk
                                 riminalit%E4t%20junger%20Menschen%
                                 20in%20Ballungsr%E4umen.pdf
                                 (zitiert: IMK 2008, Gewaltkriminalität junger
                                 Menschen)

Department of corrections   „The Correction of young offenders in New
New Zealand   Zealand",
                                 Paper prepared for the 19th Asian and Pacific
                                 conference of correctional administrators,
                                 Shanghai, October 1999,
                                 http://www.apcca.org/Pubs/19th/nz-yo.pdf
                                 (zitiert: Department of corrections,
                                 „The Correction of young offenders in New
                                 Zealand")

Díez Ripollés, José Luis   „Symbolisches Strafrecht und die Wirkung der
                            Strafe",
                            Zeitschrift für die gesamte
                            Strafrechtswissenschaft,
                            113. Band,
                            S. 516 ff.,
                            Walter de Gruyter Verlag,
                            Berlin, New York, 2001
                            (zitiert: Díez Ripollés, ZStW 2001)

Dörlemann, Markus   Möglichkeiten einer Reduktion der
                            Untersuchungshaft im Jugendstrafverfahren,
                            Eine qualitative Untersuchung zur Praxis der
                            Untersuchungshaft im Landgerichtsbezirk Köln,
                            Inaugural-Dissertation,
                            Hundt Druck GmbH,
                            Köln, 2001
                            (zitiert: Dörlemann, Möglichkeiten einer
                            Reduktion der Untersuchungshaft im
                            Jugendstrafverfahren)

DVJJ – Journal   2. Jugendstrafrechtsreform – Kommission
Zeitschrift für   Vorschläge für eine Reform des
Jugendkriminalrecht und   Jugendstrafrechts
Jugendhilfe   Abschlußbericht der Kommissionsberatungen von
Extra   März 2001 bis August 2002
                            13. Jahrgang, DVJJ Journal Extra Nr. 5
                            Deutsche Vereinigung für Jugendgerichte und
                            Jugendgerichtshilfen e.V. (DVJJ),
                            Hannover, 2002
                            (zitiert: DVJJ – Journal, Abschlussbericht
                            2001/02)

Eisenberg, Ulrich   Jugendgerichtsgesetz,
                            Beck'sche Kurzkommentare,
                            Band 48,
                            14. Auflage,
                            Verlag C.H. Beck,
                            München, 2010
                            (zitiert: Eisenberg, JGG)

Farrington, David P./
Ditchfield, John/
Hancock, Gareth/
Howard, Philip/
Jolliffe, Darrick/
Livingston, Mark S./
Painter, Kate A.

Evaluation of two intensive regimes
for young offenders,
Home Office Research Study 239,
Research, Development and Statistics Directorate
London, 2002
(zitiert: Farrington/ Ditchfield/ Hancock/ Howard/
Jolliffe/ Livingston/ Painter, Evaluation of two
intensive regimes for young offenders)

Fischer, Torsten/
Pforte, Stefan/
Ziegenspeck, Jörg W./
Wendelin, Holger,

„Intensivpädagogische Maßnahmen im Ausland
und ihre Folgen – Zwischenbericht",
Institut für Erlebnispädagogik an der Universität
Lüneburg, 2007,
http://www.jugendmarke.d/upload/pdf/Berichte/20
07/Zwischenbericht_52-87-05-IFE.doc
(zitiert: Fischer/ Pforte/ Ziegenspeck/ Wendelin,
„Intensivpädagogische Maßnahmen im Ausland
und ihre Folgen – Zwischenbericht")

Fischer, Torsten/
Ziegenspeck, Jörg W.

Betreuungs-Report Ausland:
Eine empirische Analyse zur Wirklichkeit und
Wirksamkeit intensivpädagogischer
Betreuungsmaßnahmen im Ausland,
Institut für Erlebnispädagogik an der Universität
Lüneburg,
Reihe Wissenschaft und Praxis,
Band 17,
Ziel Verlag, Augsburg 2009
(zitiert: Fischer/ Ziegenspeck, Betreuungs-Report
Ausland)

Galuske, Michael/
Böhle, Andreas

„Evaluation des Trainingscamps Lothar
Kannenberg",
Erste Befunde zu Delinquenzverläufen der
Klienten vor und nach der Maßnahme,
Zeitschrift für Jugendkriminalrecht und Jugend-
hilfe,
21. Jahrgang, Heft 1,
Seite 52 ff.,
Deutsche Vereinigung für Jugendgerichte und
Jugendgerichtshilfen e.V. (DVJJ),
Hannover, 2010
(zitiert: Galuske/ Böhle, ZJJ 1/ 2010)

Gescher, Norbert

Boot Camp – Programme in den USA,
Ein Fallbeispiel zum Formenwandel in der ameri-
kanischen Kriminalpolitik,
Schriften zum Strafvollzug, Jugendstrafrecht und
zur Kriminologie,
Band 3,
Forum Verlag Godesberg,
Mönchengladbach, 1998
(zitiert: Gescher, Boot-Camp-Programme in den
USA)

Greve, Werner

„Die Entwicklungsfolgen der Jugendstrafe",
in: Schöch, Heinz/ Jehle, Jörg-Martin (Hrsg.),
Angewandte Kriminologie zwischen Freiheit und
Sicherheit,
S. 157 ff.,
Neue Kriminologische Schriftenreihe der Neuen
Kriminologischen Gesellschaft e.V.,
Band 109,
Forum Verlag Godesberg GmbH,
Mönchengladbach, 2004
(zitiert: Greve, „Die Entwicklungsfolgen der
Jugendstrafe")

Greve, Werner/
Hosser, Daniela

„Strafhaft als Entwicklungskrise,
Die Bedeutung einer Gefängnisstrafe im Leben
Jugendlicher:
Konturen einer Forschungsfrage",
in: Pfeiffer, Christian/ Greve, Werner (Hrsg.),
Forschungsthema Kriminalität,
Festschrift für Heinz Barth,
Seite 215 ff.,
Interdisziplinäre Beiträge zur kriminologischen
Forschung,
Band 5,
Nomos Verlagsgesellschaft,
Baden-Baden, 1996
(zitiert: Greve/ Hosser, „Strafhaft als
Entwicklungskrise")

Hassemer, Winfried   „Das Symbolische am symbolischen Strafrecht",
in: Schünemann, Bernd/ Aschenbach, Hans/
Bottke, Wilfried/ Haffke, Bernhard/ Rudolphi,
Hans-Joachim (Hrsg.),
Festschrift für Claus Roxin zum 70. Geburtstag
am 15. Mai 2001,
Seite 1001 ff.,
Walter de Gruyter Verlag,
Berlin, New York, 2001
(zitiert: Hassemer, „Das Symbolische am
symbolischen Strafrecht")

Hassemer, Winfried   „Symbolisches Strafrecht und Rechtsgüterschutz",
Neue Zeitschrift für Strafrecht,
9. Jahrgang, Heft 12,
Seite 553 ff.,
C.H. Beck'sche Verlagsbuchhandlung,
München, Frankfurt, 1989
(zitiert: Hassemer, NStZ 1989)

Heinz, Wolfgang   „Die neue Rückfallstatistik – Legalbewährung
junger Straftäter",
Schwerpunkt Rationalität in Jugendstrafrecht und
Jugendhilfe,
Zeitschrift für Jugendkriminalrecht und
Jugendhilfe,
15. Jahrgang, Heft 1,
Seite 35 ff.,
Deutsche Vereinigung für Jugendgerichte und
Jugendgerichtshilfen e.V. (DVJJ),
Hannover, 2004
(zitiert: Heinz, ZJJ 1/ 2004)

Heinz, Wolfgang   „Mehr und härtere Strafen = mehr Innere
Sicherheit!
Stimmt diese Gleichung?",
Strafrechtspolitik und Sanktionierungspraxis in
Deutschland
im Lichte kriminologischer Forschung,
März 2007,
Vortrag, gehalten am 31. März 2007 an der
Kansai Universität, Osaka,

http://www.uni-konstanz.de/rtf/kis/Heinz_Mehr_
und_haertere_Strafen_he306.pdf
(zitiert: Heinz, „Mehr und härtere Strafen = mehr
Innere Sicherheit!
Stimmt diese Gleichung?")

Heinz, Wolfgang,   „Jugendkriminalität in Deutschland
Kriminalstatistische und kriminologische Befunde",
Konstanzer Inventar Kriminalitätsentwicklung,
Stand: Berichtsjahr 2002,
Aktualisierte Ausgabe September 2002,
http://www.uni-
konstanz.de/rtf/ki/Jugendkriminalitaet-2002-9.pdf
(zitiert: Heinz, Konstanzer Inventar
Kriminalitätsentwicklung)

Heinz, Wolfgang,   „Kriminalität in Deutschland unter besonderer
Berücksichtigung der Jugend- und
Gewaltkriminalität",
Universität Konstanz,
Aktualisierte Fassung des auf der internationalen
Konferenz „Kriminalität und Kriminalprävention in
Ländern des Umbruchs" gehaltenen Vortrags
vom 9.-14. April 2005 in Baku, Azerbaijan,
http://www.uni-konstanz.de/rtf/kik/Heinz_
Kriminalitaet_ in_ Deutschland.htm#_Toc
109281640
(zitiert: Heinz, „Kriminalität in Deutschland unter
besonderer Berücksichtigung der Jugend- und
Gewaltkriminalität")

Heisig, Kirsten   Das Ende der Geduld,
Konsequent gegen jugendliche Gewalttäter,
2. Auflage,
Verlag Herder GmbH,
Freiburg im Breisgau, 2010
(zitiert: Heisig, Das Ende der Geduld)

Henninger, Markus   „'Importierte Kriminalität' und deren Etablierung –
Am Beispiel der libanesischen, insbesondere
‚libanesisch-kurdischen' Kriminalitätsszene
Berlins",

Kriminalistik,
Unabhängige Zeitschrift für die kriminalistische
Wissenschaft und Praxis,
Seite 716 ff.,
56. Jahrgang, Heft 12,
HJR Verlagsgruppe Hüthig, Jehle, Rehm
Heidelberg, Frechen, Hamburg, Landsberg,
München, 2002
(zitiert: Henninger, Kriminalistik 2002)

Her Majesty´s Prison Service

„Thorn Cross",
http://www.hmprisonservice.gov.uk/prisoninformat
ion/locateaprison/prison.asp?id=488,15,2,15,
488,0
(zitiert: HM Prison Service, „Thorn Cross")

Herz, Annette

England/ Wales,
in: Albrecht, Hans – Jörg/ Kilchling, Michael
(Hrsg.),
Jugendstrafrecht in Europa,
Kriminologische Forschungsberichte aus dem
Max – Planck – Institut für ausländisches und
internationales Strafrecht,
Band 100,
Edition Iuscrim,
Freiburg im Breisgau, 2002
(zitiert: Herz, Jugendstrafrecht in Europa)

Hoops, Sabrina/
Permien, Hanna,

„Mildere Maßnahmen sind nicht möglich!"
Freiheitsentziehende Maßnahmen nach § 1631b
BGB in Jugendhilfe und Jugendpsychiatrie",
Forschungsbericht,
Deutsches Jugendinstitut e.V., 2006
(zitiert: Hoops/ Permien, „Mildere Maßnahmen
sind nicht möglich!")

John Howard Society of
Alberta

Boot Camps: Issues for Canada,
John Howard Society of Alberta, Edmonton
(Alberta), 1996
(zitiert: John Howard Society of Alberta, Boot
Camps: Issues for Canada)

John Howard Society Ontario   „Boot Camps for Young Offenders",
The Library – Fact Sheet # 14,
Dezember 1999,
http://www.johnhoward.on.ca/pdfs/fctsh-14.pdf
(zitiert: John Howard Society, Fact Sheet #14)

John Howard Society Ontario   „Boot Camps for Young Offenders",
The Library – Fact Sheet #8,
1996,
http://www.johnhoward.on.ca/pdfs/fctsh-8.pdf
(zitiert: John Howard Society, Fact Sheet #8)

John Howard Society Ontario   „Youth Corrections",
The Library – Fact Sheet #23,
2007,
http://www.johnhoward.on.ca/pdfs/fctsh-23.pdf
(zitiert: John Howard Society, Fact Sheet #23)

Jugendarrestanstalt Berlin   Konzeption für den Vollzug des Jugendarrestes
im Land Berlin,
Jugendarrestanstalt Berlin, 2007
(zitiert: Jugendarrestanstalt Berlin, Konzeption für
den Vollzug des Jugendarrestes im Land Berlin)

Kaiser, Günther/   Strafvollzug,
Schöch, Heinz   5. Auflage,
C.F. Müller Verlag,
Heidelberg, 2002
(zitiert: Kaiser/ Schöch, Strafvollzug)

Kunz, Karl-Ludwig   Kriminologie,
Eine Grundlegung,
5. Auflage,
Haupt Verlag,
Bern, Stuttgart, Wien, 2008
(zitiert: Kunz, Kriminologie)

Kutz, Gregory D./   „Concerns Regarding Abuse and Death in Certain
O'Connell, Andy   Programs for Troubled Youth",
Residential Treatment Programs,
Testimony before the Committee on Education
and Labor, House of Representatives,

United States Government Accountability Office,
Oktober 2007,
http://www.gao.gov/new.items/d08146t.pdf
(zitiert: Kutz/ O´Connell, „Concerns Regarding
Abuse and Death in Certain Programs for
Troubled Youth")

Legislative Assembly of
Alberta (MLA), Correctional
Services Review Committee

The Changing Landscape of Corrections:
government MLA review of correctional services,
Review of Corrections Programs,
Legislative Assembly of Alberta,
Alberta, 2002
(zitiert: MLA Correctional Services Review
Committee, The Changing Landscape of
Corrections)

Levinson, David

Encyclopedia of crime and punishment,
Band 4,
Sage Publications,
Thousand Oaks, London, Neu Delhi, 2002
(zitiert: Bearbeiter, Encyclopedia of crime and
punishment)

Linton, Hilary

„Restorative Justice Conferencing and the Youth
Criminal Justice Act",
2003,
http://www.riverdalemediation.com/pdfs/learn/rest
orative_justice/Restorative_Justice_Youth_
Criminal_Justice_Act.pdf
(zitiert: Linton, "Restorative Justice Conferencing
and the Youth
Criminal Justice Act")

MacKenzie, Doris Layton

„Criminal Justice and Crime Prevention",
in: Sherman, Lawrence W./ Gottfredson, Denise/
MacKenzie, Doris Layton/ Eck, John/ Reuter,
Peter/ Bushway, Shawn (Hrsg.),
Preventing Crime: what works, what doesn´t,
what´s promising,
A report to the United States Congress prepared
for the National Institute of Justice,
Chapter 9,

	Verlag Diane Publishing Company, Darby, Pennsylvania, 1997 (zitiert: MacKenzie, „Criminal Justice and Crime Prevention")
MacKenzie, Doris Layton/ Armstrong, Gaylene Styve	Correctional Boot Camps, Military Basic Trainings or a Model for Corrections?, Sage Publications, Thousands Oaks, London, Neu Delhi, 2004 (zitiert: MacKenzie/ Armstrong, Correctional Boot Camps)
MacKenzie, Doris Layton/ Brame, Robert/ McDowall, David/ Souryal, Claire	„Boot Camp prisons and recidivism in eight states" Criminology, Volume 33, Number 3, Seite 327 ff., Blackwell Publishing Ltd., Oxford, Malden, Carlton, 1995 (zitiert: MacKenzie/ Brame/ McDowall/ Souryal, Criminology, Volume 33, Number 3)
MacKenzie, Doris Layton/ Gover, Angela R./ Armstrong, Gaylene Styve/ Mitchell, Ojmarrh	„A National Study Comparing the Environments of Boot Camps With Traditional Facilities for Juvenile Offenders", Research in Brief, United States Department of Justice, Office of Justice Programs, National Institute of Justice, Washington D.C., 2001 (zitiert: MacKenzie/ Gover/ Armstrong/ Mitchell, „A National Study Comparing the Environments of Boot Camps With Traditional Facilities for Juvenile Offenders")
Mayer, Simone	„Akkulturation und intergenerationale Transmission von Gewalt in türkischen Migrantenfamilien – eine longitudinale Mehrebenenanalyse", Inaugural-Dissertation, Magdeburg, 2006, http://diglib.uni-magdeburg.de/Dissertationen/ 2006/simmayer.pdf

(zitiert: Mayer, „Akkulturation und intergenerationale Transmission von Gewalt in türkischen Migrantenfamilien – eine longitudinale Mehrebenenanalyse")

McShane, Marilyn D./ Williams III., Frank P.

Encyclopedia of Juvenile Justice,
Sage Publications,
Thousands Oaks, London, Neu Delhi, 2003
(zitiert: Bearbeiter, Encyclopedia of Juvenile Justice)

Ministry of correctional services

Business Plan 2001-2002,
http://www.ontla.on.ca/library/repository/mon/5000/10295346.pdf
(zitiert: Ministry of correctional services, Business Plan 2001-2002)

Müller, Jens Christian

„Die Legitimation des Rechtes durch die Erfindung des symbolischen Rechts",
Kriminologisches Journal,
25. Jahrgang, Heft 2,
Seite 82 ff.,
Juventa Verlag,
Weinheim, 1993
(zitiert: Müller, Kriminologisches Journal 1993)

Ohder, Claudius/ Huck, Lorenz

„'Intensivtäter' in Berlin – Hintergründe und Folgen vielfacher strafrechtlicher Auffälligkeit – Teil 1 Eine Auswertung von Akten der Abteilung 47 der Berliner Staatsanwaltschaft",
Intensivtäter, Teil I, Ergebnisse der Analyse von „Intensivtäterakten" der Staatsanwaltschaft Berlin,
Berliner Forum Gewaltprävention,
7. Jahrgang, Nr. 26,
Schmohl & Partner, 2006
(zitiert: Ohder/ Huck, BFG Nr. 26, 2006)

Parent, Dale G.

„Correctional Boot Camps: Lessons from a Decade of Research",
Research for Practice,
U.S. Department of Justice, Office Justice Programs, National Institute of Justice,
Washington D.C., 2003

	(zitiert: Parent, „Correctional Boot Camps: Lessons from a Decade of Research")
Permien, Hanna	„Geschlossene Unterbringung – immer noch oder schon wieder?", Thema 8/04 Freiheitsentziehende Maßnahmen bei Kindern und Jugendlichen, Unveröffentlichtes Manuskript eines Vortrags an der Fachhochschule Coburg, Fachbereich Sozialwesen am 27. Mai 2004, http://www.dji.de/dasdji/thema/0408/permien_GU.pdf (zitiert: „Geschlossene Unterbringung – immer noch oder schon wieder?")
Petermann, Franz/ Niebank, Kay/ Scheithauer, Herbert	Entwicklungswissenschaft: Entwicklungspsychologie – Genetik – Neuropsychologie, Springer Verlag, Berlin, Heidelberg, New York, 2004 (zitiert: Petermann/ Niebank/ Scheithauer, Entwicklungswissenschaft: Entwicklungspsychologie – Genetik – Neuropsychologie)
Peters, Michael/ Thomas, David/ Zamberlan, Christopher	„Boot Camps for Juvenile Offenders", Program Summary, US Department of Justice, Office of Justice Programs, Office of Juvenile Justice and Delinquency Prevention, Washington D.C., 1997 (zitiert: Peters/ Thomas/ Zamberlan, „Boot Camps for Juvenile Offenders")
Peterson, Eric	„Juvenile Boot Camps: Lessons Learned", National Institute of Justice, Fact Sheet 36, 1996, http://www.ncjrs.gov/txtfiles/fs-9636.txt (zitiert: Peterson, „Juvenile Boot Camps: Lessons Learned")

Pfeiffer, Christian/   „Junge Türken als Täter und Opfer von Gewalt",
Wetzels, Peter   DVJJ-Journal,
                             Nr. 168,
                             11. Jahrgang, Heft 2,
                             S. 107 ff.,
                             Deutsche Vereinigung für Jugendgerichte und
                             Jugendgerichtshilfe e.V. (DVJJ),
                             Hannover, 2000
                             (zitiert: Pfeiffer/ Wetzels, DVJJ-Journal 2/2000)

Polsky, Howard W./   „Boot camps, juvenile offenders, and culture
Fast, Jonathan   shock",
                             Child and Youth Care Forum,
                             Seite 403 ff.,
                             Volume 22, Number 6,
                             Verlag Springer Netherlands, 1993
                             (zitiert: Polsky/ Fast, Child and Youth Care Forum,
                             Volume 22, Number 6)

Poole, Carole/ Slavick, Peggy   Boot camps: a Washington State update and
                             overview of national findings,
                             Washington State Institute for Public Policy, 1995
                             (zitiert: Poole/ Slavick, Boot camps: a Washington
                             State update and overview of national findings)

Prison Reform Trust   Prison Privatisation Report International",
                             1997,
                             http://www.psiru.org/justice/ppriarchive/ppri11-06-
                             97.asp
                             (zitiert: Prison Privatisation Report International)

Rehling, Brigitte   Jugendkriminalität und Freiheitsentzug,
                             Beiträge zur Diversions – Diskussion in der
                             Jugendkriminalrechtspflege,
                             Institut für Sozialarbeit und Sozialpädagogik,
                             Gesellschaft für Sozialforschung und
                             Sozialplanung,
                             Bonn, 1989
                             (zitiert: Rehling, Jugendkriminalität und
                             Freiheitsentzug)

Reusch, Roman

„'Migration und Kriminalität' – Rechtstatsächliche und kriminologische Aspekte und Lösungsansätze für eine erfolgreiche Integration",
Vortrag, gehalten bei der Hanns Seidel Stiftung zum Thema
„Migration ohne Integration? Möglichkeiten zur Wende in der Integrationspolitik",
7. bis 9. Dezember 2007 in Bad Staffelstein,
http://www.hss.de/fileadmin/migration/downloads/0 71207_VortragReusch_01.pdf
(zitiert: Reusch, „Migration und Kriminalität")

Riak, Jordan

Synopse zu „A Mississippi Gulag",
http://nospank.net/msgulag.htm
(zitiert: Riak, Synopse zu „A Mississippi Gulag")

Sabol, William J./
Couture, Heather/
Harrison, Paige M.

Prisoners in 2006,
Bureau of Justice Statistics,
Bulletin,
U.S. Department of Justice,
Office of Justice Programs,
Washington D.C., 2007
(zitiert: Sabol/ Couture/ Harrison, Prisoners 2006)

Schaffstein, Friedrich/
Beulke, Werner

Jugendstrafrecht,
Eine systematische Darstellung,
14. Auflage,
W. Kohlhammer Verlag GmbH,
Stuttgart, 2002
(zitiert: Schaffstein/ Beulke, Jugendstrafrecht)

Schram, Pamela J.

„Delinquency Programs That Failed"
in: McShane, Marilyn D./ Williams III., Frank P. (Hrsg.),
Youth Violence and Delinquency:
Monsters and Myths,
Volume 3,
Chapter 2,
Seite 17 ff.,
Praeger Publishers, Greenwood Publishing Group Inc.
Westport (Connecticut), London, 2007

	(zitiert: Schram, „Delinquency Programs That Failed")
Sonnen, Bernd-Rüdeger	„Verantwortung für Jugend" – „Perspektiven nach dem Leipziger Jugendgerichtstag", 26. Deutscher Jugendgerichtstag, Zeitschrift für Jugendkriminalrecht und Jugendhilfe, 15. Jahrgang, Heft 4, Seite 357 ff., Deutsche Vereinigung für Jugendgerichte und Jugendgerichtshilfen e.V. (DVJJ), Hannover, 2004 (zitiert: Sonnen, ZJJ 4/ 2004)
Spaans, E.C.	„De Jeugdwerkinrichting binnenstebuiten gekeerd; onderzoek naar de resultaten van de Jeugdwerkinrichting en het project Binnenste Buiten", Onderzoek en beleid, nr. 161, Arnhem, Gouda Quint, 1997, http://www.wodc.nl/images/ob161_Samenvatting_t cm44-56644.pdf englische Übersetzung: http://www.wodc.nl/images/ob161_Summary_tcm4 4-56645.pdf (zitiert: Spaans, „De Jeugdwerkinrichting binnen- stebuiten gekeerd")
Stanford Prison Experiment	„A Simulation Study of the Psychology of Imprisonment", Conducted at Stanford University, http://www.prisonexp.org. (zitiert: Stanford Prison Experiment)
Thanei, Anita	„Jugendstrafrecht aus der Sicht der Politik", Jahrestagung in Zürich vom 13. – 15. September 2000, Wofür ist das neue Jugendstrafrecht besser?, Seite 37 ff., Schweizerische Vereinigung für Jugendstrafrechtspflege, Druckerei Dietrich AG,

	Basel, 2001
	(zitiert: Thanei, „Jugendstrafrecht aus der Sicht der Politik")
The PEW Center on the States	„On in 31: The long reach of American corrections", 2009, http:/www.pewcenteronthestates.org/uploadedFile s/PSPP_1in31_report_FINAL_WEB_3-26-09.pdf (zitiert: The PEW Center on the States, „On in 31: The long reach of American corrections")
Villmow, Bernhard	„Junge Tatverdächtige in der Untersuchungshaft", Rechtliche Voraussetzungen, Haftpraxis und Alter-nativen, Zeitschrift für Jugendkriminalrecht und Jugendhilfe, 20. Jahrgang, Heft 3, Seite 226 ff., Deutsche Vereinigung für Jugendgerichte und Jugendgerichtshilfen e.V. (DVJJ), Hannover, 2009 (zitiert: Villmow, ZJJ 3/2009)
Wilson, David B./ MacKenzie, Doris Layton	„Boot Camps" in: Welsh, Brandon C./ Farrington, David P. (Hrsg.), Preventing Crime: What Works for Children, Offenders, Victims and Places, Chapter 5, Seite 73 ff., Verlag Springer Netherlands, 2006 (zitiert: MacKenzie/Wilson, „Boot Camps")
Wormith, Stephen/ Wright, Jeffrey/ Sauve, Isabelle/ Fleury, Paul	„Ontario's strict discipline facility is not just another 'boot camp'", Forum on Corrections Research, Volume 11, Number 2, Seite 34 ff., Correctional Service of Canada, Ottawa, 1999 (zitiert: Wormith/ Wright/ Sauve/ Fleury, „Ontario's strict discipline facility is not just another 'boot camp'")

Sämtliche Internetseiten wurden zuletzt am 01. April 2011 besucht.

Die Autorin

Die 1978 in Berlin geborene Autorin Anja Sophie Meyer ist seit 2008 als Richterin im Land Brandenburg beschäftigt und arbeitet dort derzeit in der ordentlichen Gerichtsbarkeit am Landgericht Potsdam.

Nach ihrem Studium der Rechtswissenschaften an der Humboldt-Universität zu Berlin und erfolgreichem Bestehen des ersten juristischen Staatsexamens im Jahr 2004 erwarb sie durch Absolvieren eines Masterstudiengangs im Fach Kriminologie an der SCIP (School of Criminology, International Criminal Law and Psychology of Law) den Titel LL.M. (legum magistra) der rechtswissenschaftlichen Fakultät der Universität Bern.

Den juristischen Vorbereitungsdienst leistete die Verfasserin in Berlin, wo sie 2007 mit Abschluss des zweiten juristischen Staatsexamens auch die Befähigung zum Richteramt erlangte.

Centaurus Buchtipp

Oğuzhan Yazici

Jung, männlich, türkisch – gewalttätig?

Eine Studie über gewalttätige
Männlichkeitsinszenierungen türkischstämmiger
Jugendlicher im Kontext von Ausgrenzung und
Kriminalisierung

Schriften zum Jugendrecht und zur Jugend-
Kriminologie, Bd. 8, 2011,
210 S., ISBN 978-3-86226-040-
€ 22,80

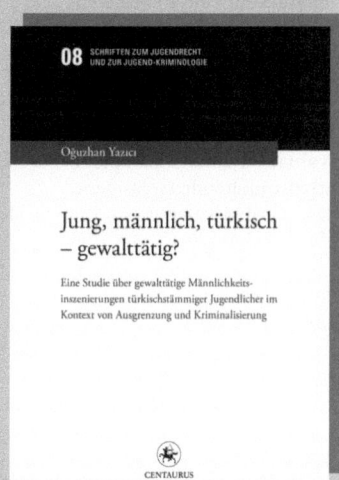

Skandalisierende Medienberichterstattungen und wissenschaftliche Arbeiten über junge männliche Gewalttäter mit Migrationshintergrund, tragen mit dazu bei, das Bild eines von Ehrbegriffen geleiteten türkischen Mannes zu prägen. Was es in dieser Gesellschaft aber tatsächlich bedeutet, jung, männlich und »türkisch-muslimisch« zu sein, wird dagegen kaum erörtert. Fragen nach der konkreten Bedeutung von Männlichkeit und Ethnizität für etwaiges Gewalthandeln werden nicht gestellt. Vielmehr gehört in diesem Diskurs der »Machotürke« zum gegenwärtigen Begriffs-repertoire der Analyse von Gewalt.

Diese Problemstellung greift der Autor auf. Mithilfe der in Deutschland in diesem Kontext kaum rezipierten angloamerikanischen Männlichkeitsforschung analysiert er Gesprächsprotokolle mit türkischstämmigen jungen Gewalttätern. Er plädiert dafür, bei der Rekonstruierung von Gewalthandlungen den Fokus auf den Modus der Herstellung von Geschlecht zu richten, anstatt den gängigen Erklärungen eines Kultur-konflikts aufzusitzen.

"Ein lebensnahes, gut lesbares und eindringliches Buch, das wir allen Interessierten Personen mit Nachdruck empfehlen möchten."
Ahmet Toprak/Nilüfer Keskin. Rezension vom 20.06.2011 in: socialnet Rezensionen. ISSN 2190-9245. www.socialnet.de

Bernd Wischka, Willi Pecher, Hilde van den Boogaart (Hrsg.)
Behandlung von Straftätern
Sozialtherapie, Maßregelvollzug, Sicherungsverwahrung
Studien und Materialien zum Straf- und Maßregelvollzug, Bd. 26, 2012, 640 S.,
ISBN 978-386226-140-6, € **43,80**

- -

Peter Michael Sack, Rainer Thomasius (Hrsg.)
**Evaluation einer Therapievorbereitungsstation für drogenabhängige und
-missbrauchende Gefangene**
Studien und Materialien zum Straf- und Maßregelvollzug, Bd. 25, 2012, 192 S.,
ISBN 978-3-86226-122-2, € **25,80**

- -

Sayime Erben
Gewalt und Ehre
Ehrbezogene Gewalt aus Täterperspektive
Reihe Sozialwissenschaften, Bd. 39, 2012, 116 S.,
ISBN 978-3-86226-146-8, € **18,80**

- -

Verena Jacob
Die Bedeutung des Islam für Jugendliche aus der Türkei in Deutschland
Empfehlungen für die Soziale Arbeit in der Jugendberufshilfe
Reihe Migration & Lebenswelten, Bd. 4, 2011, 168 S.,
ISBN 978-3-86226-096-6, €**19,80**

"Das Buch von *Jacob* kann daher nicht nur sozialpädagogischen Fachkräften, sondern auch allen Verantwortlichen und „Machern" der Jugendberufshilfe empfohlen werden."
Süleyman Gögercin. Rezension vom 22.12.2011, in: socialnet Rezensionen. ISSN 2190-9245
www.socialnet.de.

- -

Konrad von Oefele
Forensische Psychiatrie
Lehrbuch für die klinische und gutachtliche Praxis
Reihe Psychologie, Bd. 41, 2011, 160 S.,
ISBN978-3-86226-011-9, € **19,80**

"Das Buch liefert in prägnanter Form die wesentlichen Grundlagen der forensischen Psychiatrie."
Petra Münstedt, in: Blickpunkt öffentliche Gesundheit, Ausgabe 1/2012, S. 7.

- -

Karlhans Liebl
Insolvenzkriminalität und Strafverfolgung
Beiträge zur rechtssoziologischen Forschung. Bd. 14, 2011, 252 S.,
ISBN 978-3-86226-026-3, € **24,80**

- -

Felix Walther
**Bestechlichkeit und Bestechung im geschäftlichen Verkehr – Internationale Vorgaben und
deutsches Strafrecht**
Studien zum Wirtschaftsstrafrecht, Bd. 36, 2011, 338 S.,
ISBN 978-3-86226-089-7, € **26,80**

Ausgezeichnet mit dem Dissertationspreis der Wirtschaftsstrafrechtlichen Vereinigung e.V.

If you have any concerns about our products,
you can contact us on
ProductSafety@springernature.com

In case Publisher is established outside the EU,
the EU authorized representative is:
**Springer Nature Customer Service Center GmbH
Europaplatz 3, 69115 Heidelberg, Germany**

Printed by Libri Plureos GmbH
in Hamburg, Germany